日本紅茶協会●編

紅茶の大事典

成美堂出版

CONTENTS

第1章 知っておきたい 紅茶の基礎知識

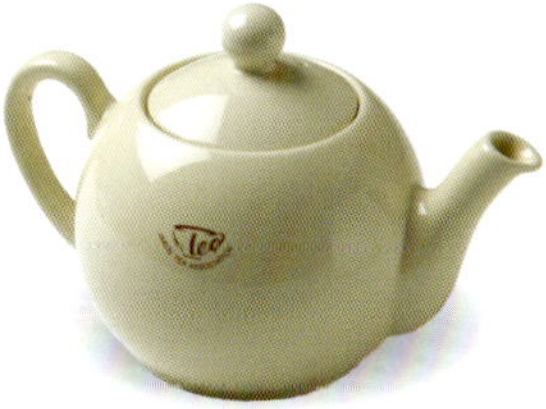

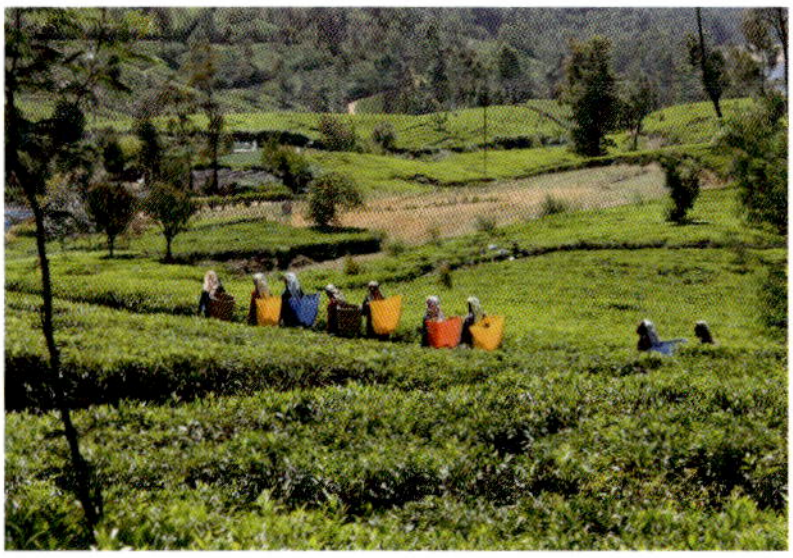

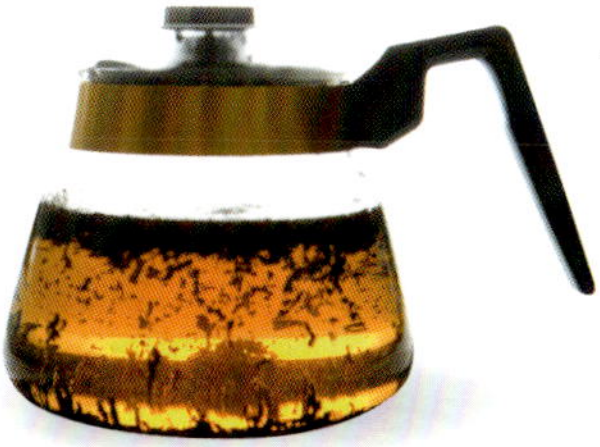

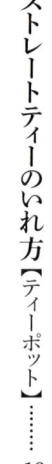

第2章 世界の紅茶の産地と茶葉

CONTENTS

第3章 フレーバードティー＆ハーブティー

第4章 世界のティータイム、四季のティータイム

ALL ABOUT TEA

●茶葉の量の目安は、ティーカップ1杯（150～160㎖）の紅茶をいれるのに必要な量となっています。

●本書の内容・データ、紹介商品の仕様やパッケージなどは、変更になる場合がございます。

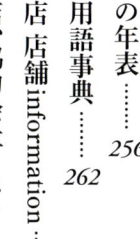

本書の見方

第2章 世界の紅茶の産地と茶葉に関して

産地ページの見方

P84以降に続く産地紹介ページの茶葉の特長・グラフの見方について。産地DATAの茶園総面積とは、小農園を含むものとします。

参考資料：tea board ,International Tea Committee

適した飲み方

ALL　STRAIGHT
ICE　MILK

ALL …………どの飲み方にも向いている
STRAIGHT … ストレートティー向き
ICE ………… アイスティー向き
MILK ………ミルクティー向き

茶葉の特長

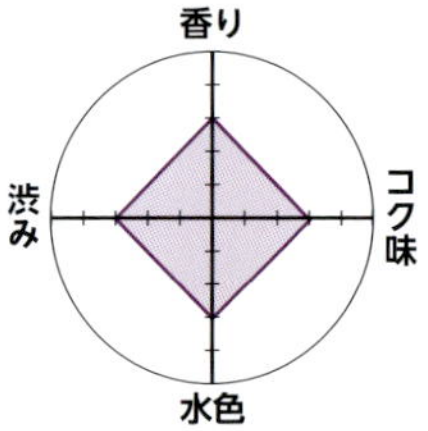

水色《すいしょく》、渋み、コク味、香りの4項目を5段階でグラフ化したものです。数値が高い＝良質な茶ということでありません。
(下記の表参照)

グラフチャートの見方

	1	2	3	4	5
水色	黄色	オレンジ	赤	赤褐色	黒赤色
渋み	弱い	←→			強い
コク味	少ない	←→			多い
香り	弱い	←→			強い

第3章 フレーバードティー&ハーブティー(⇨P161)に関して

ハーブティーは医薬品ではありません。この章では、ハーブの作用や植物療法などについて紹介していますが、医薬品や治療を目的としたものではなく、医師の治療より優先されるものではありません。また、本書の監修者ならびに出版社は、この章に記載されている使用方法に伴って生じた問題に対する責任を負いません。

第1章

知っておきたい紅茶の基礎知識

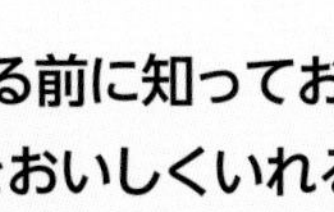

紅茶をいれる前に知っておきたいこと、
紅茶をおいしくいれる方法、
紅茶の製造方法から保存方法まで、
紅茶についての基礎知識をご紹介します。

1

紅茶をいれる前に…

紅茶をいれる前に知っておきたい、おいしくいれる基本やコツをご紹介します。

紅茶をおいしくいれるために

「ちょっと丁寧に」ひと手間を意識するだけで、誰でもおいしい紅茶がいれられます。

おいしい紅茶をいれよう

紅茶をおいしくいれるために必要なことは何でしょうか。茶葉、水、道具、いれ方…意識したいポイントはいろいろとありますが、いつもよりも「ちょっと丁寧に」いれるだけで、ぐっとおいしさが際立ちます。

例えば水はどうでしょう。ポットのお湯をそのまま使っていれてはいないでしょうか。空気をたっぷり含んだ、汲みたての新鮮な水を沸かしてみるだけでも、いつもと違う紅茶に仕上がります。

蒸らし時間や茶葉の分量を毎回なんとなく決めていたり、ちょっと錆びたポットを使い続けていたり…。いつものいれ方を見直してみると、いろいろ気づく点があるかもしれません。

いれ方の基本的なルール

茶葉が本来もっている風味や香りなどを余すところなく十分に引き出すために生まれた基本的なルールです。紅茶をいれる時は意識したいものです。

THE FIVE RULES

1. Use good quality tea
新鮮で良質な茶葉を使う

2. Warm the tea pot
ティーポットを温める

3. Measure your tea
茶葉の分量を量る

4. Use freshly boiling water
沸騰したての熱湯を使う

5. Allow time to brew
茶葉を蒸らす間、ゆっくり待つ

知っておきたいポイント

時間

リーフティー(散茶)、ティーバッグ、どちらに限らず、蒸らし時間をしっかりと正確に計ることは、茶葉のもつ香味を抽出させる重要なポイント。

ティーポット

保温性がよい材質のもの、陶磁器製、ガラス製、ホーロー製などがベスト。茶葉がポットの中で広がる、丸くシンプルな形だとよい。

ジャンピング

ティーポットの中で生じる、湯の対流による茶葉のゆったりとした上下運動のこと(⇨P14)。紅茶の風味を上手に引き出す現象。

水

空気をたっぷりと含んだ汲みたての新鮮な水を強火で沸かし、沸騰したその熱湯を使うことが大切。(⇨P12)

砂糖・ミルク・レモン

紅茶本来の味をストレートで堪能するのもよいが、ティータイムをもっと楽しむために砂糖やレモンなどを加えて味わいに変化をつけても楽しい。(⇨P56)

茶葉

大きい茶葉はティースプーンで大山1杯(約3g)、細かい茶葉は中山1杯(約2.5〜3g)を目安に正確に量る。茶には多くの種類があり、ミルクティーやアイスティーなど、それぞれのティーメニューに向いたものもある。

紅茶と水の知識

水が紅茶に与える影響とはどのようなものでしょうか。紅茶と水の関わりについて学んでみましょう。

水次第で紅茶はおいしくなる

コーヒーにしろ、スープにしろ、使用する水が果たす役割は大きいといえます。それは紅茶においても同じことで、どんな茶葉を使うかと同じくらい影響があります。その際、意識しておきたいポイントは「空気」「硬度」「沸騰」の3つです。水分中の空気が抜けていると泥臭くエグい紅茶に、硬度が高すぎるとドロリと重く、また、低すぎると香味が出すぎてバランスの悪い味わいになってしまいます。

そもそも、水道水を使ってもいいのかと疑問に思われるかもしれませんが、紅茶が本来もっている香味を抽出するために、空気がたっぷりと含まれた日本の汲みたての水道水は最適といわれています。ただし長時間汲み置きした水や、再沸騰させた魔法瓶の湯などは、空気が少ないため避けてください。また、茶葉は100℃～80℃までの間で抽出されていくため、紅茶をいれる際の温度にも気を遣いたいところです。

空気

紅茶をおいしくいれるためには、水分中に含まれる酸素や炭酸ガスの量も重要です。空気が少ないとジャンピング（⇩P14）も起こりにくく、うまみが抽出されない場合があります。水道水は、勢いよく水を出してたっぷりと空気を含ませるのがポイント。水道水のいやな臭いはなかなか取れませんので、気になる場合は、蛇口には浄水器をつけましょう。軟水のミネラルウォーターを使用する場合は、水道水を少し混ぜるとよいでしょう。

朝一番に水道から出る水は滞留していた水なので、少し流してから汲むとよい。

硬度

硬度とは、水に含まれるカルシウムやマグネシウムなどのミネラル含有量を表す数値のことです。含有量の多少により硬水や軟水に区分されており、国により定義は異なりますが、日本で採用されているアメリカ式では硬度100㎎/ℓ以下を軟水、以上を中硬水から硬水としています。紅茶の主成分であるタンニンは、このカルシウムやマグネシウムなどのミネラル分と結びつき、水色《すいしょく》や味、香りを作り出していきます。

日本とイギリスで同じ茶葉を使い紅茶をいれた場合、イギリスは硬水、日本は軟水という違いから香味も水色も大きく異なります。日本の水道水はカルシウムなどの成分が適度に含まれた軟水のため、甘みやうまみが感じられ、紅茶に向くといわれています。ただしイギリスでも、19世紀頃より水質に合わせた茶質やブレンド、ティーメニューなどおいしく飲むための工夫をしています。

高価な紅茶だからといって、適した水を利用しなければ、その香りと味を満足に引き出すことはできないといえるほど、紅茶と水の関わりは重要なのです。

硬水
（硬度約 300）

黒っぽい水色になり、渋みや香りは控えめに。ただし、コクは出やすい。

軟水
（硬度約 70）

紅茶に向いている軟水は、香味をよく引き出す。

超軟水
（硬度約 10）

硬度の低い軟水で紅茶をいれると水色は明るくなるが、香味も出すぎてバランスを欠く。

沸騰

沸かし方も意識してみましょう。基本はジャンピングに必要な空気を十分に含ませることです。水から強火で沸かし、硬貨大の大きな泡が音をたててはじけ、表面が波打ってきた状態がベスト。沸騰直後から沸騰数十秒の湯ならば、ジャンピングも起こりやすいでしょう。ただし、沸かしすぎると空気が逃げてしまいます。

香味のバランスがとれた紅茶を抽出するためには、沸騰も重要なポイント。

ジャンピングを学ぶ

理想的な条件の熱湯を注ぐと起こる茶葉の上下運動、ジャンピング。温度を守り、香味豊かなおいしい紅茶をいれましょう。

理想的なジャンピングとは？

ジャンピングとは、ティーポットの中で起こる、茶葉のゆったりとした上下運動のことです。まるで茶葉がジャンプしているように見えることからそう呼ばれるようになりました。ジャンピングが起こると、茶葉の一片一片からまんべんなく味や香りが抽出されます。

まず、空気をたっぷり含んだ汲みたての新鮮な水を使い沸騰させます。沸騰直後の湯はジャンピングが起こりやすいので、すぐにお湯を勢いよく注ぐと、茶葉の半分以上が上に浮かび、残りが下に沈みます。しばらくすると上下に動き始め、水分を十分に吸った茶葉は沈んでいきます。

ただし、すべての茶葉にジャンピング現象が起こるわけではなくジャンピングが起きにくい茶葉もありますが、決してまずい紅茶というわけではありません。あくまでも目安ですので、茶葉が上下に舞っていないからといって、スプーンでかき混ぜたりしてはいけません。

ポットは丸みのあるものを

丸型のポットは、湯の対流運動が起こりやすく、つまりジャンピングを促すといわれています。また、中身の見えるガラス製のポットであれば茶葉の上下運動の様子がよくわかります。また、お湯を注いだ時に温度が下がるのを防ぐため、あらかじめティーポットは温めておき、沸かしたての湯のすぐそばで作業するとよいでしょう。

熱伝導のよい素材で短時間でお湯を沸かすことができれば、水中の空気を失いにくい。

細い筒型のティーポットなどは避け、茶葉がしっかり開くために丸みのある形状を使う。

沸騰不足

十分に沸騰していないお湯を注いだ場合、対流が起こりにくく、茶葉はほとんど上に浮き上がったままの状態になる。

最適

最適な温度（98℃）であれば、対流運動が起こり茶葉が次第に開き、紅茶のもつ水色《すいしょく》（カップに注いだ時の紅茶の色）、味、香りを引き出すことができる。

沸騰させすぎ

湯を沸かし続けると水分中の空気が少なくなるため、茶葉は下に沈んでしまい、泥臭くエグい味わいの紅茶になってしまう。

ティーキャニスター
茶葉を保存しておくための容器。密封性が高く、空気や光を通さないタイプを選ぼう。

やかん
水中の空気をなるべく失わせないよう、短時間で沸かせる熱伝導のよい素材だとなおよい。

ティーカップ
飲み口が薄手で内側が白く広口のもの、把手部分はしっかりもてるものを。

ティーポット②
お湯を注いだ時にジャンピングを促しやすく、香味を引き出す丸型のものが理想的。

手鍋
錆びたり被膜が剥げていると香味や、水色《すいしょく》が悪くなるのでふたつきホーロー鍋がおすすめ。

さまざまな道具

紅茶をいれるための道具はさまざまです。あり合わせの道具でも十分ですが、道具に凝って揃えていくのも紅茶の魅力です。

ティーコジー
保温用のポットカバー。底面から熱を逃がさないように、ポットマットとセットで使う。

ティーポット①
陶器、磁器、耐熱ガラスなど、茶葉に合わせて2～3種用意しておくと便利。

砂時計（タイマー）
キッチンタイマーもおすすめだが、砂時計の砂が時を刻む姿も紅茶にはよく似合う。

ストレーナー
茶殻をこすための道具。茶殻によって網目の大きさを選んだり受け皿つきのものを選びたい。

メジャースプーン
茶葉の分量は毎回同じスプーンで量ることが重要。専用のスプーンでさじ加減を覚えよう。

ティーバッグレスト
ティーバッグトレイとしても、角砂糖やレモンをのせて出すのにも便利。

2 紅茶のいれ方

ストレートティーやアイスティーなどの基本からティーバッグのいれ方まで、おいしい紅茶をいれるテクニックを磨きましょう。

ストレートティーのいれ方【ティーポット】

いろいろな紅茶の基本となるストレートティーのいれ方は、今後のためにマスターしておきたいものです。

茶葉本来の魅力を楽しむ

ちょっと「丁寧に」新鮮な水を沸騰させたり、ポットを温めて蒸らしたり…特別な技術は必要なく、意識するだけで紅茶の味わいはさらに深まります。条件によっては手順4で「ジャンピング」（⇩P14）と呼ばれる茶葉の流動現象が起こりますが、これは必須条件というわけではありません。手鍋（⇩P22）を使っても簡単に仕上がりますが、ポットでいれる優雅さもよいものです。

ポットにお湯を注ぎ、時間がきたらカップへ注ぎますが、おいしさが凝縮された最後の一滴（ゴールデンドロップ）まで注ぎきります。また、大きなポットで、茶葉が入ったまま複数杯分楽しむ場合、2杯目以降濃くなりますので、さし湯やミルクを加えるなど調整します。

1 お湯を沸かす

やかんでお湯を沸かす。水道から汲みたての、空気をたくさん含んだ新鮮な水を使い、5円玉くらいの泡がポコポコ出ている状態まで沸騰させる。

2 茶葉を入れる

あらかじめ温めておいたポットに茶葉を量って入れる。カップ1杯分はティースプーン1杯(2.5～3g)とし、杯数分入れる。

Point

冷たいポットに熱湯を注ぐとお湯の温度が下がるため、あらかじめポットとカップを湯通しして温めておく。

3 お湯を注ぐ

1杯分150～160㎖目安で、沸騰直後のお湯を手早く勢いよく注ぐ。やかんの湯温が下がるのを防ぐため、ポットをやかんのそばへもっていき、湯を注ぐとよい。

4
茶葉を蒸らす

マットを敷き、すぐにふたをしてティーコジーをかぶせる。細かい茶葉は2～3分、大きい茶葉は3～4分目安でじっくりと蒸らす。

5
軽く混ぜる

スプーンなどで茶葉を起こすようにごく軽く混ぜる。混ぜすぎると余分な渋みが出てしまうので、紅茶の濃さを均一にする程度でOK。

Column

ポットtoポットとは？

ポットで茶葉の抽出を行ったあとは、いったん別のポットに茶葉をこして移し替えるとよい。時間が経つにつれ、茶葉が入ったままだと濃くなってしまうが、これによりいつ淹れても濃さを均等に保てる。また、紅茶のタンニンは鉄分と化合して風味を損ない、紅茶の色も黒くしてしまうため、鉄製のポットや、やかんの使用は避ける。

透明なポットは茶葉やお湯の量がひと目でわかるため便利。

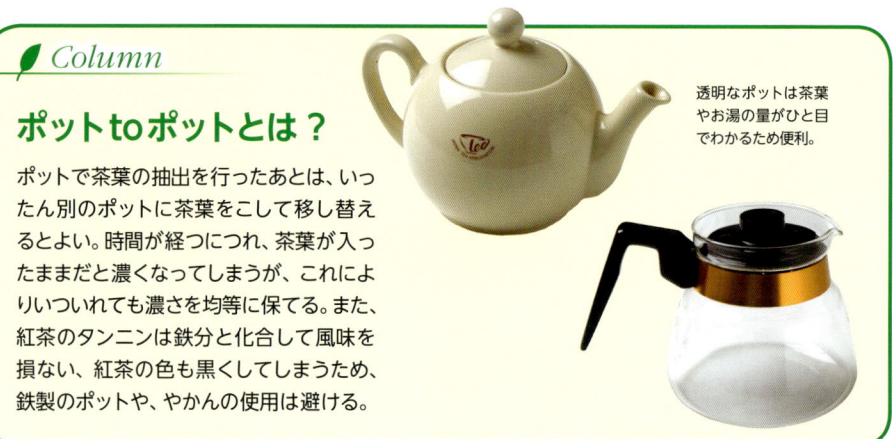

6 ポットに注ぐ

茶こしを使い、温めておいた別のポットに注ぐ。"ゴールデンドロップ"と呼ばれる最後の一滴まで注ぎきる。

Point

ポット to ポットではなくカップに直接注ぐ場合は、紅茶の濃さと量が一定になるように注ぎ分けをする。人数が多い場合などは別のポットに移し替えた方が調整しやすい。

7 カップに注ぐ

内側は真っ白で、直径が大きく香りが広がりやすい浅い形のティーカップがおすすめ。水色《すいしょく》や香りを十分に楽しもう。

ストレートティーのいれ方【手鍋】

覚えておくと便利な手鍋を使ったいれ方。アレンジメントティーやティーバッグなど、さまざまないれ方に対応できます。

簡単に抽出できる

ポットでなくとも、紅茶本来の〝水色《すいしょく》・香り・味〟をポットでいれるのと同様に楽しめる、簡単な方法として手鍋方式があります。

使用する手鍋は、ふたつきのホーロー鍋がおすすめです。錆びたり被膜が剥げていると香味や水色が悪くなるなど、紅茶に影響が出てしまうため避けたいところ。比較的細かなBOPやCTCなどの茶葉や、フレーバードティーを手早く楽しめるため喫茶店でも活用されています。

このいれ方のメリットとしては、湯の沸騰具合や茶葉の抽出状況を把握しやすいということです。自分の好きなタイミングで茶殻をこし、ポットに移すことで、一定の濃さでたくさんの紅茶を一度にいれられるのが魅力です。

ティーバッグを使用して本格的なミルクティーも作れます（⇩P46）。紅茶に興味をもったら最初に覚えておくと便利な方法です。飲み方に合わせて茶葉を変えてみても、楽しめるでしょう（⇩P25）。

1 お湯を沸かす

手鍋でお湯を沸かす。水道から汲みたての、空気をたくさん含んだ新鮮な水を使い、5円玉くらいの泡がポコポコ出ている状態まで沸騰させる。

Point

常に正確に茶葉を量るためのメジャースプーンは、いろいろなサイズのものがあるので、分量を確認してから使おう。

2 茶葉を入れる

あらかじめ、予定の数杯分の茶葉を小皿に量っておく。湯が沸騰したら火を止め、茶葉を手早く、まんべんなく手鍋に入れる。

3 手鍋にふたをする

茶葉を入れたらすぐにふたをして、タイマーをセットする。お湯を注ぐ手間もなく、手鍋に余熱があるので保温の必要もなく簡単。

Point

最初は茶葉の大半が大量に浮いたままだが、時間が経つにつれ沈んでいくので、香りだちを確認して、ごく軽くかき混ぜる。

4 ポットに注ぐ

茶こしを使い、温めておいた別のポットに注ぐ。"ゴールデンドロップ"と呼ばれる最後の一滴まで注ぎきる。

5

カップに注ぐ

ポットからカップに注ぐ。抽出液だけなので、エグ味が増すこともなく、最後まで同じ濃さで楽しめる。ティーコジーで保温しておけば、30分くらいアツアツが保てる。

Column

飲み方で茶葉を変えてみよう

香味を重視したい紅茶ならストレート、水色《すいしょく》も濃い茶褐色でコクのある紅茶ならミルクティーにして濃厚な味わいを楽しむなど、飲み方による茶葉選びも意識してみたいもの。アイスティーは、タンニンやカフェインの少ないものを選ぶとクリームダウン(⇨P37)も起こりにくく、すっきりとしたクリアなアイスティーが完成する。また、フルーツやスパイスを加えて楽しむ場合には、クセの強くない紅茶が合わせやすい。

ストレート…………ダージリン、ヌワラエリア、ディンブラ、キームン など
ミルクティー………アッサム、ウバ、ケニア、ディンブラ など
アイスティー………ニルギリ、ジャワ、キャンディ など
バリエーション……ニルギリ、ディンブラ、ジャワ、キャンディ など

きれ味のよいミルクティーが楽しめるウバ。

ティーウィズミルクのいれ方【カップ】

濃厚でまろやかな味わいで胃にも優しく、朝におすすめです。アッサムやウバなどコクのある渋みの強い茶葉に合います。

ミルクが先か、紅茶が先か

基本的ないれ方として、ストレートティーに比べて濃いめにいれることがポイントです。茶葉の量を増やすか、抽出する時間を通常よりも長めにとるかにします。濃くしっかりいれた紅茶とミルクが交わることで、渋みが控えめになり、まろやかでコクのある風味になります。

紅茶に入れるミルクは市販の牛乳を使用しましょう。分量としては、ティースプーン2～3杯が一般的とされています。ミルクは常温で使用することがコツです。冷たいままのミルクを入れてしまうと、せっかくの紅茶が冷めてしまいますし、熱しすぎるとミルク特有の香りが強くなってしまいます。コーヒー用のクリームや生クリーム（植物性）は植物脂肪分が高いので、紅茶香味を邪魔します。ミルクと紅茶、どちらを先に入れるか…自分に合ういれ方を試しながら探してみてください（⇩P.57）。お好みでシナモンなどのスパイスを少し加えても、楽しみ方が広がります。

1

茶葉を入れる

温めておいたポットに茶葉を量って入れる。コクをしっかりと出すために、ストレートティーより茶葉をやや多めに入れる。

2

お湯を注ぐ

マットを敷き、沸騰直後のお湯を手早く勢いよく注ぐ。ポットをやかんのそばへもっていき湯を注ぐことで、湯温が下がるのをできるだけ防ぐ。

3

茶葉を蒸らす

すぐにふたをしてティーコジーをかぶせる。ストレートティーよりも少しだけ長めに蒸らすと、濃い紅茶となる。

4

ポットに注ぐ

茶こしを使い、温めておいた別のポットに注ぐ。"ゴールデンドロップ"と呼ばれる最後の一滴まで注ぎきる。

Point

カップに熱湯を注ぎ、1～2分放置してカップを温めておく。特にミルクを先に注ぐ場合は冷めないように温めておく必要がある。

5

9分目まで注ぐ

9分目あたりまで注いでおくと、ミルクと混ざってもぬるい味わいになりにくく、十分な熱さとなる。

6

ミルクを注ぐ

クリーミーブラウン色になるまで、牛乳を注ぐ。紅茶の温度を下げてしまうため、先に冷蔵庫から出して常温にしておき、温めずにそのまま使う。

Point

カップに先に紅茶を注ぐ方法をミルクインアフター（MIA）、先にミルクを注ぐ方法をミルクインファースト（MIF）という。
（⇨ P57）

ロイヤルミルクティーのいれ方【手鍋方式】

甘くてコクのある風味で人気のロイヤルミルクティー。"牛乳に茶葉を直接入れない"ことがポイントです。

茶葉とミルクの駆け引き

濃厚な紅茶にたっぷりとミルクをいれたロイヤルミルクティーは、日本独特のネーミングです。贅沢なミルクティーという意味で、海外では通じない場合があるので注意しましょう。厳密な定義はないのですが、液量の20％以上の目安でミルクがたっぷりと入っていればロイヤルミルクティーと呼べるでしょう。

手鍋などで茶葉と牛乳を煮込んで作る「シチュードティー（これは海外でも通じます）」はぜひ覚えておきたいいれ方。ここで注意すべき点が2つあります。1つは〝牛乳に乾いたままの茶葉を入れない〟こと。あらかじめ茶葉を別の容器で湯に浸し、茶葉を開かせておくことで、牛乳の成分で抽出液が出ないまま茶葉を包んでしまうのを防ぎます。もう1つは〝沸騰させない〟ことです。茶葉を煮込むとエグ味が出ますので気をつけましょう。水1に対して牛乳は1.5くらいが一般的ですが、茶葉の量を濃いめに作るなど、お好みで調節しましょう。

1 水とミルクを加熱

手鍋に水と牛乳を入れて加熱する。カップ１杯分の目安は170㎖程度なので、それぞれ杯数分の1/2程度の量でよい。

2 茶葉を湯に浸しておく

耐熱容器に茶葉(１杯３ｇ目安)を入れ、熱湯をかける。茶葉がなじみ開くまで浸しておく。

Point

乾燥した茶葉を牛乳に入れると、牛乳のタンパク質「カゼイン」が茶葉をコーティングし、茶液の滲出を妨げてしまうので、あらかじめ茶液が出やすい状態にしておく。

3

茶葉を入れる

温度を均等にするため、ときどきかき混ぜる。沸騰直前、全体に泡が出てきたら火を止め、浸しておいた茶葉を入れる。

4

軽くかき混ぜる

なじませるように軽くかき混ぜる。茶葉を入れてからは煮ないように注意。茶葉からエグ味が出たり、牛乳独特の香りが出て紅茶の香りを損ねてしまうことも。

5 やや長めに蒸らす

マットを敷きふたをして蒸らす。牛乳に負けない紅茶香味をしっかり抽出するため、ストレートティーよりも若干長めに蒸らす。

6 ポットに注ぐ

十分に蒸らし終えたら、茶こしを使い、直接カップに注いでもよいが、人数が多い場合などは温めておいた別のポットに注ぐとよい。

7 カップに注ぐ

好みで甘みを加えるとさらにコクが出る。牛乳と水の割合も好みでいろいろ試してみるとよい。

アイスティーのいれ方

熱い紅茶を一気に冷やすいれ方「オンザロック方式」で、香り高く透明感のあるアイスティーをいれてみましょう。

キリリと冷えてみずみずしい

紅茶液の熱を急速に奪い、なおかつシンプルに作ることができるのが、濃く作った紅茶を一気に注いで急冷する「オンザロック方式」です。氷が溶けた時、丁度よい濃さになるように計算して紅茶を作っておくとうまくいきます。紅茶本来の味と香りを楽しむことができ、すぐに飲みたい時におすすめです。

アイスティー用のグラス（11オンス前後）は、一般的にティーカップ2杯分の容量があります。グラスいっぱいに砕いたアイスを入れてみると隙間があき、およそティーカップ1杯分強の質量に相当します。つまり、ティースプーン2杯分でいれた場合、ティーカップ1杯分の量＝「倍の濃さのホットティー」ができあがり、氷が溶け、冷たくきりりとしたアイスティーに仕上がります。注意すべきはクリームダウン（⇩P37）と呼ばれる現象です。みずみずしさが失われ白く濁ってしまう場合がありますが、手順6の段階で砂糖を加えておくと有効とされています。

1 お湯を沸かす

やかんでお湯を沸かす。水道から汲みたての、空気をたくさん含んだ新鮮な水を使い、5円玉くらいの泡がポコポコ出ている状態まで沸騰させる。

2 茶葉を入れる

あらかじめ温めておいたポットに茶葉を量って入れる。カップ1杯分はティースプーン1杯(2.5〜3g)とし、杯数分入れる。

3 お湯を注ぐ

2倍の濃さの紅茶を作るため、通常(1杯分150〜160㎖目安)の半分量の熱湯を、手早く勢いよく注ぐ。

4
茶葉を蒸らす

マットを敷き、すぐにふたをしてティーコジーをかぶせる。約2分（ホットティーより短く）蒸らす。

5
別の容器に移す

茶こしを使って別のポット、または耐熱容器などに移し替える。

6
砂糖を加える

甘みをつける場合は、この段階でグラニュー糖を入れる。また、クリームダウン（⇨P37）を防ぐのにも有効とされる。

Column

アイスティーは クリームダウンが起こりやすい！

紅茶は冷えたり時間が経過したりするとタンニンとカフェインが結合し、白く濁って見えることがある。これは"クリームダウン"と呼ばれる現象で、飲んでも害はないが、アイスティー特有の清涼感が失われてしまう。タンニンの含有量が少ない紅茶を選ぶ、蒸らし時間を短くする、ポットに紅茶を移し替える際に最後の一滴まで注ぎきらない、冷やす前に砂糖（グラニュー糖）を入れておくこと、などが有効。

左がクリームダウンが起こったアイスティー。

氷を入れ紅茶を注ぐ

砕いた氷をグラスにたっぷり入れ、熱い紅茶を7分目程度まで注ぎ急激に冷やす。

マドラーで混ぜる

グラスの底面近くを押さえ、マドラーで軽く混ぜる。氷が溶けてくるので、追加の氷を2〜3片のせ8分目に仕上げる。

ダブル クーリング方式の いれ方

暑い季節こそリフレッシュできて手軽に楽しめるアイスティーをいれてみましょう。

常温保存で作り置き

ダブルクーリング方式は、半日程度の常温保存ができるため、夏の暑い季節でも作り置きしておくこともできるいれ方です。オンザロック方式と同様に、2倍の濃さのホットティーをいれるところから始めましょう。

ただし、抽出した紅茶を冷蔵庫に入れるとクリームダウンを起こしやすいので注意が必要です。また、溶けかかった氷は使わないようにします。クリームダウンが起きて白く濁った場合は少量の熱湯を注ぐと澄んできます。飲む直前に氷を入れたグラスに注ぐことで、冷たくみずみずしいアイスティーが堪能できます。

1

2

3

4

1~4 濃いめのホットティーを用意

まず2倍の濃さのホットティーを作る(⇨P35〜36手順1〜4参照)。

Column

保存がきくアイスティーの作り置き

カフェなどではダブルクーリング方式でアイスティーを作るところも多い。半日程度なら保存がきくため、作り置きでき、氷を入れたグラスに注いでいつでも冷たくおいしいアイスティーを楽しめる。大勢の来客がある場合などに覚えておくと便利な作り方。

容器に注ぎ冷やす

氷の入った広口の容器に一気に注ぐ。ざっとかき混ぜて冷やす。

別のポットに移す

手早く氷を取り除き、別のポットに移し替える。夏でも半日程度の常温保存ができる。冷蔵庫に入れるとクリームダウンが起こりやすい。

ティーバッグを極める

形状や材質はもちろん、中身の茶葉グレードにもさまざまな種類があるティーバッグ。それぞれどんな特性があるのか、飲み比べてみても楽しめます。

1930年代当時はガーゼのティーバッグを多く用いており、現在では珍しい。
テトラ型（三角錐型）はバッグ内部の空間が広く茶葉の広がりを助長してくれる。

さまざまな形状を知る

ティーバッグには、さまざまな形状と材質のものがあります。テトラ型、不織布、紙製、ナイロンメッシュ、ガーゼ…。

茶葉の形状はCTCタイプが主流で、BOPタイプやOPタイプなどもあります。バッグの材質や形状により抽出の度合いは異なりますので、各製品に書かれている抽出時間を確認してみましょう。

イギリスでも、日常で飲まれている紅茶の90％以上はティーバッグというほど、現代では身近なものになっています。素材や形状は今も研究が続けられています。

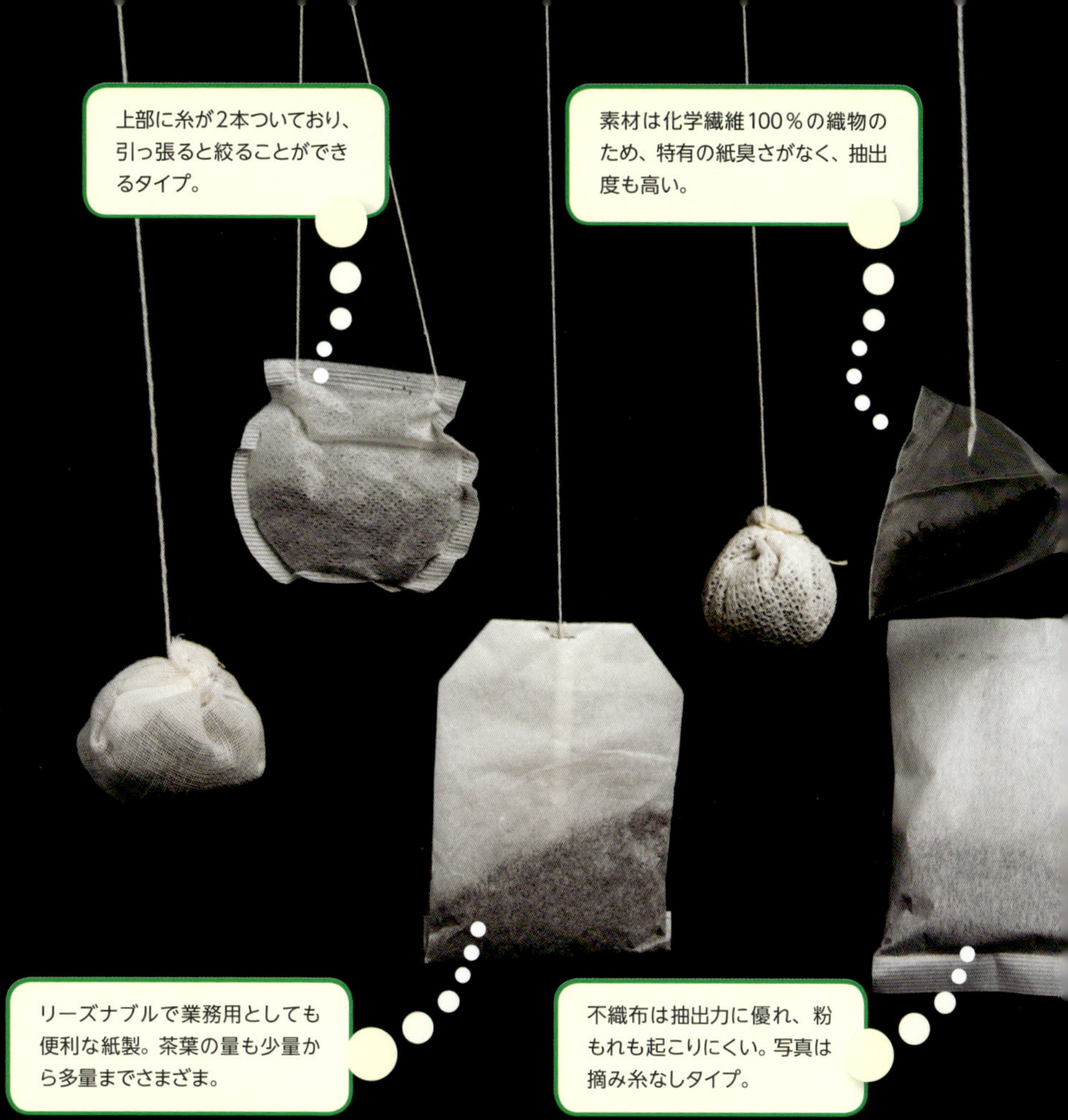
上部に糸が2本ついており、引っ張ると絞ることができるタイプ。
素材は化学繊維100％の織物のため、特有の紙臭さがなく、抽出度も高い。
リーズナブルで業務用としても便利な紙製。茶葉の量も少量から多量までさまざま。
不織布は抽出力に優れ、粉もれも起こりにくい。写真は摘み糸なしタイプ。

ティーバッグの意外な歴史

誕生には諸説ありますが、1896年にイギリスでA・V・スミス氏が考案した、1杯分の茶葉をあらかじめ布で包み、糸で縛ったティーボールと呼ばれたものが原型とされています。お湯を注いだカップに漬けるだけの、量る手間や茶殻の始末を簡単にするアイディアが好評を得て、改良が重ねられました。1908年、ガーゼの小袋に茶葉を詰めた実用的なティーバッグを、アメリカの茶商トーマス・サリバン氏が売り出していきました。1930年にはアメリカでろ紙が開発され、紙製のティーバッグが主流になり、不織布やナイロンなどの新素材も採用されていきました。

日本でも1961年にドイツからティーバッグマシンを導入し、ティーバッグの製造を始めたといわれています。1980年代には、近年よく目にする三角(テトラ)ティーバッグの生産を世界に先駆けて始めました。

ティーバッグのいれ方【カップ】

いれ方次第ではリーフティーにも劣らない、便利で簡単なティーバッグで本格的な紅茶を作ってみませんか。

手軽に紅茶を楽しむ

紅茶を手軽に楽しむための大発明であるティーバッグ。それにも関わらず、リーフティーに比べて味が劣るインスタント、というイメージをもたれている方も少なくないでしょう。しかし、ティーバッグの中身は茶葉であり、いれ方次第で十分においしい紅茶を作ることができるのです。

まず、カップは湯通しして温めておきます。リーフティー同様、丁寧にいれていくことがおいしい紅茶への第一歩です。それから、ソーサーなどで必ずふたをして蒸らします。現在のティーバッグに使用されている茶葉はCTC製法(⇩P66)が主流ですが、蒸らし時間がそれぞれ異なるため、表示を見て確認しましょう。

また、成分をよく出そうとして上下左右などに振る必要はありません。スプーンなどで絞り出してしまうことも、エグ味など、うまみ以外の余計な成分が出てしまいます。1つのティーバッグで2杯目をいれても、おいしい成分は出つくしているのでやめた方が無難です(⇩P53)。

1

お湯にティーバッグを沈める

カップに熱湯を注いで温めておく。沸騰した熱湯を先にカップに注ぎ、ティーバッグをカップの縁から静かに沈める。

2

茶葉成分が抽出

すぐに茶葉成分が抽出されていく。ティーバッグの中身にはCTC製法の茶葉やリーフティーを細かくカットした茶葉が使用されている。

3

ふたをして蒸らす

ソーサーなどを使い、ふたをして蒸らす。そうすることで、ポットでいれる時と同様にしっかりと蒸らすことができる。

4

蒸らして引き上げる

1〜2分蒸らし、軽く振って静かに引き上げる。茶葉により蒸らし時間が異なるので、パッケージで確認しておこう。

ティーポットを使う場合

1

湯通ししておく

ポットとカップにはあらかじめお湯を注いで温めておく。

2

お湯を注ぎ蒸らす

杯数分の熱湯を注ぎ、ふたをして1～2分蒸らす。バッグが浮かんでしまう場合もあるので、先にお湯を注いでもよい。

3

そっと引き上げる

そっと数回振って静かに取り出す。時間を計ってしっかりと蒸らせば、リーフに負けない味わいを楽しめる。

ティーバッグのいれ方【ロイヤルミルクティー】

牛乳と茶葉のやさしい香りに包まれる、誰でも簡単に作れる本格ロイヤルミルクティーのいれ方です。

お手軽本格ミルクティー

濃厚な紅茶とたっぷりのミルクがマッチしたロイヤルミルクティーは、ポットでも鍋でもいれることができます。ですが、茶葉を切らしていたり、片づけが面倒でおっくうになることもあるでしょう。そんな時におすすめなのが、ティーバッグを使ったロイヤルミルクティーです。手鍋とティーバッグと牛乳さえあれば、大人数用のミルクティーも片づけを含めて簡単にできます。

ポイントは、ティーバッグを多めに使うこと。人数分の1.5～2倍が目安です。また、十分に蒸らすことと、沸騰後煮出さないことにも注意してください。鍋肌に細かな泡がフツフツとしてきたら火を止め、ティーバッグを入れ、ふたをして蒸らしましょう。また、十分抽出したらティーバッグを取り除いておけば、それ以上成分が抽出されず、一定の濃さで楽しむこともできます。形式を気にせず家庭で楽しむ程度なら、手鍋から直接カップに注いでもよいでしょう。

1 お湯にティーバッグを沈める

手鍋に水を入れて沸かす。
沸騰したら火を止めて、
ティーバッグを沈める。

2 ティーバッグは多めに

ティーバッグでロイヤルミルクティーをいれる場合、人数分の1.5～2倍使うとちょうどよい。

3

蒸らして牛乳を加える

蒸らしてから、牛乳を加えて中火で再び温める。牛乳を多く加えればコクが出るので、牛乳の分量は好みや季節に応じて変えてみるのもおすすめ。

Point

茶葉はもちろん、ティーバッグも蒸らすことが成分やおいしさを引き出すポイント。鍋の下にはマットを敷いておこう。

4

沸騰直前まで温める

沸騰直前まで温め続ける。鍋肌に細かい泡がフツフツとしてきたら火を止める。

5
別のポットに移す

ティーバッグを引き上げ、ポットに移し替える。来客用などではなく家庭で楽しむ場合であれば、そのままカップに注いでもよいだろう。

6
カップに注ぎ完成

リーフティーでいれたものと変わらない、しっかりとした味わいのロイヤルミルクティーが完成。

簡単！作り置き

水差し方式（アイスティー）

容器に熱湯を注ぎ蒸らす

1ℓの保存用容器に市販のティーバッグを3～4袋入れ、熱湯を1/3ほど注ぎ、3～4分程度蒸らす。

ティーバッグを取り水を加える

ティーバッグを引き上げて取り出し、1ℓになるまで水を加える。常温になるまで冷ますと、冷蔵庫で保存することもできる。

Column

作り置き時の注意点

ティーバッグを使えば、茶葉の片づけなどの面倒もなく、おいしいアイスティーを手軽に作り置きすることができる。とはいえ、やはり作りたてを飲むのがベストであるため、できるだけその日のうちに飲みきるようにしよう。

ティーバッグで

水出し方式（アイスティー）

1 水出しティーバッグに水を注ぐ

保存用容器に水出しティーバッグ（水出し用に処理、加工されたもの）を入れ定められた量の水を注ぐ。

2 冷蔵庫で半日置く

冷蔵庫に入れ半日ほど置いておく。その後ティーバッグを取り出し、冷蔵庫で保存する。熱湯や氷を大量に使うことなく、手間もかからない。

Column

水出し用ティーバッグor茶葉を使おう

水と水出し用ティーバッグと容器さえあれば作れてしまう水出し方式。通常の茶葉を代用するのはNG。水出し用として市販されているものは、殺菌処理加工されている。必ず水出し用のティーバッグや茶葉を使用しよう。

ティーバッグのいれ方での注意点

誤ったいれ方をすると、紅茶本来のおいしい成分が抽出されずに、ティーバッグに残ってしまいます。

ティーバッグの香味を引き出す

おいしい紅茶を手軽に楽しむための大発明であるティーバッグ。沸騰したてのお湯を使う、あらかじめ温めたカップを用意する、ふたをして一定時間蒸らすなどすれば、ぐっとおいしくなります。

しかし、ティーバッグはインスタントというイメージが強いせいか、誤ったいれ方を見かけることもあります。ポットのぬるま湯と冷たいカップで温度の下がった状態のままいれたり、色が出るからといって複数のカップに順番に漬けたり、ティーバッグの成分が十分抽出されないまま引き上げてしまうなど、注意したいものです。

熱湯できちんと蒸らすことで成分はしっかり抽出される。無理に成分を出そうと振ったり押したりしないこと。

○

茶葉同様、ティーバッグもしっかり蒸らす

皿などできちんとふたをして蒸らすことで成分が抽出されます。しっかり蒸らせないと紅茶の香味は半減します。また、ティーカップに比べて容量が大きなマグカップの場合、湯量が多くなってしまうので注意が必要。

振るだけでは味を引き出せない

ティーバッグに熱湯を注いだらソーサーなどでふたをして蒸らします。すぐに振っただけでは、色は出ますが味は出ません。重要なのは、おいしさを引き出すために一定時間蒸らすこと。

ティーバッグの二度漬けはしない

1袋約2gで1杯用に作られています。まだ色が出るからといって、1つのティーバッグを2個のカップに振りながらいれても、味や香りのないただの色つきのお湯です。

やむをえず1袋で2杯分いれるときは？

ポットを使い長めに蒸らしてください。

スプーンなどで押し出さない

ティーバッグをスプーンの背などで押して絞り出すのは控えましょう。エグ味や苦みが強く出てしまい、せっかくの風味が損なわれてしまいます。

アメリカが生んだアイスティーとティーバッグ

Iced Tea and Tea bag were Born in USA

コーヒー文化のイメージが強いアメリカですが、実はアイスティーとティーバッグの発祥の地といわれています。歴史やお国柄から生まれた画期的な発明は、今や世界中で親しまれている日常的な飲み物へとなっていきました。

❶セントルイス万博で偶然飲まれたというアイスティー。
❷ニューヨークの輸入業者のセールスルームにあるティーテイスティング・ルーム。
❸アイスティーはフルーツセパレートティーなどアレンジティーとしても楽しめる。
❹実用的なアイディアから生まれた、誰でも気軽にいれられるティーバッグ。

アメリカの紅茶文化

これまで、アメリカはコーヒー文化圏だといわれてきましたが、最近はかなり様変わりしているようです。なんでも、エリートたちの嗜好が変化して緑茶の人気が高まっているのだとか。スーパーマーケットでも紅茶やハーブティーの売り場が広がって、緑茶、烏龍茶などの自社ブランドの製品がズラリと並んでいます。ラスベガスではワールド・ティー・エキスポと呼ばれる展示会も行われたほどです。

紅茶への課税がアメリカ独立戦争のきっかけとなったこともあり、もともと新大陸でも紅茶の人気は高いものがありました。

しかし、1776年7月4日、イギリスの植民地を中心に13の州がアメリカ合衆国の独立を宣言してからは、イギリスへの反発もあり、紅茶を飲まなくなった人もかなりいたようで、需要はイギリスほど伸びなかったようです。

アメリカが生んだ実用的な発明

それでも、1904年にセントルイスで起きた「事件」は、世界の紅茶史上で画期的なことでした。それは、「アイスティー」の発明です。この年は、フランスからルイジアナを買収して100年目。それを記念して盛大な万国博覧会が開かれたのです。夏の暑い会場で、イギリスの紅茶商人リチャード・プレチンデンがインド紅茶を販売していたのですが、売れ行きがよくありません。そこで、いれたての紅茶に氷を入れて客を呼び込んだのです。「Iced Tea」が誕生した瞬間でした。背景には冷凍技術が発達して氷が入手しやすくなっていたこともありそうです。

さて、イギリスではいまだに熱い紅茶をポットから注ぐことが正統の飲み方だとされていますが、プラグマチックなアメリカ人はおいしくて健康的であれば迷わず受け入れました。大衆はアイスティーを歓迎し、いくらもたたないうちに食事の際にも愛飲するようになりました。

あらゆることに実用性を大切にし、生活の効率化を進めていったアメリカでは、手間ヒマのかかる紅茶は敬遠されがちでした。そこで登場するのが『ティーバッグ』です。もともとはフランス料理のブーケ・ガルニのように1回分の茶葉を処理しやすくする『ティーボール』『ティーエッグ』という道具が工夫され、1896年にはA・V・スミス氏が特許を取得しています。そのアイディアを実用化したのがニューヨークの茶卸商トーマス・サリバンでした。1908年、彼は茶葉見本を顧客に送る際に小さな手縫いの絹袋に入れることを思いつきます。その後、袋をガーゼに替えて『ティーバッグ』を改良しました。そして、紅茶会社にも採用されるようになりました。

アイスティーとティーバッグ、いかにも進取の気性に富んだアメリカらしい、実用的な発明だといえるでしょう。

紅茶をもっと楽しむために

自分が飲みたいように手元で風味を調整できる、レモン・ミルク・砂糖の使い方のワンポイントを伝授します。

紅茶をおいしく飲むために

紅茶はそのままでも十分おいしさを楽しめますが、レモン・ミルク・砂糖を加えるとさらに味の幅が広がります。砂糖を入れて独特の風味を味わったり、ミルクを加えてちょっとリッチな気分に浸ったり、時にはほのかなレモンの香りを楽しんだり…。気分に合わせてお好みの1杯をいれてみましょう。

レモン

そのままでもさしつかえありませんが、あらかじめ黄色い皮をむいて輪切りにしておけば、外皮の油分と紅茶のタンニンの反応により生じる独特の苦みを和らげることもできます。紅茶はストレートティーのいれ方でやや薄めにしておきましょう。

ティーバッグレストは、レモンや角砂糖をのせて出すのにも使えて便利。

基本の香りづけ

カップにレモンを入れ軽く揺すり、すぐにレモンを引き上げます。これだけで十分に香りづけされます。

ティースプーンなどを使って引き上げる。

ミルク

紅茶の温度を変化させてしまうため、市販の牛乳を室内に出しておき「常温」で使いましょう。紅茶の味を生かすにはティースプーン3～4杯がおすすめで、エバミルクもよく合います。コーヒー用クリームは植物性脂肪のものが多く、紅茶の香味を消してしまうので避けたいところ。紅茶は濃く出すことが重要。

ミルクを入れすぎるとせっかくの風味が弱まってしまうことも。

ミルク不十分では、ミルクティーならではの味わいを引き出しにくい。

MIFとMIA

紅茶が先か、ミルクが先か…この結論については多くの論争が行われてきました。自分に合う入れ方を見つけましょう。

ミルクインアフター（MIA）

カップに紅茶を注いだ後、徐々にミルクを足してゆく。風味の調節には合理的。

ミルクインファースト（MIF）

ミルクを先に入れたカップに紅茶を注ぐ。科学的には美味だといわれている。

砂糖

紅茶に合うのはグラニュー糖といわれています。純度が高く細かく精製されているため溶けやすく、クセのない味わいはどんな茶葉にも合います。水色《すいしょく》につやが出たり、ミルクティーに入れれば牛乳本来の甘みを引き立て、いっそうの味わいが楽しめます。

サラサラした質感のグラニュー糖は、料理やお菓子作りなど幅広く使われている。

紅茶のいれ方 Q&A

Q 宵越しのお茶は飲まない方がよいといわれるのはなぜでしょう。

A 宵越しのお茶とは、ティーポットに一度抽出した茶殻を入れたまま、翌日まで室温の状態で放置しておいたもののことをいいます。

茶葉の成分にはたんぱく質が多く含まれており、紅茶をいれてもその成分が残らず完全に抽出されるわけではなく、まだ茶葉に残っています。

このたんぱく質などを多く含んだ茶殻を、ティーポットに入れたまま長時間放置しておくことにより、茶殻が腐敗してしまう可能性があります。そのため、宵越しのお茶は飲まない方がよいといえるでしょう。

Q "ポットのための1杯"とは何ですか？　必要ですか？

A イギリスを始めヨーロッパでは、茶葉の香味が出にくい硬水地域が多く、かつては大型サイズの茶葉でまたミルクティーにして飲むことが多かったので、ポットのために茶葉を1杯加えるという習慣が生まれたといわれています。しかし日本の水は香味が出やすい軟水であるため、ストレートで楽しむ分には必要ないでしょう。濃い紅茶やミルクを加えて楽しむなら1杯プラスしてよいかもしれません。

使用するティースプーンは、一度茶葉の量を正確に量っておくとよい。

Q 紅茶をいれた時、表面にほこりのようなものが浮きますが何ですか？

A 紅茶の茶葉の望ましい摘み方として、1つの芯芽と2～3枚の若葉、つまり1芯2葉、1芯3葉(⇩P62)だけを、たんねんに手で摘むことといわれており、1芯2葉は特に上質の茶葉とされています。

若い芯芽の表面には毛茸《もうじ》という産毛が密生しており、カップに注いだ時「ほこり」のように産毛が浮くことがあります。ですが、これは芯芽を含んだ良質な紅茶に見られる現象であって、問題はありません。

Q 紅茶店で見かける、お湯入りのポットは何に使うのでしょうか？

A これはホットウォータージャグといって、ポットには差し湯が入っています。カップに注いだ紅茶が濃すぎた時に、各自で調整して薄めるためのお湯です。好みで薄めるためのもので、必ずしも使う必要はありません。また、すべての店で出しているわけでもないようです。

Q 一度いれて冷めてしまった紅茶を温め直してもよいですか？

A 害はありませんが、茶に含まれるタンニン（カテキン類）は、温め直すと後味の悪い渋み成分になってしまいます。また、香り成分の多くは揮発性です。

ティーコジーや保温性のよい材質のティーポットを活用するなど温度には気を遣いたい。

Q 紅茶をいれたあとの茶殻の利用法は何かありますか？

A 茶葉には吸着性があり、消臭剤としての利用が手軽です。茶殻を乾燥させて、冷蔵庫や靴箱、灰皿といった匂いの気になる場所に入れておけば、匂いを吸収してくれます。ただし、こまめに交換するようにしてください。また、灯油や魚などの匂いは手につくとなかなか落ちずに困ってしまいますが、茶殻でこすることで消臭効果が得られます。他にも、調理の際に魚焼グリルの網の下に茶殻を敷くことで余分な油やいやな匂いを取り除けたり、生ゴミの上に茶殻をふりかけて、いやな匂いを防ぐなど、日常生活でもさまざまに利用ができます。

Q アフタヌーンティーとは、どのように生まれたのでしょうか。

A 1840年代、第7代ベッドフォード公爵夫人アンナ・マリアが、豪華な朝食と夜遅い夕食の間、午後5時頃、空腹をしのぐため、お茶とバターつきのパンをとったことが評判を呼びました。歴代の王妃や女王たちによる宮廷での「お茶会」は、いつしか有産階級の貴婦人から一般の庶民階級の人々にまで広まっていきました。

イギリスでは社交のための紅茶文化を「ヴィクトリアンティー」と呼び、3つの基本的な考え方があるようです。

①紅茶は正しくいれミルクティーで楽しむこと
②テーブルセッティングは優雅にすること
③食べ物は豪華にたっぷり用意すること

です。

現在では、簡素化された社交としてのお茶会が家庭内で引き継がれ、その形式はホテルやレストランなどでも楽しむことができます。

ケーキスタンドにはサンドイッチ、スコーン、ケーキなどが盛りつけられる。

3 紅茶を知ろう

紅茶の原料である茶葉の種類やシーズンをはじめ、紅茶にまつわる知識をご紹介していきます。

茶葉について

1つの品種でしかないのに千変万化する魅力にあふれた茶葉の不思議に迫ります。

紅茶も緑茶も同じ木から作られる

色や香りはもちろん、売っている店も、飲んで楽しむ店も全く異なる紅茶と緑茶。それが同一の木から採れるもので、葉の中に含まれる酸化酵素の働きを活性化させるか、させないかという製法の違いだけで、紅茶・緑茶・ウーロン茶などに分かれるという不思議な事実にちょっと驚きます。椿やサザンカの仲間の常緑樹「チャ」の木は、学名は「カメリア・シネンシス」と呼ばれ、温暖で雨の多い温帯から熱帯の地域で栽培されています。この新芽や若葉、茎などを原料としてお茶が作られるのです。

茶の木には中国種と、インド・アッサム地方で発見されたアッサム種が知られ、アッサム種はタンニン含有量が多く、紅茶向きとされます。高温多湿の地では主としてアッサム種が、標高が高い冷涼な地では中国種が栽培され、その交配種も作られています。

茶葉の違い

アッサム種

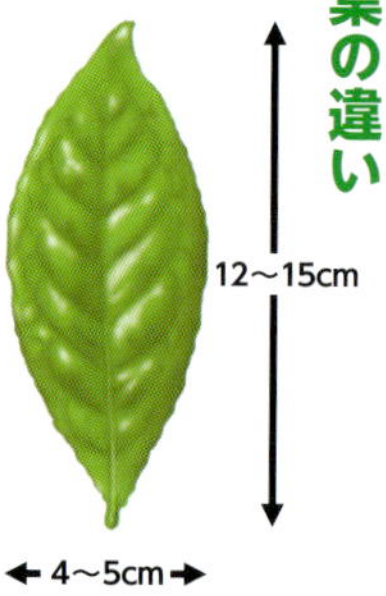

高温多湿の土地を好む喬木《きょうぼく》。中国種の約2倍の葉長で肉厚。

中国種

葉が小さく灌木《かんぼく》で耐寒性があり、温帯向き。日本の茶も中国種。

茶の実。1つの実の中に1〜5粒程度の種子が入っている。

製法による茶の分類

お茶は、葉中に含まれている酸化酵素の働き度合いにより、大きく3つに分けられます。

緑茶は茶葉を蒸し、あるいは釜で炒り、熱を加え茶葉の酸化酵素の働きを止めてから製造されます。

紅茶やウーロン茶は酸化酵素の働きを高めて製造され、特にその働きを強めたものを紅茶、途中で止めたものがウーロン茶になります。

お茶の場合、この酸化酵素の働きのことを伝統的に発酵と呼びますが、これは一般的な菌類発酵とは異なります。

19世紀になって、当時イギリスの植民地インド・アッサムで発見されたアッサム種（⇩P60）は中国種よりも大きな茶葉をもっていましたが、中国の紅茶製造法で製造された紅茶は、イギリスで大きな反響を呼び、製造の機械化により大量生産を可能とし、イギリス帝国産紅茶として、製造地域を拡大しました。

生茶葉

強発酵茶（紅茶）

摘んだ葉をしおらせて、機械にかけて揉み、褐色になるまで十分に酸化酵素の働きを高め、乾燥させる。

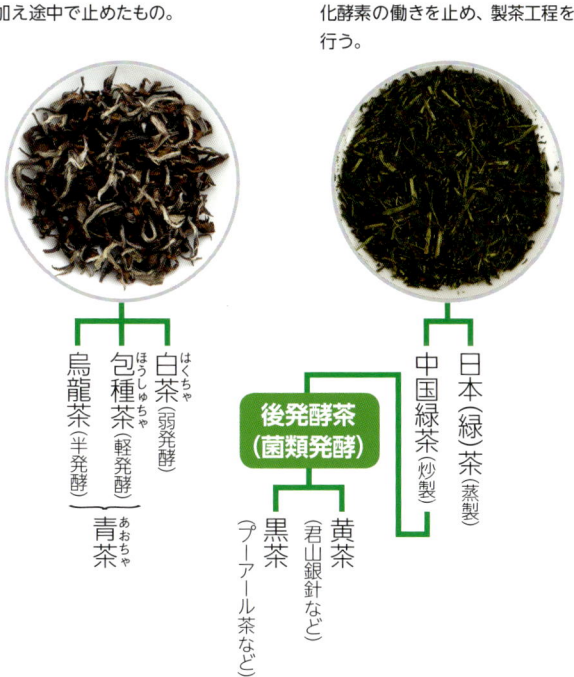

- 英国式紅茶（オーソドックス／アンオーソドックス）
- 中国式紅茶（工夫、小種など）

半発酵茶（中国茶）

酸化酵素をある程度働かせ、熱を加え途中で止めたもの。

- 白茶《はくちゃ》（弱発酵）
- 包種茶《ほうしゅちゃ》（軽発酵）
- 烏龍茶（半発酵）

（包種茶・烏龍茶）青茶《あおちゃ》

不発酵茶（緑茶）

摘み採ってからすぐに加熱し、酸化酵素の働きを止め、製茶工程を行う。

- 日本（緑）茶（蒸製）
- 中国緑茶（炒製）
  - **後発酵茶（菌類発酵）**
    - 黄茶（君山銀針など）
    - 黒茶（プーアール茶など）

茶葉のグレードについて

十分に発酵させた紅茶葉は、熱風で乾燥させ製造を終了します。この時点で紅茶葉はさまざまな大きさのものが混在していますが、これを篩《ふるい》にかけて大きさを揃えます。紅茶のグレードとは、大きさの単位のことで、左下の表にあるような呼称で表されます。これは紅茶品質の良し悪しを表すものではなく、あくまでも茶葉の大きさの単位です。オレンジ・ペコー(OP)は大きな葉のタイプ、ブロークン・オレンジ・ペコー(BOP)は細かい葉のタイプで、この2つが基本的な大きさの単位といってよく、これらに茶葉の特長をよりわかりやすくするために、記号を前後につけて表します。例えばFOPはOPサイズですが、新芽を多く含んでいるためフラワリーのFをつけています。

右下図のリーフの呼び名は、茶葉のグレードとはほとんど関係ありません。茶摘みは1芯2葉を基本に、量産を目的に1芯3葉を摘み採る場合もあります。

リーフグレード	
FOP (フラワリー・オレンジ・ペコー)	OPの中でも芯芽(チップ)が多く含まれていて、その割合が多いものほど上級とされる。
OP (オレンジ・ペコー)	柔らかな若い葉と芯芽からなり、細長く、よりが強くねじれている。オレンジの香りはしない。
P (ペコー)	OPよりやや堅い葉で、短く太めによられている。OPに比べて香りも水色《すいしょく》も薄い。
PS (ペコー・スーチョン)	Pよりもさらに堅い葉からなり、よりも太く、短い。香りも水色もPより弱い。
S (スーチョン)	PSよりも丸みがあり、大きくて葉は堅い。独特の香りが特長のラプサンスーチョンに使用される。
BPS (ブロークン・ペコー・スーチョン)	PSの茶葉をカットし、篩にかけたもの。BPより大きい。
BP (ブロークン・ペコー)	Pをカットしたもので、BOPよりサイズは大きい。芯芽は含まない。
BOP (ブロークン・オレンジ・ペコー)	OPをカットし、芯芽を多く含んでいる。
BOPF (ブロークン・オレンジ・ペコー・ファニングス)	BOPをさらに篩にかけたもので小さく、ブレンド、ティーバッグ用に使われる。
F (ファニングス)	BOPFを篩にかけたもので、形は扁平で細かい。ダスト(D)よりも大きい。
D (ダスト)	篩にかけて分けたもので、葉のサイズが最も小さい。
※**CTC** (シーティーシー)	茶葉のグレードではなく、製法の1つでCTC機を使ったもの。この中にもグレードがある。

※この他に「SFTGFOP1」などの各メーカー、茶園独自の表示もあります。

リーフの呼び名

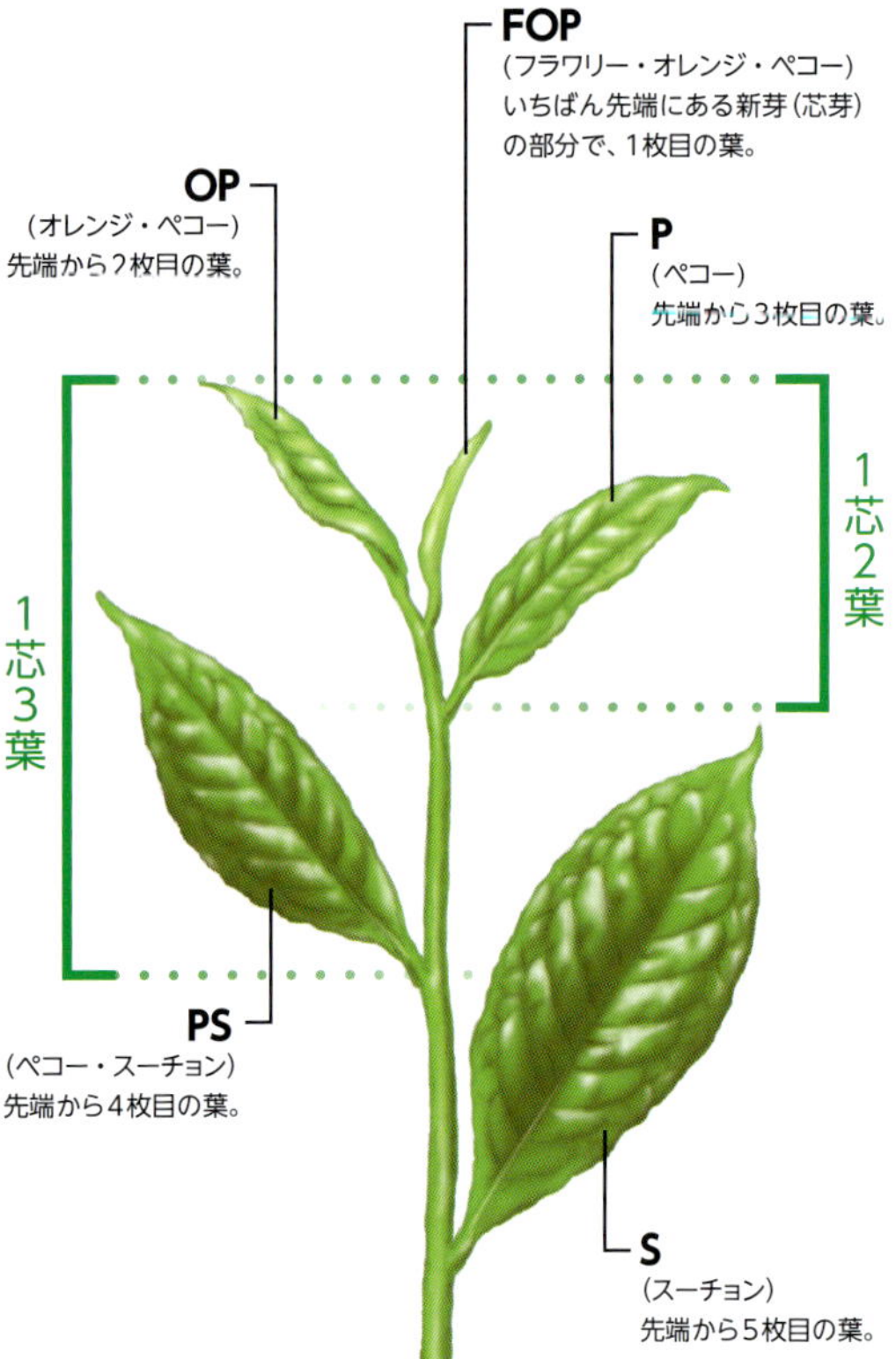

FOP
(フラワリー・オレンジ・ペコー)
いちばん先端にある新芽(芯芽)の部分で、1枚目の葉。
OP
(オレンジ・ペコー)
先端から2枚目の葉。
P
(ペコー)
先端から3枚目の葉。
1芯2葉
1芯3葉
PS
(ペコー・スーチョン)
先端から4枚目の葉。
S
(スーチョン)
先端から5枚目の葉。

※あくまでもリーフについての呼び名で、リーフグレードとは区別されます。

左の茶葉はすべてアッサムですが、茶葉サイズは異なり、もちろん抽出時間もそれぞれ変わってきます。

等級による茶葉の違い

OP

針金状の長い葉で大形のリーフ。1杯分使用量は約3g、蒸らし時間は3〜5分程度が目安。

BOP

サイズ2〜3mmのポピュラーな形。1杯分使用量は約3g、蒸らし時間は2.5〜3分程度が目安。

CTC製法茶

CTC製法の茶葉で1杯分使用量は約2.5g。茶成分の抽出が早く、蒸らし時間は1〜2分程度が目安。

茶葉の栽培法について

茶樹には、国際規格で認定される2種が知られています。アッサム種は高温多湿の風土に育ち、大木になる喬木《きょうぼく》で熱帯向きの樹です。中国種は枝分かれする權木《かんぼく》で、耐寒性の強い温帯向きの樹です。いずれも雨量の多い地域が適地で、排水が良好な広い土地で、弱酸性の土壌が望ましいようです。

世界的栽培地を見てみると、北はグルジア共和国から、南はオーストラリアまでの熱帯をはさんでの亜熱帯地域と幅広く、中国の南西部を含んだ北回帰線から赤道までを「ティーベルト」（⇩P80）と呼んでいます。一般的に良質の茶が生産される地域とされています。土地代も安価で、良質な労働力にも恵まれた地域ともいえるでしょう。

よりよいお茶を得るためには、同じ土壌で生育を続ける優良茶樹を増やすことは必要不可欠です。

その方法として、下記の2つの方法があります。

親木から茶の種子を採り、苗床に蒔いて育て、若木にして茶園に移植させ3〜4年で摘採可となる。

優れた母樹から1節1葉を採り、苗床に挿して育て、半年から1年の間育成させて茶園に移植させる。クローン栽培ともいう。

紅茶の製造方法

おいしい香味をもった紅茶が完成するまで、どんな方法がとられているのでしょうか。

紅茶の製法について

同じ茶樹を親にもちながら、製品を見ると紅茶と緑茶は全く違う形状です。黒く、よじれて見えるのに繊細で、豊かな風味をもつ紅茶はどのように作られるのでしょうか。

伝統的製法としてオーソドックス製法と呼ばれるものがありますので述べてみましょう。まず一定レベルまで成長した芯芽や若葉を手で摘み採る「1芯2葉、3葉摘み」が行われます。多くの水分を含む生葉を自然に日陰干しさせる自然萎《い》凋法《ちょうほう》と、茶葉を金網の上に敷き詰め、その下に温風を通して、葉をしおれさせる人工萎凋法があり、現在主流になっています。この工程で10～15時間かけて葉の水分を60％程度まで減少させて、揉みやすくします。葉に爽快な香りが立ちはじめた頃、揉捻機(ローリングマシン)にかけて揉み砕き、絞り出した葉汁を空気に触れさせ、酵素の働きを高めます。室温25℃、湿度90％にされた部屋に移します。ここで、茶葉の酸化酵素の働きを高めるため静置します。この工程で紅茶らしい色と、香りがつくといわれます。次に乾燥機に移され、100℃前後の熱風で茶葉水分が3～4％になるまで、乾燥させて発酵を止めます。葉は堅く収縮し、褐色になります。これを荒茶といい、さらに混入物を取り除いて篩《ふる》い分け機にかけ等級区分をつけ「仕上げ茶」にします。こうして貯蔵や輸送に適してきた状態の紅茶ができあがります。等級区分された紅茶は正確に計量茶防湿クラフト袋などに詰められ、茶園名、等級、重量、ロット、ロット番号などが明記されます。

「電気棒取り機」や「風選機」などで余分な茎や弱い葉脈、微粉末などを取り除く。

オーソドックス製法

揉捻は圧力をかけながら、加熱を防ぐため3～4回に分けて行われる。時間は葉の状態により異なるが30～40分程度。

葉は、すでに揉捻の段階から発酵がスタートしている。4～5㎝の厚さに積み広げて空気にさらす。

乾燥機に入れられて、100℃前後の熱風で水分が3～4％になるまで乾燥させていく。

乾燥を終えたばかりの紅茶（荒茶）は、混入物が取り除かれ篩《ふる》い分け機にかけて、サイズごとに区分される。

1. 摘採《てきさい》

人の手で茶樹から1芯2葉、3葉を摘み採る。

↓

2. 萎凋《いちょう》

生葉を萎小させ、水分を減少させて、よく揉めるようにする作業。

↓

3. 揉捻《じゅうねん》

葉によじれを与え、揉んで、成分を含んだ葉汁を出す作業。

↓

4. 発酵

揉捻した葉を発酵室に静置して、酸化酵素の働きを促進させる。

↓

5. 乾燥

乾燥させることによって、茶葉の発酵を止める作業。

↓

6. クリーニング・区分け

混入物を取り除き、茶葉をサイズ別（グレード別）に区分して紅茶を仕上げる。

CTC製法

Crush（つぶす）
Tear（引き裂く）
Curl（粒状に丸める）

大量生産を可能にした製法

機械を使って人工的に1～2㎝以下の細かい茶葉を作って、茶葉を大量生産できるようにしたのがCTC製法です。CTCという加工機を使い、回転数の異なる2本のローラーに萎《い》凋《ちょう》させた茶葉を巻き込み、葉をつぶして切断し、発酵、乾燥させます。また挽肉機の原理を応用したローターベインという加工機を使って茶葉を圧縮し、細かく切断するローターベイン製法もあります。このようなアンオーソドックス製法で茶葉を作れば、葉汁はよく絞り出され短時間に発酵、乾燥が効率的にできます。茶葉は茶汁を付着させながら丸められて成形され、その後はオーソドックス製法同様に仕上げられます。CTC製茶やローターベインを利用した茶葉は細かな外観で、より濃厚な紅茶液が短時間で抽出できることから、急激に発展普及しました。ティーバッグの茶葉やブレンド用などに多く使われます。コストも安価で気楽に紅茶を楽しめるようになりました。

最近は、CTC紅茶の茶葉は量り売りでも見かけるようになりました。

もともと大量生産を目的に1930年代に考案されたCTC製法は、世界の産地に広まっていきました。ケニア産は100％に近く、インド産も90％近くまで達し、CTC製法による茶葉の生産は、世界中の紅茶生産量の60％を占めるようになっています。

1. ローターベイン機

人工萎凋を終了した茶葉を圧縮して切断し細かく砕く機械。挽肉を作る機械を参考に考案されたとか。

↓

2. CTCローラー機

葉をつぶして切断し、丸い形に整え、粒状の茶葉に加工する機械。回転数の異なる2本のローラーが茶葉を巻き込み切り刻む。大量生産が可能。

↓

3. 連続自動発酵機

茶葉の酸化酵素を調整して発酵を促進させる加工機。自動的に連続させて紅茶の大量生産を可能にした。

↓

4. 乾燥機

発酵させた茶葉に100℃前後の熱風を当て、水分が3％程度になるまで乾燥させる機械。経験豊富な技術者が総合的判断で行う重要な工程。

紅茶の取り引き方法

日本の紅茶メーカーや販売者は、等級分けされた紅茶を輸入し、必要に応じて異物除去やブレンドを行い製品化します。

①オークションセール

紅茶の売買には多くの形態がありますが一般的にはオークションによります。袋詰めされた紅茶はオークションセンターで、せりにかけられます。かつてはロンドンなど消費地でも行われていたオークションも今ではインドのコルカタ、スリランカのコロンボなど茶葉の生産地で行われています。まずティーブローカーが紅茶のサンプルを茶園から集め、買いつけから船積みまでを代行するシッパーと呼ばれる会社に渡します。シッパーは買ってもらえそうなバイヤーにサンプルを送付して返事を待ちます。サンプルを鑑定したバイヤーは必要な紅茶を選んでシッパーに注文し、シッパーがオークションに参加して買いつけを行うのです。品質のよい紅茶を入手するにはどれだけ多くのバイヤーをもち、多くの量を買いつけられるかシッパーの力が問われます。オークションは公正な取り引き方法ですが、時には思いがけない高い値段や、反対に思わぬ安値で取り引きされたりする側面もあるようです。

②プライベートセール

オークションにかけられる前にティーブローカーから直接買う方法もあります。買い手の希望でほしい紅茶を買うので値段は高くつきますが、よい品質のものが入手できます。種類によってはオークション用の紅茶も事前に買えるようです。

③ダイレクトセール

生産者と直接交渉して紅茶を手に入れる方法です。大量確保する方法としては、ブローカーなどの手数料が省け有利なようですが、生産者との直接の価格交渉は時間も手間もかかるようです。

④フォワードコントラクト

有機栽培などに取り引きされる方法で、紅茶を生産する前に、生産者と契約して買う方法です。紅茶製品の現物を鑑定して買う一般的な方法に対して、生産者との信頼関係が大切になります。数量、値段も紅茶ができる前に決めますので、トラブルがないように注意が必要です。

クオリティー シーズン

それぞれの産地には、品質の優れた格別の茶葉が作られるクオリティーシーズンと呼ばれる旬の時期があります。

インドのクオリティーシーズン

インドの各産地では、質の高い茶葉ができる年に何度かのシーズンがあり、収穫時期によって呼び名があります。「新しい芽が萌え出る」という意味の言葉がフラッシュで春摘みにはファーストフラッシュ、夏摘みはセカンドフラッシュ、秋摘みはオータムフラッシュ（オータムナル）となります。ダージリンは3回のシーズンがあり、ファーストフラッシュは若々しい風味の緑色の茶葉です。セカンドフラッシュはダージリン特有の風味（マスカテルフレーバー）が際立ち、その品質は高く評価されます。オータムフラッシュは赤みを帯びた水色《すいしょく》と卓越した香味をもっています。アッサムのセカンドフラッシュは甘みも強く、水色も濃い紅茶です。他にも、ドアーズは「バラ色の秋摘茶」と呼ばれるオータムナルの評価が高く、ニルギリではモンスーンの影響を受け1～2月に優良品が生産されます。

スリランカのクオリティーシーズン

紅茶の品質は生産地の標高によってハイグロウンティー、ミディアムグロウンティー、ローグロウンティーに分けられます。山岳地帯の東で栽培されるウバのハイグロウンティーのクオリティーシーズンは8～9月で、ダージリン、キームンと並び香りのよいことで世界三銘茶といわれます。山岳地帯の西側、標高の高い地域で栽培されるディンブラは2～3月、ヌワラエリアは1～2月、6～7月にクオリティーシーズンが訪れます。

クオリティーシーズンカレンダー

産地＼月	1	2	3	4	5	6	7	8	9	10	11	12
インド	ニルギリ		ダージリンファーストフラッシュ		ダージリンセカンドフラッシュ アッサムセカンドフラッシュ					ダージリン オータムナル		
スリランカ	ディンブラ ヌワラエリア					ヌワラエリア	ウバ					
中国								キームン				
インドネシア						スマトラ		ジャワ				
ケニア	ケニア					ケニア						

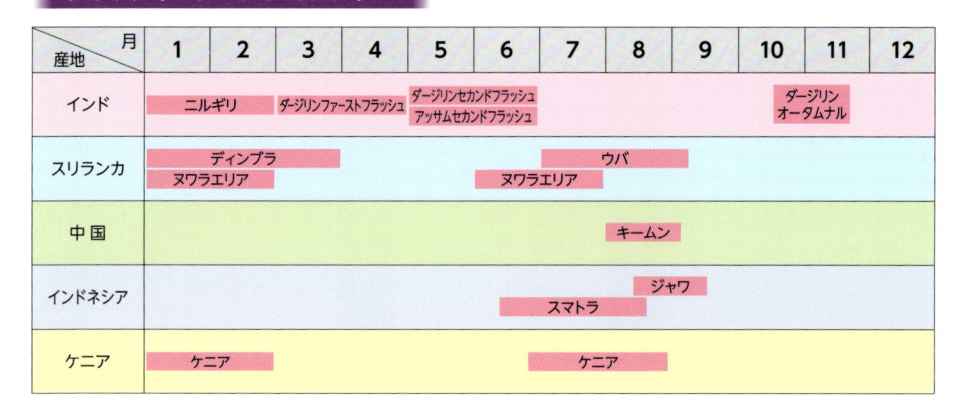

紅茶Q&A

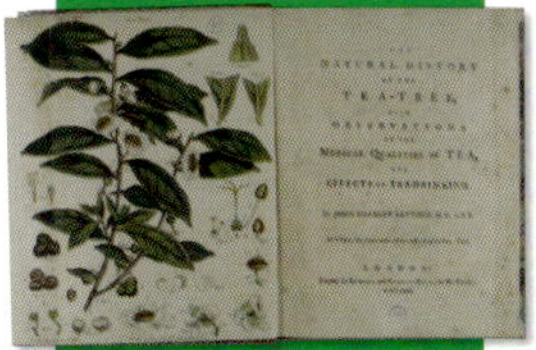

Q 茶葉の「渋み」の正体は何ですか？

A 独特の渋みを生み出しているのは、カテキン類です。タンニンの一種ですが、お茶にしか含まれておらず「茶カテキン」といわれており、いろいろな薬理効果が期待されています。（⇩P72）

Q コーヒーと紅茶、どちらのカフェインが多いのでしょうか？

A 紅茶の茶葉とコーヒー豆のカフェイン含有量は、紅茶の方が約2倍多いようです。ただしカップ1杯あたりで比較すると、使用量が紅茶3gコーヒー10gの場合カフェイン量はコーヒーの約半分の量になり、また、カテキンやアミノ酸類の効果で胃への刺激も緩和されるようです。

Q よく耳にする、オレンジペコーとは何ですか？

A 通常OPと略され、オーソドックス製法で作る紅茶の仕分け工程で、細長い形状の等級表示のことです。茶の芯芽や白く細い産毛がたくさんついているものを意味する中国語の白毫《ぱいはう》を福建語で発音した「ペーコー」がヨーロッパに伝わり、使われるようになったといわれています。

19世紀末頃には、インド、セイロンで〝産毛がオレンジ色をした茶葉〟が誕生し、「オレンジペコー」と命名され人気となりました。ちなみに、オレンジの香りはしません。現在は一定のサイズ、7～11㎜（リーフタイプ）を示す用語として認識されています。

アッサムOPの茶葉。「モルティー・フレーバー」と呼ばれる濃厚で甘い味わい。

Q 茶園に植えられたシェードツリーとは何ですか？

A シェードツリー（日陰樹）とは、茶樹の保護の目的で植えられている木の呼称です。風向きを変えたり、直射日光を遮る、強い雨などでの土砂の流出を防ぐ、強い雨をゆっくりと土に染み込ませる作用など、さまざまです。

種類としては、豆科の大木アルビジヤ、アカシアなどがよく植えられているようです。スリランカの低地などは、ゴムやバナナの木の間に茶樹が植えられるなど、その形態は産地の気候風土や栽培方法によっても異なります。

落葉した葉は肥料となり、樹木の種類によっては虫除けの効果も期待される。

紅茶の成分

紅茶には、身体にうれしいさまざまな成分が含まれています。かつてはイギリスで薬用として扱われていたこともあり、おいしいだけでなく、意外な効用が期待されています。

フッ素

歯のエナメル質を強くする働きがあり、殺菌作用のあるカテキン類と共に虫歯予防に効果があり、歯磨き粉などにも使われている。

テアニン

紅茶のうまみや甘み、香りをもたらすアミノ酸の一種。気分をリラックスさせる効果もあるのでストレス解消にも。

タンニン

活性酸素の害から細胞を守ってくれる強い抗酸化作用や、血液を固まりにくくする作用が期待される。カテキンとも呼ばれる。

アミノ酸

うまみや甘みをもたらす成分で、興奮を抑えて心と身体をリラックスさせる効果がある。

カリウム

筋肉の収縮や弛緩を助ける働きがあるので便秘解消にも効果があり、体内の老廃物の排出を促す利尿作用もある。

カフェイン

新陳代謝や皮下脂肪の燃焼を促す働きがあるので美肌やダイエット効果も。大脳の自律神経を興奮させる作用、覚醒、疲労回復効果も。

カロテン

抗酸化作用があるが、浸出された紅茶には含まれないので茶葉をそのまま使うお菓子作りなどに。

ビタミンB群

身体に必要なエネルギー源を作り出すビタミンBは、皮膚の病気や口内炎などを防いだり、疲労回復やストレス解消にも効果がある。

紅茶のおもな効能

17世紀後半にイギリスで紅茶を販売しはじめた時、薬としての効能が世間で盛んに取りざたされていました。現在脚光を浴びつつある、紅茶のおもな効能をご紹介します。

食中毒の防止

カテキンの消毒・殺菌効果は、大腸菌などの細菌の繁殖を抑えるとされます。エピガロカテキンガレートは強力な殺菌力をもち、食中毒を予防するとされます。

虫歯予防

歯磨き粉にも使われているフッ素は紅茶にも微量含まれており、歯のエナメル質を守る働きがあります。カテキンの抗菌作用は、虫歯菌や歯槽膿漏の原因となる口内の細菌類にも有効といわれます。フラボノイドは口臭にも効果的です。

コレステロール・血圧を下げる

紅茶フラボノイドには、血糖や血中コレステロールを抑えてくれる効果もあり、動脈硬化を防ぐ効果も期待されています。また、タンニンは高い血圧を下げる作用もあるようで、生活習慣病の予防にも飲まれています。

胃腸を整える

カフェインとタンニンは胃壁を緊張させ、胃液を多く分泌することにより消化機能が活性化されます。また食欲増進効果や、腸の炎症を抑える働きなど、胃腸の調子を整えてくれる効果があるようです。

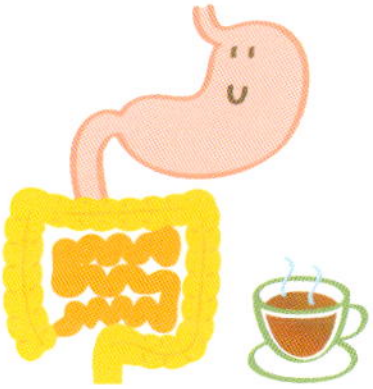

糖尿病・肥満予防

運動の前に紅茶を飲むと、カフェインやタンニンが脂肪のエネルギー代謝を活発にし、皮下脂肪の燃焼に役立つといわれます。運動とセットで、日常的に飲みましょう。利尿作用もあり、老廃物を体外に排出してくれます。

老化防止

カテキン類やビタミンには、シミやソバカスの原因を抑え、またタンニンは細胞の酸化や肌の老化を防ぎ、若々しい肌を保たせてくれる抗酸化作用があるとされます。新陳代謝を促進する働きなどもあるとされます。

紅茶と健康

紅茶の特長的な3大成分とは

茶の発祥地とされる中国で古くから薬として飲まれ発展した経緯があり、身体や精神にもたらす効果は今日も見直されています。

紅茶文化の発達したイギリスでも、ティータイムのもたらす精神的な効用は、今もなお生活に欠かせない存在といえるでしょう。

①タンニン

渋みの一種であるタンニンはカテキンやポリフェノールを多く含みます。タンニンに含まれるポリフェノールの一種が「紅茶フラボノイド」で、細胞を酸化させ、さまざまな病気の原因となる活性酸素を抑える抗酸化物質として注目されています。また、ビタミンA、C、Eなどと一緒に摂取することで効果が上がるといわれています。

②カフェイン

適量のカフェイン摂取は集中力や、興奮作用を高める働きがあります。覚醒作用、利尿作用、新陳代謝や血液循環の促進、疲労回復作用などに効果的といわれます。

③テアニン

紅茶の甘みやうまみになる成分で、たんぱく質の中のアミノ酸のひとつです。精神を落ち着かせ、血圧を下げ、ストレスを和らげるなどのリラックス作用があるとされます。

美肌効果や老化防止に？

肌のシミはメラニンという色素が沈着しておきるものです。カフェインは新陳代謝を活発にしますので、紅茶を飲むことでシミができにくくなることが期待されます。身体の毒素や老廃物を排出する利尿作用もあるため、肌荒れの予防に効果的です。ストレスで発生した活性酸素が身体をサビさせることが老化の原因ですので、活性酸素を抑える働きのある紅茶ポリフェノールが肌の老化防止に役立つと期待されています。

紅茶を飲むなら運動前に

運動でエネルギーを消費する時、まずグリコーゲンが燃焼し、しばらく後に脂肪が燃え出しますが、運動する前に紅茶を飲むと、脂肪から先に燃え出して筋肉内にグリコーゲンが残るため持久力がつくようです。紅茶の飲用はホルモン分泌を盛んにし新陳代謝を促進するダイエット効果が期待されます。また、砂糖は入れずにストレートで飲みたいものです。

ガンの予防効果も期待される

ガン予防にはビタミンEが効果的といわれますが、紅茶の抗酸化作用をもつビタミンEには20倍もの効果があるといわれます。

紅茶に含まれるカテキンや紅茶フラボノイドは、酸化を防ぐだけでなく、細胞の機能を維持してくれる働きがあるようです。

カテキン類で食中毒や風邪予防

下痢や食中毒にも紅茶の飲用は効果的です。感染力の強いO-157も、毒を消すカテキン類の働きで解毒へとつなげていってくれるようです。サルモネラ菌、腸炎ビブリオ菌、ボツリヌス菌などが細菌性食中毒を起こしますが、1㎖の紅茶に含まれるカテキン類で、1万個の病原菌に対して3〜5時間で死滅させる効果があることがわかってきました。カテキン類は、風邪のウイルスを抑えてくれる作用もあるようです。

水虫や成人病など幅広い効果

カビの一種といえる白癬《はくせん》菌である水虫には、紅茶の赤い色のもとであるテアフラビンが効果的です。紅茶風呂に入ったり、患部を紅茶でよく拭いて直接つけると効果があるようです。また、紅茶のタンニンは血液中のブドウ糖の量、いわゆる血糖値を抑えてくれます。中性脂肪も分解するので、糖尿病や高血圧の予防効果もあり、これにより成人病の予防につながることが期待されています。

紅茶でうがいをしてみよう

紅茶の出がらしでも十分ですので、家族で習慣づけるなど、風邪予防のためにも紅茶でうがいを行ってみましょう。紅茶のカテキン類には、消毒、殺菌の作用があります。紅茶のタンニンにはウイルスの活動を抑える効果もあります。風邪にかかってしまったら、温かい紅茶を飲んでゆっくり休むようにしましょう。

茶葉の購入方法

紅茶は、味や香り、製法など特長もさまざま、購入先もいろいろあるので用途に応じ選びましょう。

茶葉の違いと店の選定

製品にはリーフタイプ、ティーバッグ、あるいは香りをつけたものなどさまざまで、見ただけではその良し悪しはわかりません。

市販されている紅茶はアルミパックか、缶入り、箱入りなどがほとんどです。できれば産地や等級表示で品質がわかるものを選びたいものです。

市販のパッケージには、製造年月日、賞味期限が明記されていますので、製造はなるべく新しいもの、賞味期限は先の日付を選びます。量り売りで茶葉を買う場合は時間が経つほど劣化しますので2週間で飲みきる量が目安です。なるべく少量を購入するようにしましょう。

価格については、茶葉によっては旬の時期により変動するものもあります。紅茶専門店や輸入会社の直営店は品揃えやスタッフの存在が強みですが、店舗数が少ないようです。日常から心がけて、繁盛している店や商品情報が正確な店を見つけておくと便利です。

紅茶を選ぶポイント

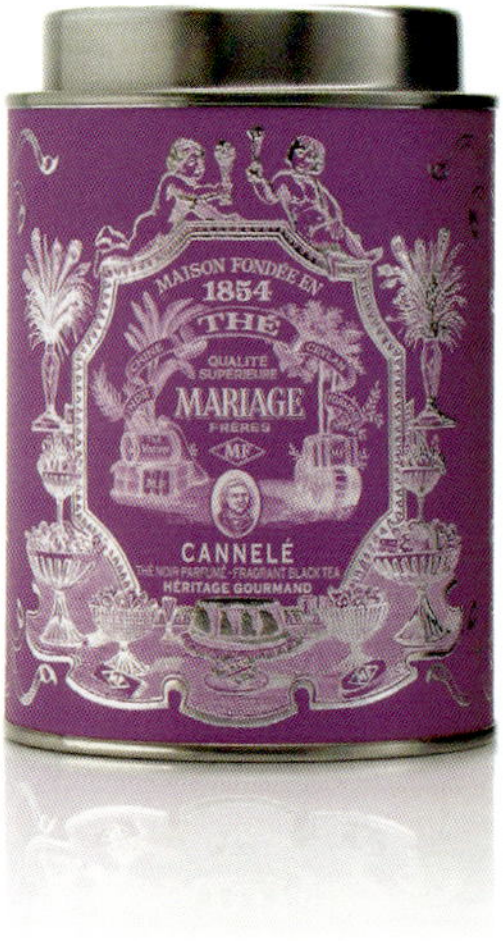

賞味期限

未開封の場合、缶入り紅茶なら3年、ティーバッグなどの簡易包装は2年のものが多い。

分量

量り売りで買う場合、1日に2～3杯飲むならば2週間で飲みきれる70～150g程度が適量。

パッケージ

パッケージに破損のないものを選ぶ。茶葉の等級や飲み方が表示されているものがあれば目安に。

価格

各メーカーは常に価格を変えぬように、ブレンドにより品質を一定化している。

紅茶の活用法

おいしさを楽しむだけでなく、生活に役に立つ、意外な利用法をご紹介します。

消臭剤としての利用も

紅茶には、匂いを吸収しやすいという欠点がありますが、それを逆手に取れば、消臭剤として利用できるのです。使用後の茶葉を、トイレや冷蔵庫内に置いておくだけで効果があります。

フライパンや鍋に茶葉を入れ軽く煎ってみると、嫌な匂いも取れます。ストッキングに包んでこすると、まな板や手の魚臭さが取れたり、乾燥させた茶葉を灰皿に入れておくと、たばこの匂いが部屋にこもりません。

また、出し殻の液でうがいすることで、口臭を防ぐ効果もあるようで、消臭剤としてさまざまに活用できそうです。

虫よけにも効果あり

茶葉を燃やすことで発生する煙には防虫効果があり、蚊を寄せつけません。香りもよく、天然素材としても楽しめます。また、濃くいれた紅茶で拭き掃除をすると木製品の家具などの汚れも落ちますし、抗菌効果もあります。

クッキングに活用

紅茶で肉を煮るとタンニンの働きで柔らかく煮えます。肉が隠れるほどの紅茶液で、一度焼いた肉を煮込むのです。素材の匂いを和らげる効果も知られています。一度使ったティーバッグを利用して肉に風味をつけたりもできます。

紅茶染めを楽しむ

賞味期限を過ぎた茶葉やティーバッグがあれば、おすすめなのが紅茶染めです。煮出した紅茶液に布製品を浸けて染めると、なかなか粋な風合いに染まり、簡単な方法で効果的な染物です。紅茶だけだと赤っぽいベージュ色になりますが、玉ネギの皮をはがして1～2枚加えると黄色みも出ます。皮製品を染めてみると見事にシックに仕上がるようです。

紅茶でアイパック

眼が疲れた時、使用済みのティーバッグを使って癒すことができます。2つのティーバッグを冷やしてから、瞼の上にのせるだけです。体温で温まったら裏返します。眼を休め、リラックスさせることによりスッキリするのです。

紅茶の保存方法

紅茶の美しい水色《すいしょく》とデリケートな香味を楽しむためには、開封した後の茶葉の鮮度を保つことが重要になります。

茶葉を保管するための箱として使用されていたキャディボックス。

紅茶は新鮮さが大切

賞味期限切れの紅茶を飲んでも害はありませんが、生鮮食料品と同じように風味や鮮度には気を遣いたいところです。

紅茶の大敵は高温、湿気、光です。茶葉は6〜7％ほどの水分しか含んでおらず、湿気の多い場所だと湿気を吸い、風味が落ちてしまうこともあります。密封容器に入れ、日が当たらず通気性のよい場所に置いてください。また紅茶は匂いを吸収しやすいため、冷蔵庫の中に入れたり、スパイスなど香りの強いものの近くに置くことは避けましょう。

保存期間の目安としては、開封前の缶入りのリーフティーやアルミ袋入りは3年（開封後は2〜3ヵ月）、ティーバッグなどの簡易包装は2年（開封後は1〜2ヵ月）が目安となりますが、なるべく新鮮なうちに飲むようにしましょう。

ちなみに、17世紀の半ば〜19世紀の半ば頃まで、当時貴重品であった茶葉を保管するための箱としてキャディボックス（写真上）が使用されていました。1900年近くになり、紅茶が高級品でなくなると、鍵つきのキャディは次第に廃《すた》れていき、密閉性の高い缶入りが好まれるようになっていったようです。

保存方法の基礎知識

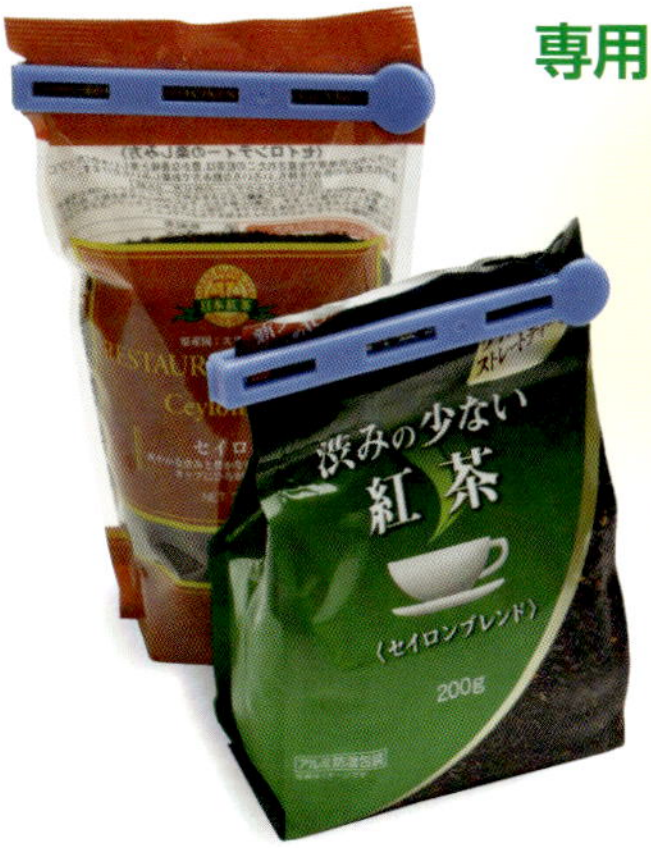

専用クリップを使う

紅茶メーカーの商品によく見られるガゼットパック（マチつき袋）は、使った分だけ空気を抜き専用クリップで閉めるか、密閉容器に保存する。

密閉容器で保存する

紅茶の大敵である光、湿気を避けるため、ガラスなど光を通すものではなく、密封性の高いアルミ缶や陶器製などを使いたい。

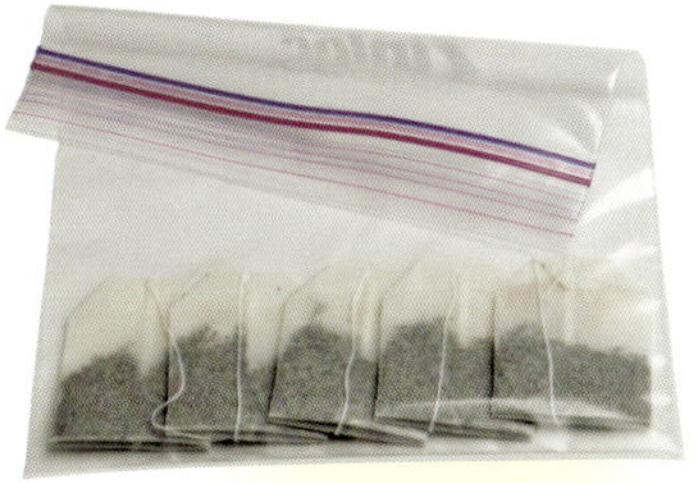

缶入りは中袋に移す

賞味期限は未開封で3年以内、開封後は2～3ヵ月が目安。中身を中袋に移し、使った分だけ空気を抜いて保存する。

食品保存袋を利用する

日常消費用ティーバッグは未開封で2年以内の賞味期限が多い。開封後は劣化しやすいので食品保存袋に移し、必ず空気を抜く。

Column

茶葉が古くなってしまった場合は？

賞味期限切れの紅茶は、油けのないフライパンで中火で乾《から》煎《い》りすると香ばしい香りが立ってくるので、よく冷ましてから保管する。紅茶染めや消臭剤として利用したり、ティーバッグならアイパックとして活用する方法もある（⇨P75）。

渋みが消え、香ばしさが生まれる。意外と、お茶漬けにも合う。

1935年に出版された紅茶のバイブル

All About Tea Was Published in 1935

アメリカで出版された紅茶本

現在でも、世界の紅茶の聖典とまで呼ばれている本があります。W・H・ユカーズ（Ukers）の『茶のすべて（All About Tea）』（ニューヨーク。ティ・アンド・コーヒー・トレードジャーナル刊）です。彼はアメリカのジャーナリストで、『コーヒーのすべて』などの著作もある人物。この本は文字通り「茶のすべて」について書かれた労作で、インド、セイロン、ジャワ、中国、日本などの産地を実際に訪れ、ヨーロッパやアメリカの資料を蒐集しています。目次を見るとヨーロッパに茶が紹介された経緯やセイロンでの成功、各国への移植などについて200ページ以上を費やしており、産地や各国の製法の違い、飲み方にいたるまで詳細に記述されていて、圧倒されるほど濃い内容になっています。さらに全編に1700枚を超える挿絵や写真が掲載され、それ自体がいまや貴重な資料となっています。しかも、上下2巻、54章もあって合計1152ページという大作なのです。

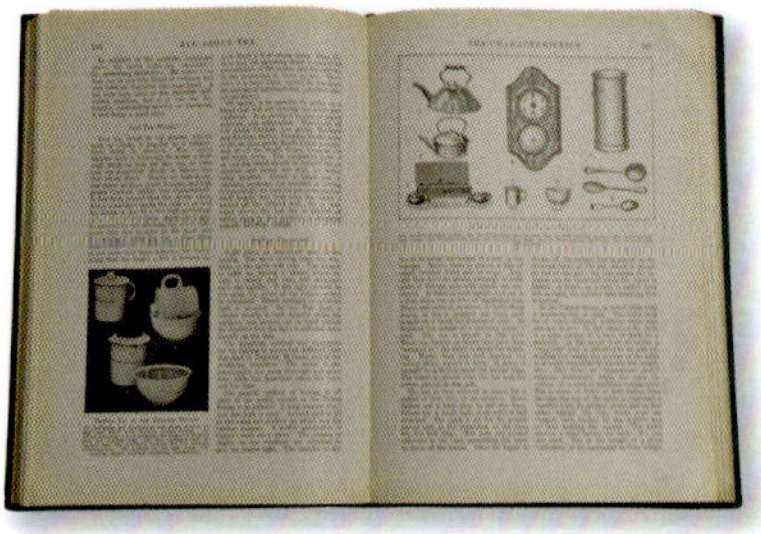

第2章

世界の紅茶の産地と茶葉

紅茶の産地は世界各国にありますが、
その中でも主要産地である地域の
特長や歴史、茶葉の水色《すいしょく》などを学び、
比較してみましょう。

茶葉の産地概要

現在、紅茶の生産国は世界で30ヵ国以上にもなり、世界中のさまざまな産地の茶葉が手に入るようになりました。各産地ごとに異なる特長、歴史、茶葉のポイントなどをまとめました。

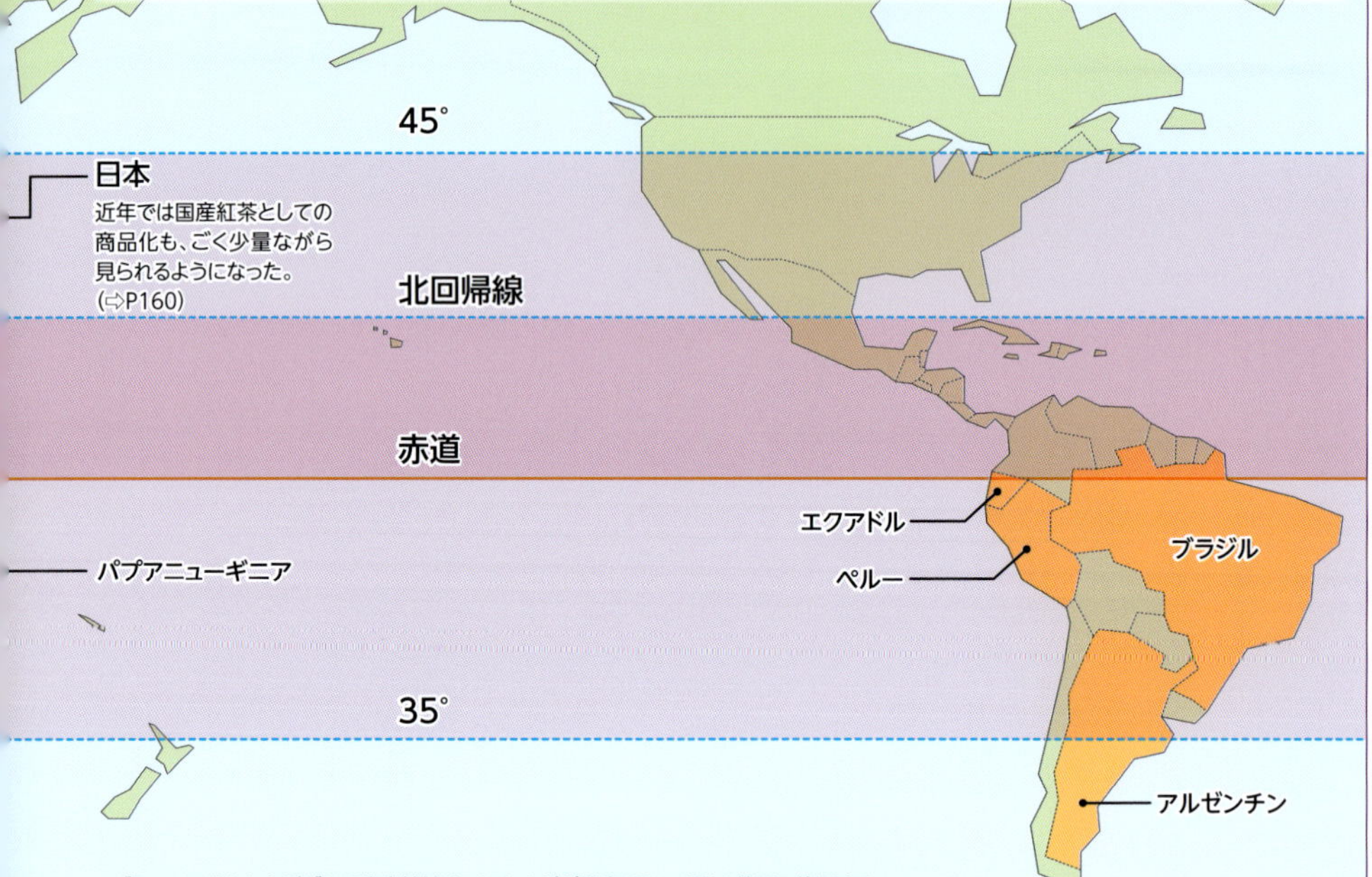
45°
日本
近年では国産紅茶としての商品化も、ごく少量ながら見られるようになった。（⇨P160）
北回帰線
赤道
エクアドル
ブラジル
パプアニューギニア
ペルー
35°
アルゼンチン

※「ティーベルト」と呼ばれる生産地域は、ほとんどが緯度35～45°の範囲に位置する。

ティーベルトと旬のシーズン

全世界で年間に生産されるお茶の総量は約420万tであり、そのうちの約80％は紅茶が占めているといわれています。生産国は30ヵ国以上にものぼり、北は旧ソ連（CIS独立国家共同体）のグルジア共和国から、南はアルゼンチンのミシオネスあたりにまで広がっています。特に有名なのは、三大銘茶のダージリン・ウバ・キームンの産地であるインド、スリランカ、中国です。

生産地は「ティーベルト」と呼ばれる地域で、赤道と北回帰線との間に多く見られ、特に山岳地では、良質の紅茶生産が行われています。

また、野菜や果物などと同様、各紅茶産地にもそれぞれ旬があります。この旬の時期に摘まれた紅茶は「クオリティーシーズン・ティー」と呼ばれています。香りや味が最も優れていて、充実した高品質のお茶が期待できる時期であり、産地で摘み採られた紅茶は、早ければ1～3ヵ月後には日本に届くようになっています。

世界のおもな紅茶産地とティーベルト

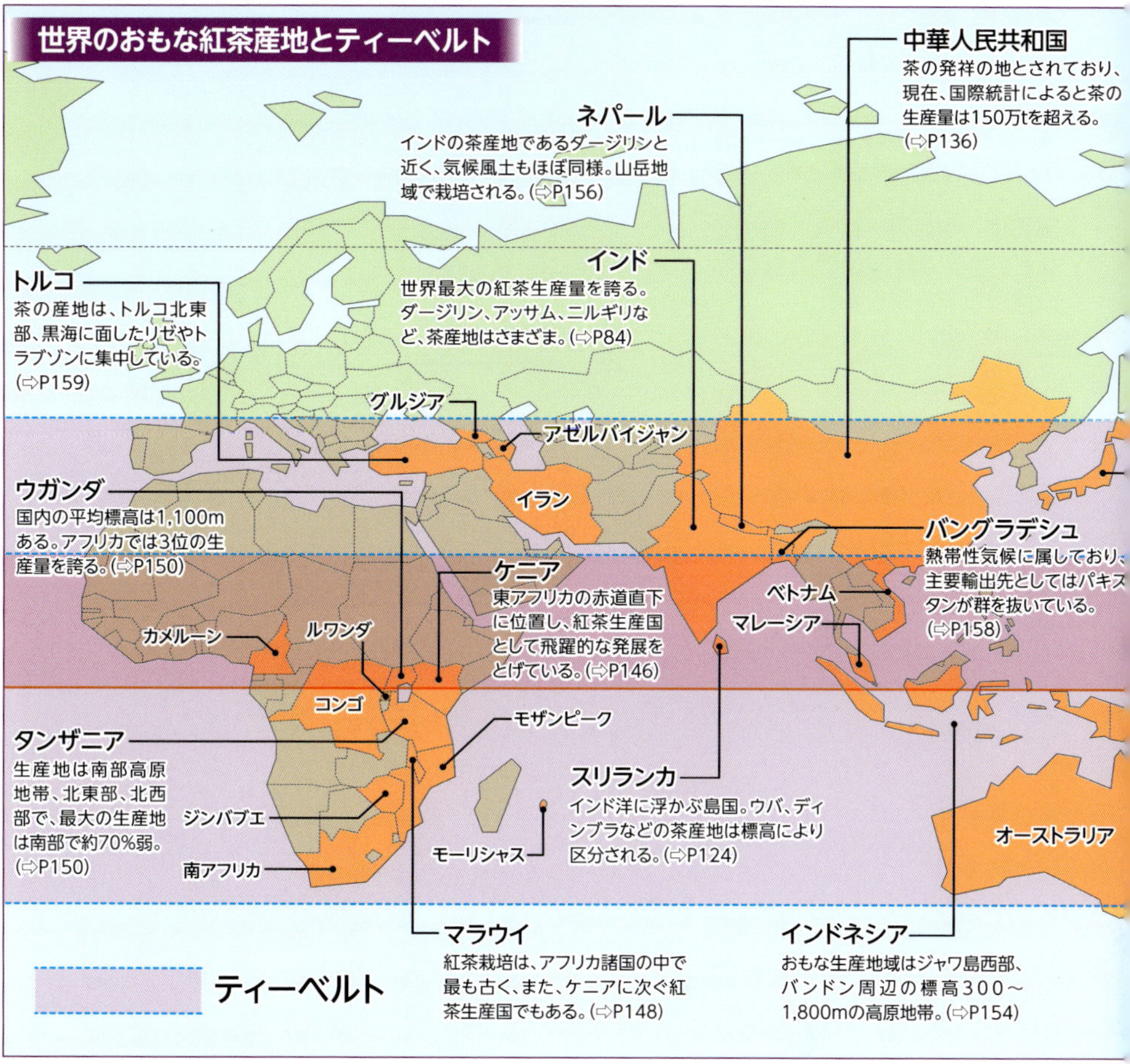
中華人民共和国
茶の発祥の地とされており、現在、国際統計によると茶の生産量は150万tを超える。（⇨P136）
ネパール
インドの茶産地であるダージリンと近く、気候風土もほぼ同様。山岳地域で栽培される。（⇨P156）
インド
世界最大の紅茶生産量を誇る。ダージリン、アッサム、ニルギリなど、茶産地はさまざま。（⇨P84）
トルコ
茶の産地は、トルコ北東部、黒海に面したリゼやトラブゾンに集中している。（⇨P159）
グルジア
アゼルバイジャン
イラン
ウガンダ
国内の平均標高は1,100mある。アフリカでは3位の生産量を誇る。（⇨P150）
バングラデシュ
熱帯性気候に属しており、主要輸出先としてはパキスタンが群を抜いている。（⇨P158）
ケニア
東アフリカの赤道直下に位置し、紅茶生産国として飛躍的な発展をとげている。（⇨P146）
ベトナム
マレーシア
カメルーン
ルワンダ
コンゴ
モザンビーク
タンザニア
生産地は南部高原地帯、北東部、北西部で、最大の生産地は南部で約70%弱。（⇨P150）
ジンバブエ
南アフリカ
モーリシャス
スリランカ
インド洋に浮かぶ島国。ウバ、ディンブラなどの茶産地は標高により区分される。（⇨P124）
オーストラリア
マラウイ
紅茶栽培は、アフリカ諸国の中で最も古く、また、ケニアに次ぐ紅茶生産国でもある。（⇨P148）
インドネシア
おもな生産地域はジャワ島西部、バンドン周辺の標高300〜1,800mの高原地帯。（⇨P154）
ティーベルト

クオリティーシーズンカレンダー

<table>
<tr><th>産地 ＼ 月</th><th>1</th><th>2</th><th>3</th><th>4</th><th>5</th><th>6</th><th>7</th><th>8</th><th>9</th><th>10</th><th>11</th><th>12</th></tr>
<tr><td rowspan="2">インド</td><td colspan="2">ニルギリ</td><td colspan="2">ダージリンファーストフラッシュ</td><td colspan="2">ダージリンセカンドフラッシュ</td><td colspan="3"></td><td colspan="2" rowspan="2">ダージリン
オータムナル</td><td rowspan="2"></td></tr>
<tr><td colspan="4"></td><td colspan="2">アッサムセカンドフラッシュ</td><td colspan="3"></td></tr>
<tr><td rowspan="2">スリランカ</td><td colspan="3">ディンブラ</td><td colspan="3"></td><td colspan="2">ウバ</td><td colspan="4"></td></tr>
<tr><td colspan="2">ヌワラエリア</td><td colspan="3"></td><td colspan="2">ヌワラエリア</td><td colspan="5"></td></tr>
<tr><td>中国</td><td colspan="7"></td><td>キームン</td><td colspan="4"></td></tr>
<tr><td rowspan="2">インドネシア</td><td colspan="7"></td><td colspan="2">ジャワ</td><td colspan="3"></td></tr>
<tr><td colspan="5"></td><td colspan="3">スマトラ</td><td colspan="4"></td></tr>
<tr><td>ケニア</td><td colspan="2">ケニア</td><td colspan="4"></td><td colspan="2">ケニア</td><td colspan="4"></td></tr>
</table>

数字で見る紅茶のデータ

消費量、生産量、輸入・輸出量など、数字で見る世界の茶の今に注目してみましょう。

成長著しく、世界でもトップの輸出量であるケニア。

消費量グラフ

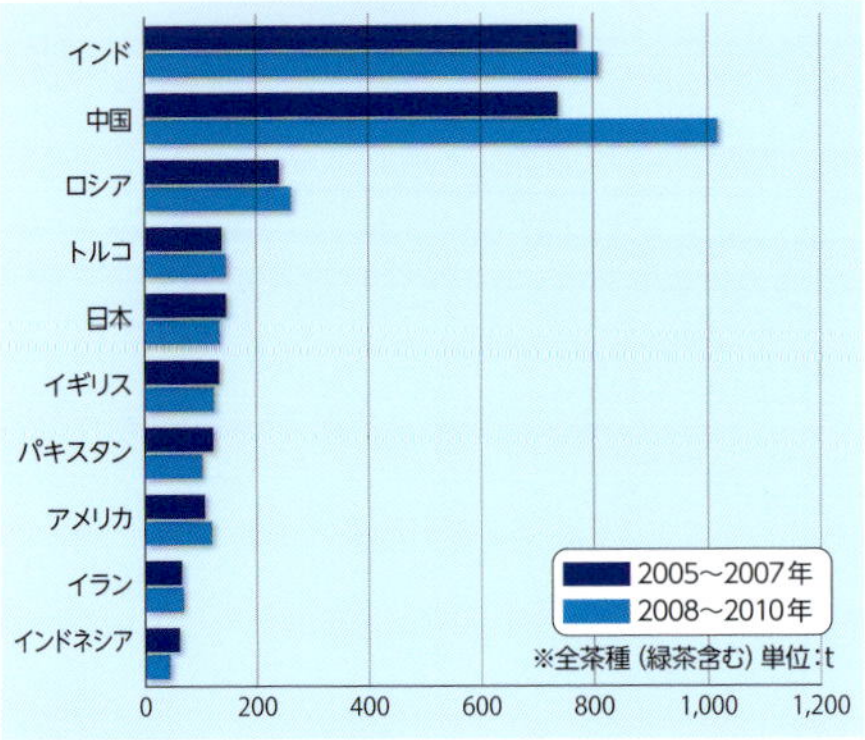
インド
中国
ロシア
トルコ
日本
イギリス
パキスタン
アメリカ
イラン
インドネシア
2005～2007年
2008～2010年
※全茶種（緑茶含む）単位：t
0
200
400
600
800
1,000
1,200

生産量グラフ

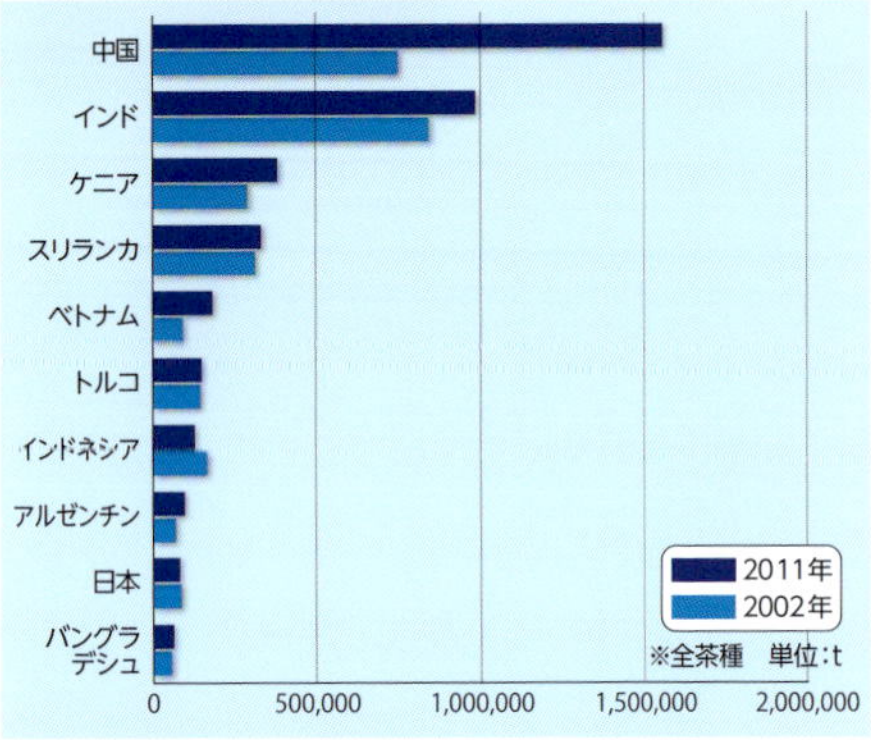
中国
インド
ケニア
スリランカ
ベトナム
トルコ
インドネシア
アルゼンチン
日本
バングラデシュ
2011年
2002年
※全茶種　単位：t
0
500,000
1,000,000
1,500,000
2,000,000

輸出量グラフ

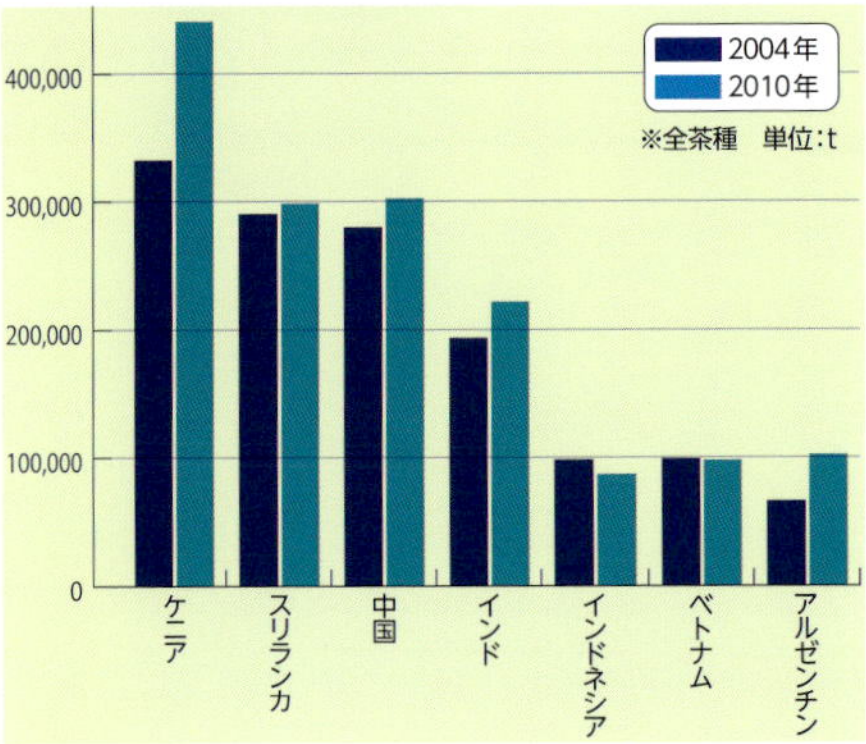
2004年
2010年
※全茶種　単位：t
400,000
300,000
200,000
100,000
0
ケニア
スリランカ
中国
インド
インドネシア
ベトナム
アルゼンチン

輸入量グラフ

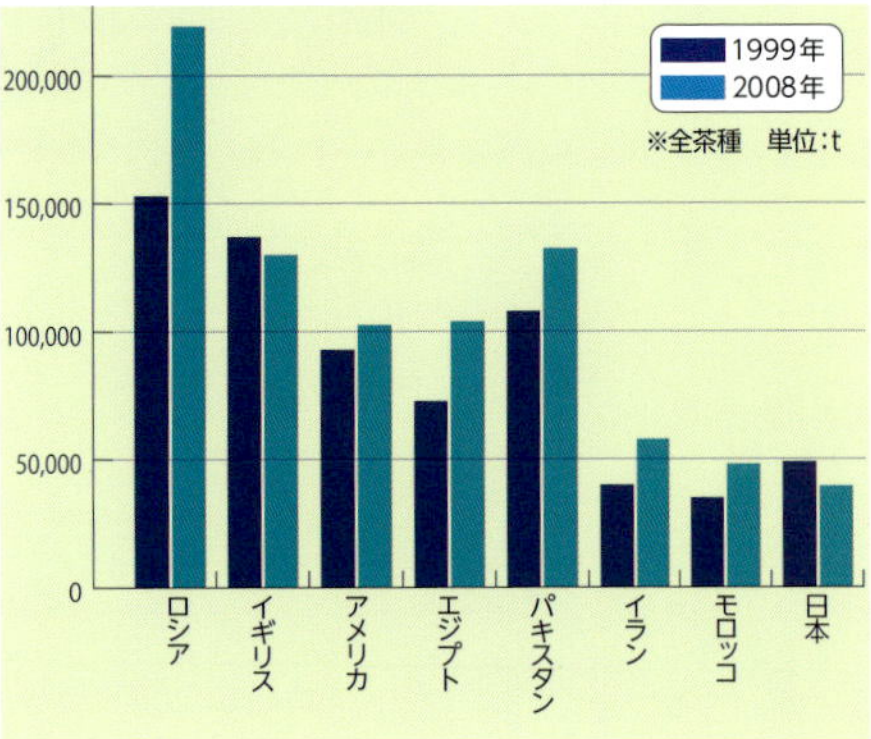
1999年
2008年
※全茶種　単位：t
200,000
150,000
100,000
50,000
0
ロシア
イギリス
アメリカ
エジプト
パキスタン
イラン
モロッコ
日本

参考資料／日本紅茶協会

産地ページの見方

以降に続く産地紹介ページの茶葉の特長・グラフの見方について。産地DATAの茶園総面積とは、小農園を含むものとします。

参考資料：tea board ,International Tea Committee

適した飲み方

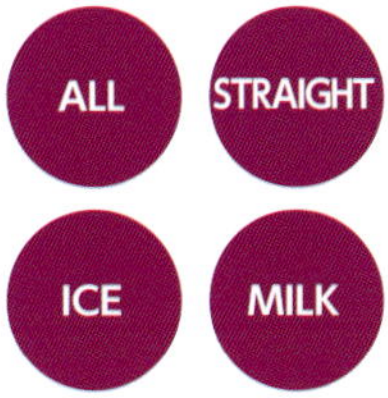

ALL ………… どの飲み方にも向いている
STRAIGHT … ストレートティー向き
ICE …………… アイスティー向き
MILK ………… ミルクティー向き

茶葉の特長

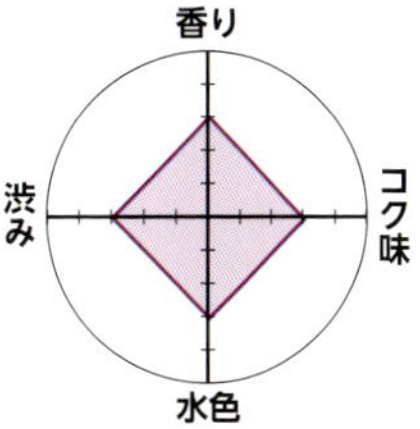

水色《すいしょく》、渋み、コク味、香りの4項目を5段階でグラフ化したものです。数値が高い＝良質な茶ということでありません。(下記の表参照)

グラフチャートの見方

	1	2	3	4	5
水色	黄色	オレンジ	赤	赤褐色	黒赤色
渋み	弱い	←――――→			強い
コク味	少ない	←――――→			多い
香り	弱い	←――――→			強い

世界の茶の動向を知ろう

世界でどれほどの紅茶が生産され、消費され、海外と輸出入を行っているかは意外と知られていないものです。

例えば茶生産量は中国がトップですが、これは大半が緑茶であり、紅茶生産量ではインドの方が多くなります。

国別の消費量では人口の多いインドと中国が上位ですが、ちなみに1人あたりの消費量となると、イギリスやアイルランド、それに中東諸国が上位のようです。

日本に関する茶のDATA

日本のおもな輸入先（2011年）

※製品輸入も含む　　紅茶　数量：kg

	国名	数量
1	スリランカ	11,585,374
2	インド	3,700,807
3	インドネシア	1,457,490
4	中国	676,031
5	ベトナム	276,752
6	イギリス	107,905
7	マラウイ	57,458
8	アメリカ	36,501
9	台湾	25,715
10	ケニア	24,626
	合計	17,948,659

参考資料／財務省「通関統計」

世界一の紅茶生産国

インドの紅茶 *India*

日本の約9倍の広大な国土に、数多くの言語や宗教、文化をもつ。産地や季節により、さまざまな紅茶を年間約95万t以上生産する。

多彩な紅茶を産出するインド

世界最大の紅茶生産量（100万t弱）を誇る国インド。近年は国の発展に伴い、国内紅茶需要の高まりによって、その輸出量は20％前後へと縮小しています。生産されている紅茶の9割までがCTC製法によるもので、ティーバッグ用原料茶として使用されている一方、伝統的なオーソドックス製法もしっかりと受け継がれています。

この地で紅茶の栽培が開始されたのは、19世紀に入ってからのことです。イギリスは国内紅茶需要に対応するため、インドでの紅茶栽培を模索し、中国の銘茶産地の気候風土に近い地域をピックアップしました。そこにはダージリン、ニルギリなどが含まれていました。最初の紅茶製造は、1838年のインド北東部アッサムでの茶樹発見（アッサム種）によりますが、1850年にはダージリン、60年代には南のニルギリで生産が開始されています。

インドの茶産地は、全生産量の75％前後を生産する北東部（ダージリン、アッサム、ドアーズなど）と、南部（ニルギリ）に分けられます。品質や特長は、同じ北東部であってもダージリンのような高地とアッサムの低地とでは異なります。

南部はスリランカと気候が似ており、北東部と異なる穏やかな香味を有する。

茶葉の生産量と輸出量

<茶葉生産量> 2011年（緑茶含む）

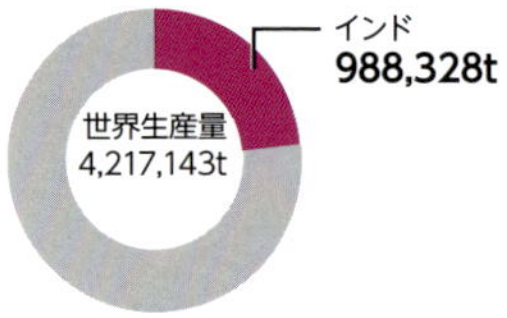
インド
988,328t
世界生産量
4,217,143t

<茶葉輸出量> 2010年

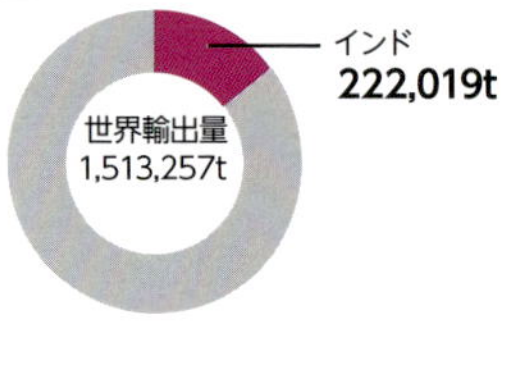
インド
222,019t
世界輸出量
1,513,257t

Column

インドの栽培地域で生産される茶は「Tea Act」（茶法）に基づき設立されたインド紅茶局により品質管理され、認定した茶とわかるように独自のロゴマークを考案。マークがついた商品は、100％混じりけのない、その産地の原料を使用していることを示す。

ダージリン　アッサム　ニルギリ

ダージリン

インド西ベンガル州の最北端、ヒマラヤ山麓に位置し、標高2,000mを超える山々の急斜面に茶樹が植えられている。朝晩の冷え込みと日中の寒暖の差で霧が発生する。

ドアーズ

インド北東部、東ヒマラヤの麓に位置する。北側は標高2,000mを超える山々が入り組むダージリンの裾野にあたり、南側はアッサム、西側は紅茶産地テライへと続く。

テライ

インド北東部、ヒマラヤ山麓の南側に位置する平原（海抜30～300m）。北東インドの玄関口バグドグラ空港からダージリンへ向かう途中に通過する草原地域でもある。

シッキム

ヒマラヤ山脈に囲まれた南麓にあたりネパールとブータンとの間に位置する。北部には28のヒマラヤの峰、80を超える氷河と100以上の川が存在し、農耕は南部で行われる。

アッサム

大河ブラーマプートラ河流域に広がる産地。世界最大の紅茶産出量を誇り、茶園が多く存在する。高温多湿で、世界有数の多雨地帯でもある。

ニルギリ

南インド、タミール・ナドゥ州に位置し、「青い山」を意味するニルギリ高原が広がる。気候条件に恵まれ、1年をとおして安定した生産が行われている。

世界三大銘茶のひとつで世界でも代表的な産地

ダージリン

Darjeeling

産地DATA

（栽培面積）
約1万8000ha
（収穫時期）
3〜11月
（製造方法）
オーソドックス製法

気候・風土

インド北東標高2000m以上の山々が入り組んだヒマラヤ山麓に位置します。ネパール、ブータンと接し、北方約40km先には世界3位の高峰カンチェンジュンガ（8586m）がそびえます。冷涼な気候で1日の寒暖差は夏季を除き摂氏10℃近くあり、朝晩に霧を発生させます。冬期でも最低気温はほぼ0℃を下回らず、降雪も少ないということは茶樹育成に重要です。6〜9月は雨期となり、11〜2月にはめっきりと雨量は減り、しばしば水不足にみまわれます。付近の土壌はおおむね酸性で、茶樹育成に適した窒素やリンを豊富に含んでいます。

地方の歴史

ネパール語で「雷（稲妻）の地」を意味するこの地が、1835年シッキム王国からイギリスへ譲渡され、リゾート地として開発され始めました。1840年、開発責任者として赴任したイギリス人外科医キャンベル博士は、中国の銘茶生産地の気候と酷似したこの地で茶栽培に取り組み成功しました。1860年代までに40近い茶園が開かれた後も鉄道が開設されるなどレジャーと茶産業とで大いに発展しました。

茶葉のシーズン&製造方法

茶園の立地や年次の気象条件により、多少の違いはあるものの、ほぼ3月中旬〜11月下旬頃までが製茶シーズンです。生産はその年最初に芽吹いたファースト・フラッシュ（一番茶・春茶）から始まり、セカンド・フラッシュ（二番茶・夏茶）、レイニィシーズン・ティー（モンスーン・フラッシュ）、そしてオータムナル（秋摘み茶）で終了します。製造方法は伝統的なオーソドックス製法です。

ファースト・フラッシュ

3月中旬～4月下旬にかけて最初に芽吹いた一番茶です。涼冷な気候は遅々として発酵が進まず、仕上げられた茶葉は、緑茶ではと見紛うほどに、緑色から暗緑色の茶葉が多く混ざっています。水《すい》色《しょく》（カップに注がれた茶液の色）は薄い黄色から薄いオレンジ色です。ヒマラヤの春の息吹を感じさせるような、爽やかで、若々しい香りと、締まった渋みをもち、喉越しの優しい逸品です。

STRAIGHT　ALL　MILK　ICE

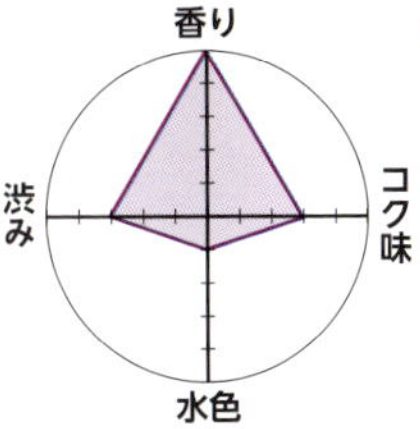

セカンド・フラッシュ

5～6月に摘まれる二番茶は、ファースト・フラッシュ後の短い休眠期（約3週間）後、ゆっくりと成長します。葉はこの時期発生する昆虫の食害や、風や乾燥などからストレスを受けます。それが1年中で最も充実した品質を作り出すとされ「マスカテル・フレーバー」と呼ばれる卓越した芳香をもつものもあります。外観は若干緑を含む茶褐色、水色は明るい橙色をしています。

STRAIGHT　ALL　MILK　ICE

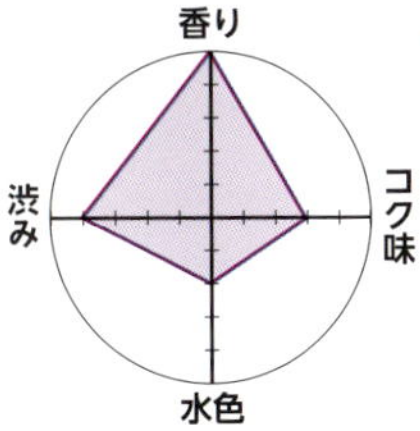

オータムナル

セカンド・フラッシュ後に訪れるモンスーンや雨期が終わると、10～11月には乾燥期が訪れ、少量ながら、良質の茶が生産されます。この秋摘み茶は、ファーストやセカンドとは特長が異なります。乾燥茶葉の外観からは緑色が消えて黒褐色を呈し、水色はかつて「Rosy Darjeeling」、「紅茶のロゼ」とも呼ばれたように、赤みを帯びた美しい橙色。香味は比較的穏やかで、喉越しもよいです。

STRAIGHT　ALL　MILK　ICE

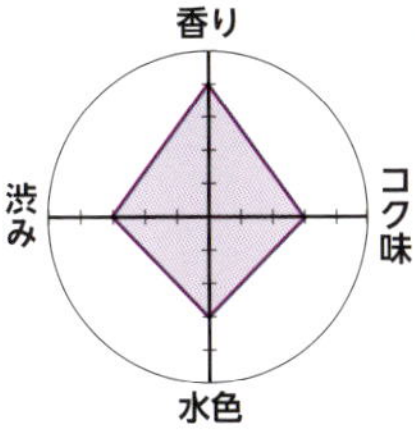

ダージリンのおもな茶園

※産地DATAの生産量、オーナー名は2012年3月のものです。

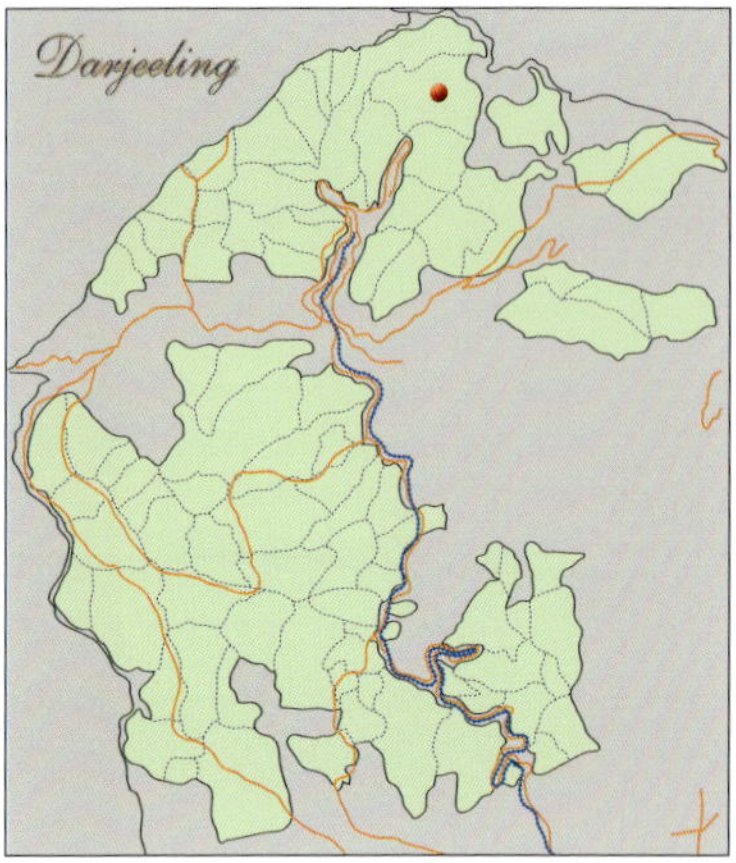

ダージリン西

Badamtam

バダンタム

<生産茶葉の種類>
おもに紅茶、一部スペシャリティ・ティーと緑煎茶を生産

<オーガニック農法>
2010年からバイオ・オーガニック農法を採用している

品質差も生じる大きな標高差

Darjeeling West Valleyに拓かれたこの茶園のほとんどは北向き斜面ですが、一部東向きの地域もあります。

この茶園の特筆すべき特長のひとつとして、茶園内の標高差が大きく、実に１８００ｍもの高低差があります。茶園高低の環境差は、当然同じ茶園内での茶葉品質差を生じさせることになります。

こうした環境を考慮し、茶樹は標高の低い地域では熱帯に適合するアッサム交配種が主体に栽培され、高い地域では耐寒性に優れた中国種とクローナル種との交配種が栽培されています。

生産の主体は紅茶ですが、一部緑煎茶やスペシャリティ・ティー(買い手側の希望にそくして、茶園内の一定区画内の茶樹から、独特の製法によって生産された茶のことで、生産量も極めて少ないもの)も生産されます。

茶園名の由来は、かつて茶園付近に竹林があったことからレプチャ語(おもにシッキムで話されている言葉)の「竹林の土手」を意味する命名をしたとされています。

茶園内で1,800mもの高低差があるため、標高に合わせて茶樹の種類を分ける。

産地DATA

創業：1860〜1864年
標高：300〜2,100m(平均975m)
面積：321ha
生産量：年間170t(製品換算)
オーナー：Goodricke Group Ltd.
14,Gurusaday Road Kolkata 19

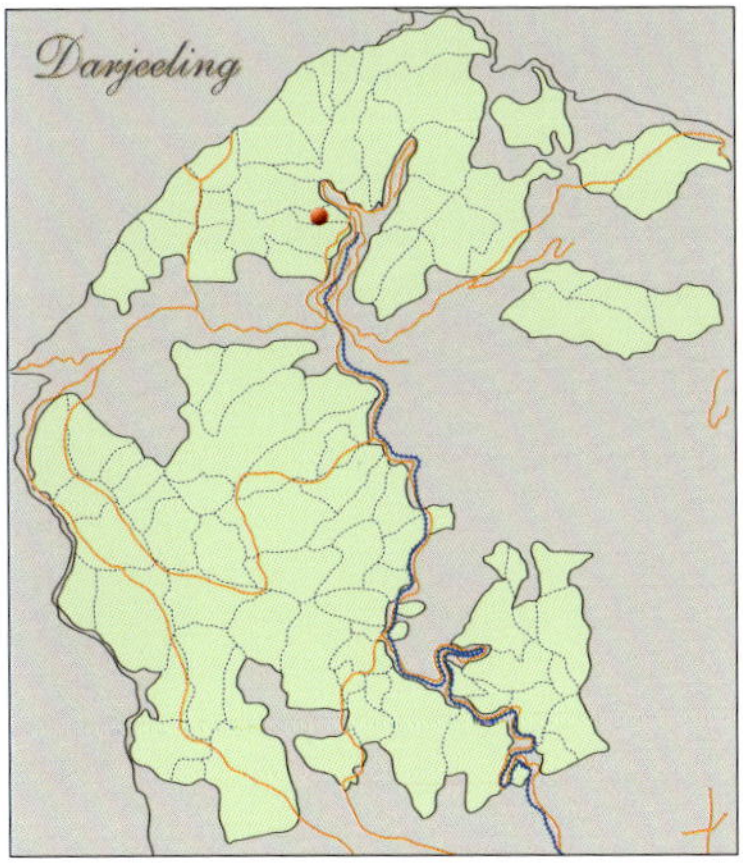

ダージリン西

Happy Valley

ハッピーバレー

<生産茶葉の種類>
おもに紅茶だが、緑茶とスペシャリティ・ティーも生産

<オーガニック農法>
2007年からバイオ・ダイナミック農法を採用している

市街地に最も近く標高の高い茶園

Darjeeling West Valleyに拓かれたこの茶園は、ダージリン市街地に最も近い茶園として、また茶園の標高が高いことでも有名です。

茶園のほとんどが南西向き斜面に展開されており、茶樹は平均標高２０００ｍを反映して、耐寒性のある中国交配種のみで構成されています。中国種茶樹の樹高は低く、成長するに伴いどんどん枝分かれし、地中深くしっかりと根を張るので、耐寒性に優れるとされています。中国種茶樹は冬に降雪も少なくないこの標高の茶園にとって、必要な茶樹といえます。アッサム種系に比べ、タンニン含有量は少ないですが、香りは優れた特質性を発揮するのも中国種の特長です。

ここでの生産品は紅茶が主体ですが、緑茶やスペシャリティ・ティーの生産も行っており、２００７年からオーガニック農法(バイオ・ダイナミック農法)を行っています。

茶園名の由来は、オーナーが市街地にこれほどまでに近いことはとても幸せなことだ、といったことから名づけられたとされています。

ダージリンの市街地に近い位置にあり、
茶園の大部分は南西向き。

産地DATA

創業：1854年
標高：2,073m(平均)
面積：110ha
生産量：年間32t(製品換算)
オーナー：Darjeeling Organic Tea Estates PVT. Ltd.
34A. Metcalfe Street, Kolkata 700013

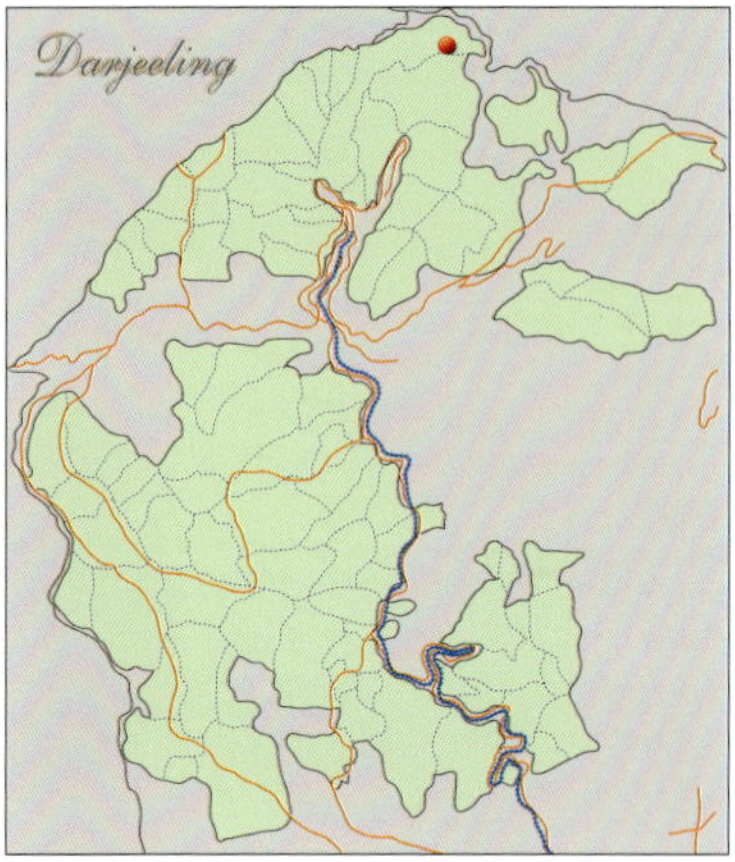

ダージリン西

Tukvar (Puttabong)

トウクバー（プッタボン）

<生産茶葉の種類>
紅茶が主体だが、スペシャリティ・ティーや緑茶も生産

<オーガニック農法>
2009年からオーガニック農法（バイオ・オーガニック農法）を採用

おもに中国交配種の茶樹を栽培

この茶園はダージリンに最初に拓かれた大規模茶園のひとつです。外科医のキャンベル博士が自宅（標高2100m）での茶栽培に成功したことにより、1847年、政府がこの地に苗床場を設立しました。その苗を使用して拓かれたのがこの茶園です。標高1000m以上の地域が多いことから、茶樹は中国交配種が主体です。

茶園は東向き、北向き斜面がほとんどであり、標高差は約1,500mもある。

茶園名のTUKVARはレプチャ語でそれぞれフック状の糸と、釣り針を意味していて、茶園の地形から名づけられたとされています。また別名のPUTTABONGは「葉が豊かに茂るところ」という意味をもっています。

標高の低い場所では熱帯性のアッサム交配種とクローナル種が栽培されている。

産地DATA

創業：1860〜1864年
標高：457〜1,920m（平均1,463m）
面積：436ha
生産量：年間270t（製品換算）
オーナー：Jay Shree Tea and Industries Ltd.
Industries House 15th Floor 10, Camac Street Kolkata 17

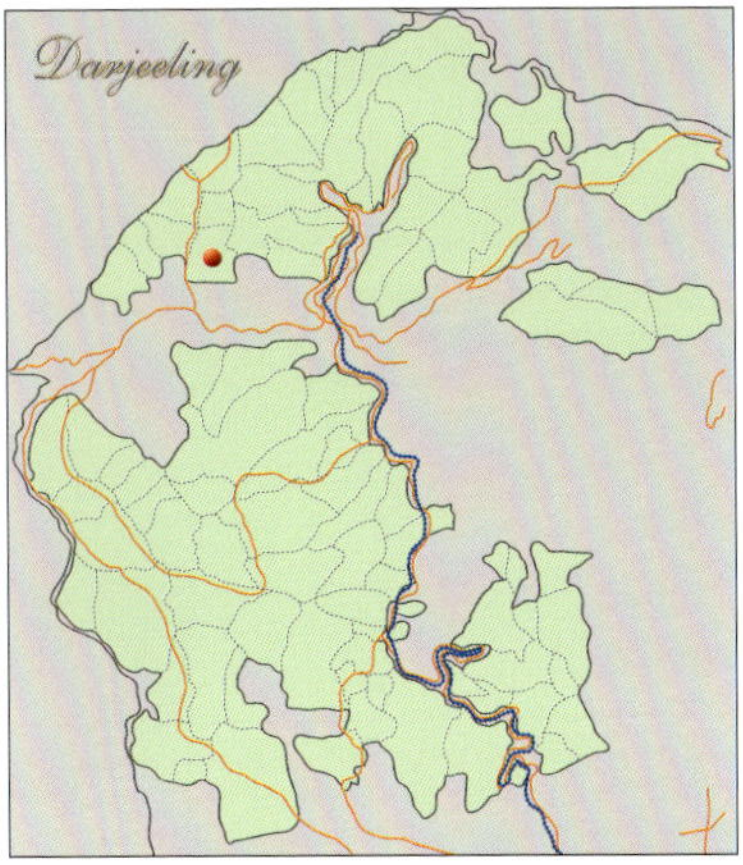

ダージリン東

Marybong

マリーボン

<生産茶葉の種類>
紅茶のみを生産

<オーガニック農法>
2009年からはオーガニック農法(バイオ・オーガニック農法)を採用

結婚祝いを機にマリーボンと改名

Darjeeling East Valleyに拓かれた茶園で、おもに東向き斜面ですが、一部西や北向きもあります。茶園斜面の向きは、基本的には南、南東向きが、日照時間の長さから最もよいとされていますが、それは優良茶園の一要素に過ぎず、水はけのよさ、土壌、標高がもたらす気象条件、管理具合などが整い、初めて優良品質の紅茶を生産することができます。

茶園に隣接した一画をマリーボン(マリーの場所の意味)と呼ぶようになった。

この茶園は当初カイル(KYEL)と呼ばれていましたが、同じダージリン東にあるリンギア(LINGIA)茶園所有者の娘マリー(MARY)の結婚を記念し、その後カイルを含めマリーボンと改名しました。

茶園の標高は全体的に高く、茶樹は標高を反映して中国交配種が多い。

産地DATA

創業:1876年
標高:1,200〜1,970m(平均1,524m)
面積:285ha
生産量:年間145t(製品換算)
オーナー:Chamong Group
2.N.C.Dutta Sarani sagar Estate
5th Floor-Unit 1 Kolkata 700001

ダージリンのおもな茶園　トウクバー(プッタボン)／マリーボン

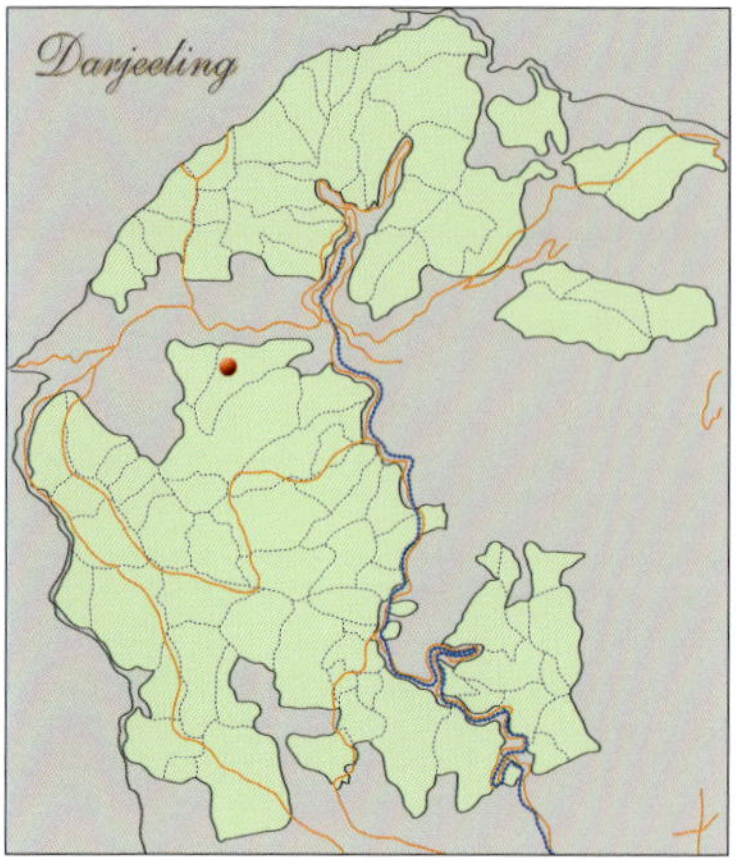

ダージリン東

Poobong

プーボン

<生産茶葉の種類>
紅茶

<オーガニック農法>
採用していない

小規模だが好ロケーション

茶園面積はダージリン茶園の中でも小さいですが、茶園は東、南斜面がほとんどを占める好立地にあります。そのため、冬の茶樹休眠期(主として12〜2月くらい)を経て、最初に芽吹くファースト・フラッシュ(一番茶)の生産時期が比較的早いことが特長のひとつです。

ファースト・フラッシュの生産時期が早いことで、希少性を評価されることもある。

ちなみにダージリンのクオリティ・シーズンティーとしてファースト・フラッシュは3〜4月頃、セカンド・フラッシュは5〜7月、オータムナル(秋摘み茶)が10〜11月頃に生産されます。各クオリティ・シーズンにおいて早く生産されることは、必ずしも品質がよいことにはつながりませんが、その希少性を評価されることが多いようです。

茶樹は標高の高い区域では中国交配種、低い区域ではアッサム交配種が栽培されています。生産品は100%紅茶で、オーガニック農法は採用していません。

茶園名のPOOBONGは、レプチャ語でプー竹のある場所、という意味があります。

産地DATA

創業：不明
標高：平均1,524m
面積：166ha
生産量：年間60t(製品換算)
オーナー：Darjeeling Tea And Cinchona Association Ltd.
H.M.P.House 4 , Fairlee Place
Kolkata 1

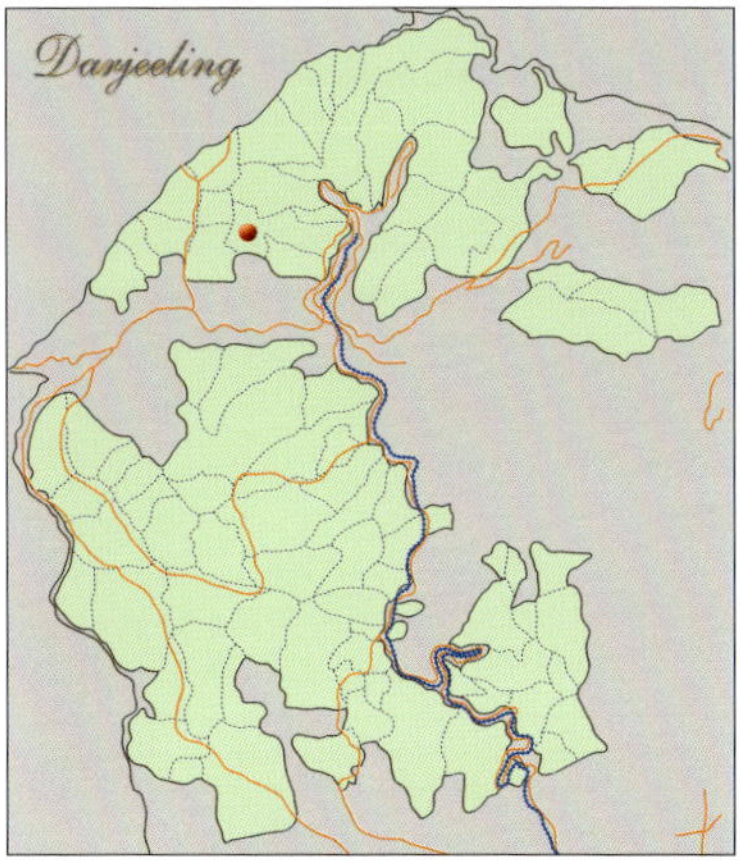

ダージリン東

Risheehat

リシーハット

<生産茶葉の種類>
おもに紅茶

<オーガニック農法>
2010年からオーガニック農法(バイオ・オーガニック農法)を採用

RISHEEは「聖人」、HATが「場所」という意味とされる。

積極的に品種改良に取り組む

Darjeeling East Valleyに拓かれたこの茶園は、東向き斜面が多いのですが、南、西、北斜面も有しています。茶樹は中国交配種が主体となっていますが、低い区域ではアッサム交配種やクローナル種も栽培されています。

またこの茶園は、品種改良に熱心に取り組むことで定評があります。生産品は紅茶がほとんどですが、日照時間の長い東向き斜面の利点を生かし、各クオリティーシーズン茶の収穫時期も比較的早いようです。

茶園名のRISHEEHATとは、ネパール語で聖人の場所を意味しています。

産地DATA

創業：1860〜1864年
標高：980〜2,050m(平均1,372m)
面積：253ha
生産量：年間110t(製品換算)
オーナー：Jay Shree Tea and Industries Ltd.
Industry House 15th Floor 10, Camac Street Kolkata 17

標高の比較的高い茶園区域が多く、大部分は東向きである。

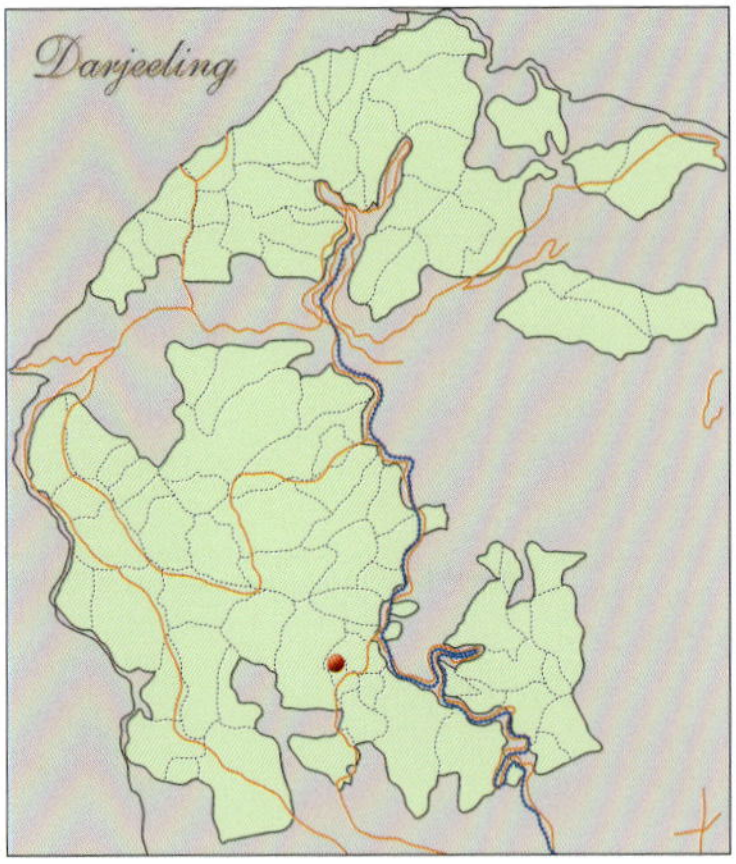

クルーシオン北

Ambootia

アンブーティア

<生産茶葉の種類>
セカンド・フラッシュまでを紅茶、それ以降は緑茶やスペシャリティ・ティーなどを生産

<オーガニック農法>
1994年にオーガニック農法とバイオ・ダイナミック農法を採用

オーガニック農法の先駆け

Kurseong North Valleyに拓かれたこの茶園の大部分は、比較的なだらかな地形で、西北東に向いています。茶園の高低差が比較的少ないためか、茶樹は中国交配種が多く、部分的にアッサム交配種とクローナル交配種が栽培されています。

この茶園は19世紀後半、イギリス人の手により開拓されました。またダージリン茶園の中でいち早く、１９９４年からオーガニック農法やバイオ・ダイナミック農法（従来の無農薬、化学物質不使用のオーガニック農法に加え、天体の動きに合わせ、最も適した時期に収穫などを行う）に取り組んだことでも有名です。

茶園名のAMBOOTIAとはネパール語で、AMがマンゴーを、BOOTIAは林を意味し、すなわちマンゴー林という意味になります。

アンブーティア茶園の製茶工場。
看板には「SINCE 1861」と見える。

マンゴー林のある場所という意味の茶園で、
茶園の大部分は平地。

産地DATA

創業：1860～1864年
標高：950～1,450m
面積：349ha
生産量：年間150t（製品換算）
オーナー：Darjeeling Organic Tea Estates PVT.Ltd.
34A Metcalfe Street Kolkata 700013

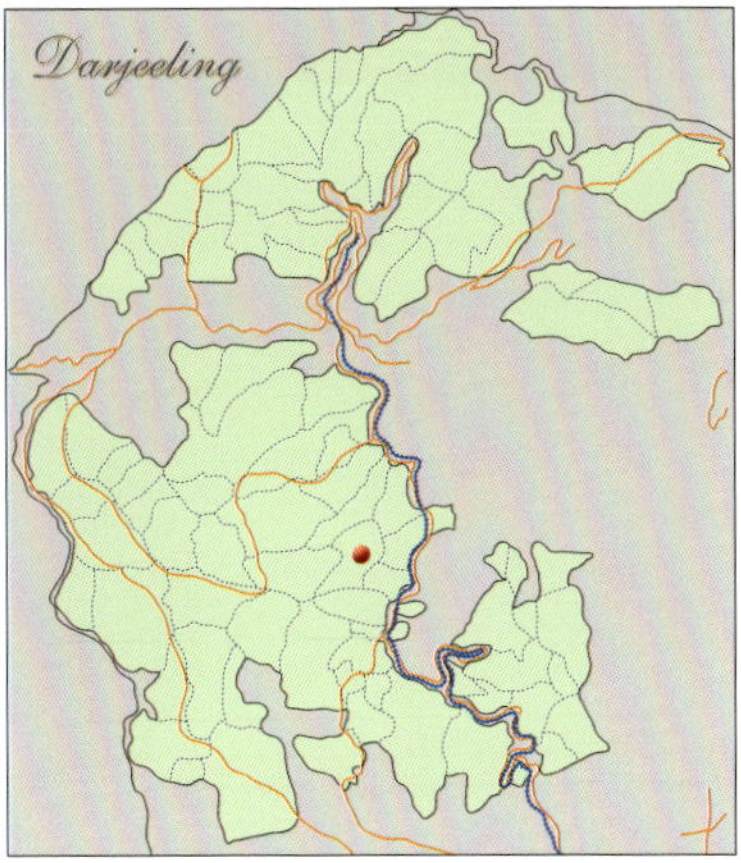

クルーシオン北

Margarets Hope

マーガレッツホープ

<生産茶葉の種類>
紅茶がほとんどで、スペシャリティ・ティーも生産

<オーガニック農法>
現在は取り入れていない

オーナーの娘の名が茶園名

Kurseong North Valleyに拓かれたこの茶園は、ほぼ東南の斜面に展開されています。茶園高低差は約１０００ｍもありますが、比較的標高の高い区画が多くを占めるため、茶樹は中国交配種が多いようです。

当初の茶園名はバラリントン（BARARINGTON）でしたが、１９２７年この茶園を購入したイギリス人オーナーの娘（MARGARET）は１９６０年代にこの茶園を訪れ、大そう気に入った様子でしたが、帰国途上13歳の若さで他界したことから、この娘の名にちなんで改名したといわれています。

低地では、アッサム交配種やクローナル種の茶樹が多い。

標高の高低差は約1,000mあるが、東南斜面の多い絶好のロケーション。

産地DATA

創業：1862年
標高：1,000～1,970m（平均1,402m）
面積：380ha
生産量：年間150t（製品換算）
オーナー：Amgoorie India Ltd.
14,Gurusaday Road Kolkata 19

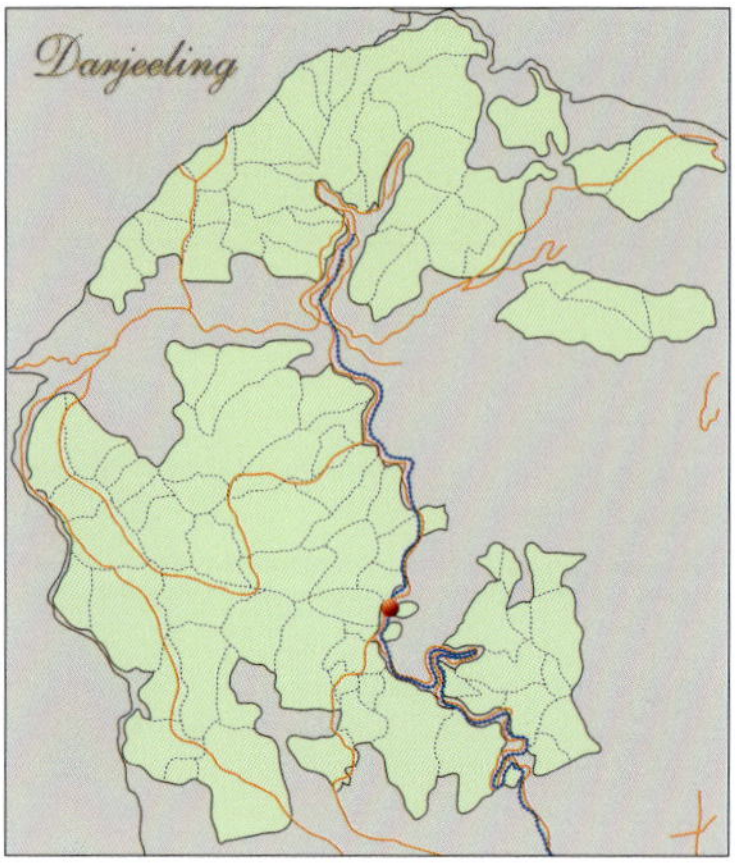

クルーシオン北

Singell

シンゲル

<生産茶葉の種類>
おもに紅茶だが、セカンドフラッシュ以降は緑茶も生産

<オーガニック農法>
1993年からバイオ・オーガニック農法を採用。現在、バイオ・ダイナミック農法に切り替え中

「薪売り」という意味の茶園

この茶園は有名なキャッスルトン茶園（⇩P97）のほぼ隣に位置しています。茶園斜面は南から西向きに面し、栽培される茶樹はほとんどが中国交配種で、一部クローナル交配種も見られます。

バイオ・ダイナミック農法へ切り替え中と、積極的にオーガニック農法に取り組む。

生産品はセカンド・フラッシュまでは紅茶で、それ以降は緑茶を生産します。

優良なダージリン茶を作り出すためには、まず熟練した摘み手からはじまり、他所ではなかなか見られないほどの丁寧な製造工程を必要としています。そしてその中でも、とりわけ重要な部分として発酵の時間があります。いつまで発酵させるかどうかは、さまざまな条件を熟慮したうえで、マネージャーが決定するとされています。

1993年からバイオ・オーガニック農法に取り組み、現在はバイオ・ダイナミック農法へ切り換え途上です。

茶園名のSINGELLとは、レプチャ語で薪売りを意味しています。

産地DATA

創業：1860〜1864年
標高：平均1,280m
面積：242ha
生産量：年間50t（製品換算）
オーナー：Tea Promoters PVT. Ltd.
Suite No.17 Chowrangee Mansion 30, Jawarharlal Nehru Road Kolkata 17

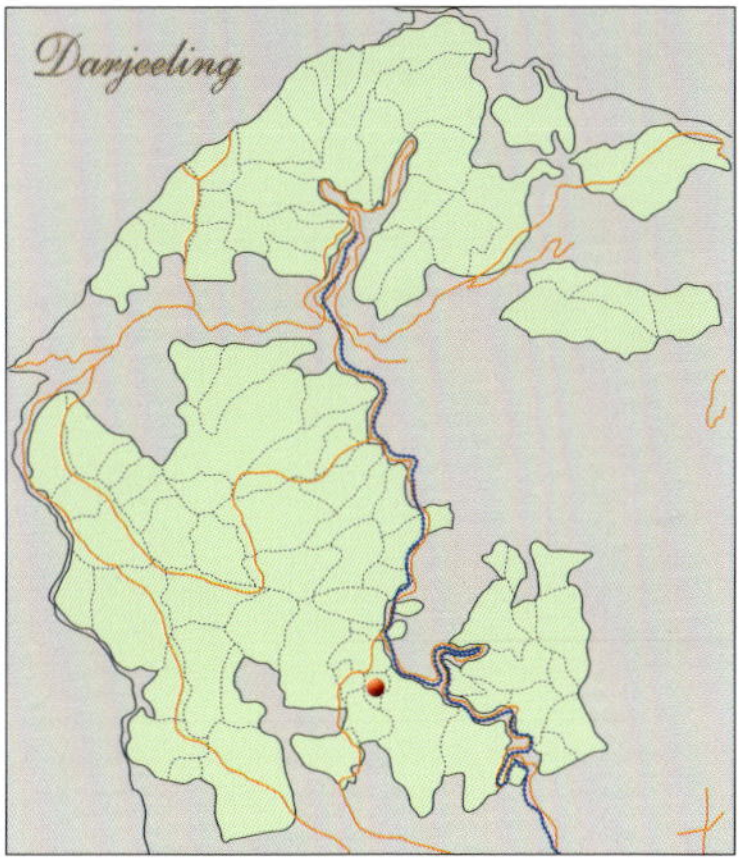

クルーシオン南

Castleton

キャッスルトン

<生産茶葉の種類>
おもに紅茶だが、スペシャリティ・ティーも生産

<オーガニック農法>
採用していない

ダージリンの茶園としては、日本での知名度が高いキャッスルトン。

セカンド・フラッシュが有名

Kurseong South Valleyに開拓されたこの茶園は、ダージリン茶園の中でも、最も有名な茶園のひとつです。特にセカンド・フラッシュの香味は、秀逸とされており、コルカタでのオークションで何度も高値記録を更新していて、世界的にも評価が高く、日本での知名度も高い茶園です。

茶園の大部分は急傾斜にあり、南、東向きという絶好のロケーションを誇っています。

茶樹は中国交配種が主ではありますが、一部の標高の低い区域では、アッサム交配種の他、クローナル交配種も栽培されています。

生産品は紅茶が主で、スペシャリティ・ティーも生産されます。オーガニック農法の採用はありません。

かつて茶園内に古い円形の建物があって、遠くから見たその建物が城のように見えたことから、それが茶園の名になったとされています。

産地DATA

創業：1865年
標高：980～2,300m（平均1,463m）
面積：170ha
生産量：年間50t（製品換算）
オーナー：Amgoorie India Ltd.
14,Gurusaday Road Kolkata 19

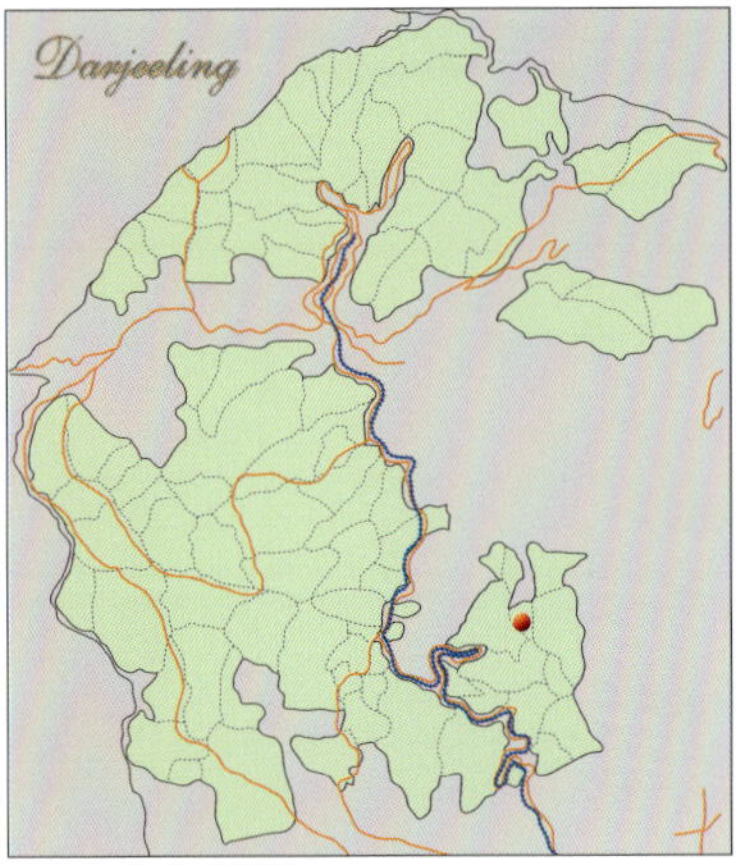

クルーシオン南

Goomtee

グームティー

＜生産茶葉の種類＞
おもに紅茶だが、要望に応じて緑茶も生産

＜オーガニック農法＞
採用していない

近隣に所有している2つの茶園には工場がないため、こちらで製茶を行っている。

道の曲がり角という意味の茶園

白い蘭の花の意味をもったKurseong South Valleyに拓かれたこの茶園のほとんどが北向き斜面に位置し、一部南東向きの斜面を有しています。

茶園はすべて1000m以上であることと、斜面条件を考慮し、茶樹の主体は中国交配種で占められ、一部アッサム交配種も栽培されています。

ジュンパナ茶園の隣に位置していて、茶園内には、森や滝なども散在していることも特長のひとつです。

ダージリンの多くの茶園は、朝夕の霧に覆われており、これがダージリン紅茶のよさを引き出す要素のひとつともされています。

この茶園での生産品はほとんどが紅茶中心となっており、特にファースト・フラッシュは有名です。一部緑茶も生産されています。オーガニック農法の採用は今のところありません。

茶園名のGOOMTEEとは、ネパール語で道の曲がり角を意味しています。

産地DATA

創業：1860〜1864年
標高：1,000〜2,000m（平均1463m）
面積：130ha
生産量：年間75t（他茶園の製品換算分も含む）
オーナー：Mahanadi Tea Co.PVT. Ltd.

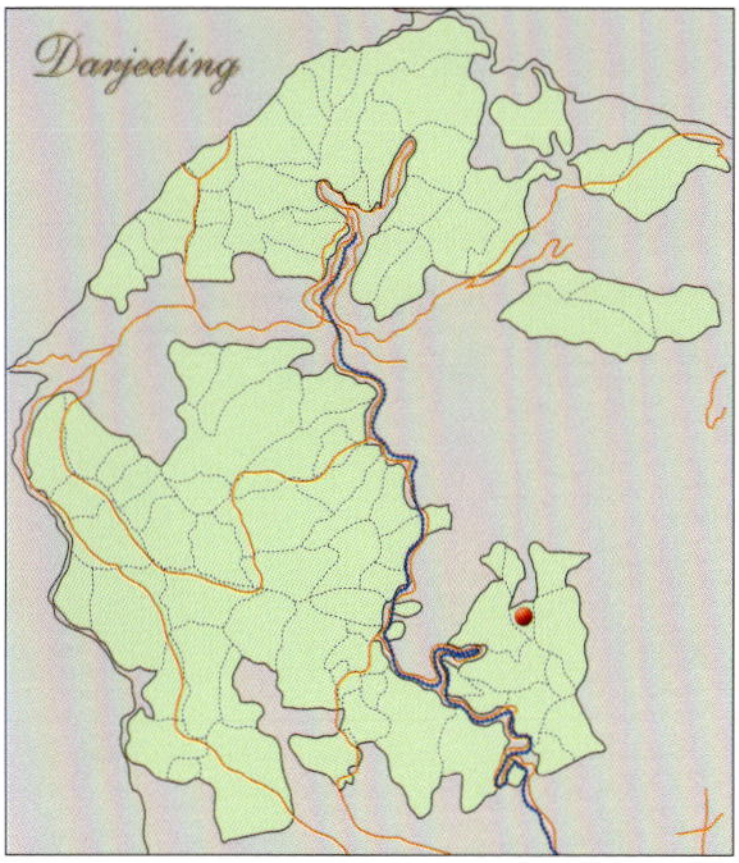

クルーシオン南

Jungpana

ジュンパナ

<生産茶葉の種類>
おもに紅茶を生産

<オーガニック農法>
オーガニック農法へ切り換え中

険しい山間地帯に拓かれ、山奥深くまで茶園として利用されている。

英国王室愛好、品質に定評あり

Kurseong South Valleyに拓かれたこの茶園の標高差はそれほどなく、茶園は標高１０００ｍを超えたあたりに集中し、しかも南向き斜面がほとんどです。昼夜の寒暖差が激しく霧の発生が多いこと、また、オークションで最高値を記録したり、英国王室も愛好しているとされます。

JUNGPANAとは坂の小道を意味します。Jungという名の青年が、虎狩でトラに襲われた一人のイギリス人に、Pana(植物の葉)で水を与えたことから名づけられたとの説や、Jungが命をかけ、虎を倒したその勇気を称えて名づけられたなどの説もあります。

ここでは例外的に、標高の低い区画に中国交配種、比較的高い地域にアッサム交配種が植えられる。

産地DATA

創業：1899年
標高：1,000～1,600m（平均1,158m）
面積：73ha
生産量：年間75t（他茶園分も含む製品換算）
オーナー：Jute And Stores Ltd.
90/31 Diamond Harbour Road Opposite Mani Towers Kolkata 32

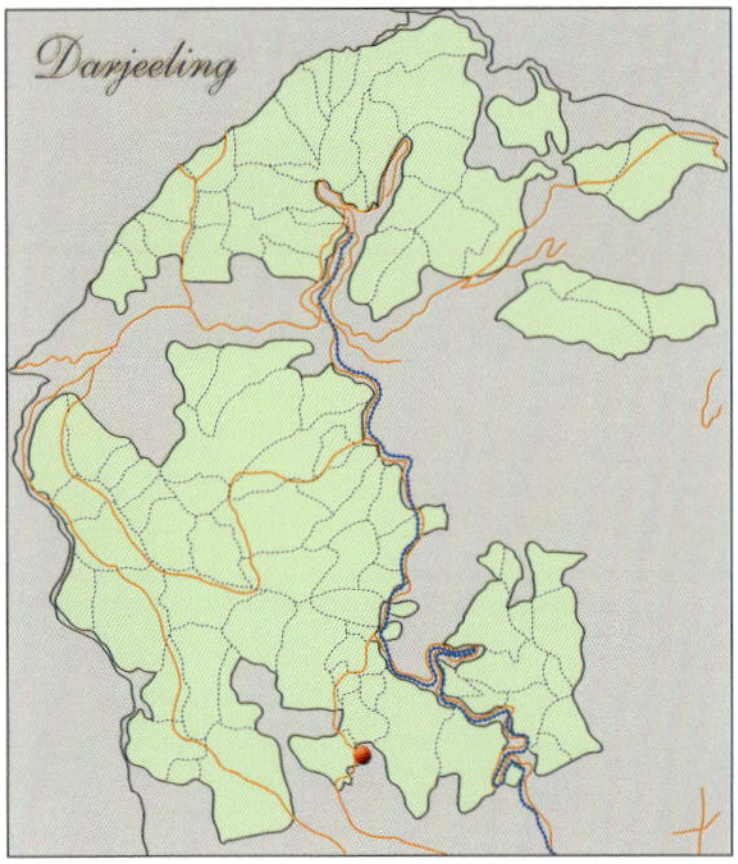

クルーシオン南

Longview

ロングビュー

<生産茶葉の種類>
紅茶

<オーガニック農法>
オーガニック農法を取り入れつつある

ダージリンで最も標高が低い

この茶園はテライという茶産地を過ぎて、ダージリンへの登り口の平原から山麓地帯へかけて広がっています。また、生産量が多いのも特長です。

平地に近く気温が高いため、茶樹は熱帯種であるアッサム種やアッサム・クローン種が主体です。

茶園には、強い陽射しを遮るシェイドツリーと呼ばれる日陰樹も植えられ、他のダージリン茶園とは異なる景観となっています。

茶園は低い丘陵地帯に広がり、そこから平原を見渡せることから、この茶園名を英語で表記したようです。

ダージリンの中では最も標高が低く、最も耕作面積が大きい茶園。

産地DATA

創業：1860～1864年
標高：～910m（平均488m）
面積：506ha
生産量：年間700t（製品換算）
オーナー：Longview Tea & Agro Ltd.
15, College Street Kolkata

山麓丘陵地帯に位置し、海抜910mまでシェイドツリーが植えられている。

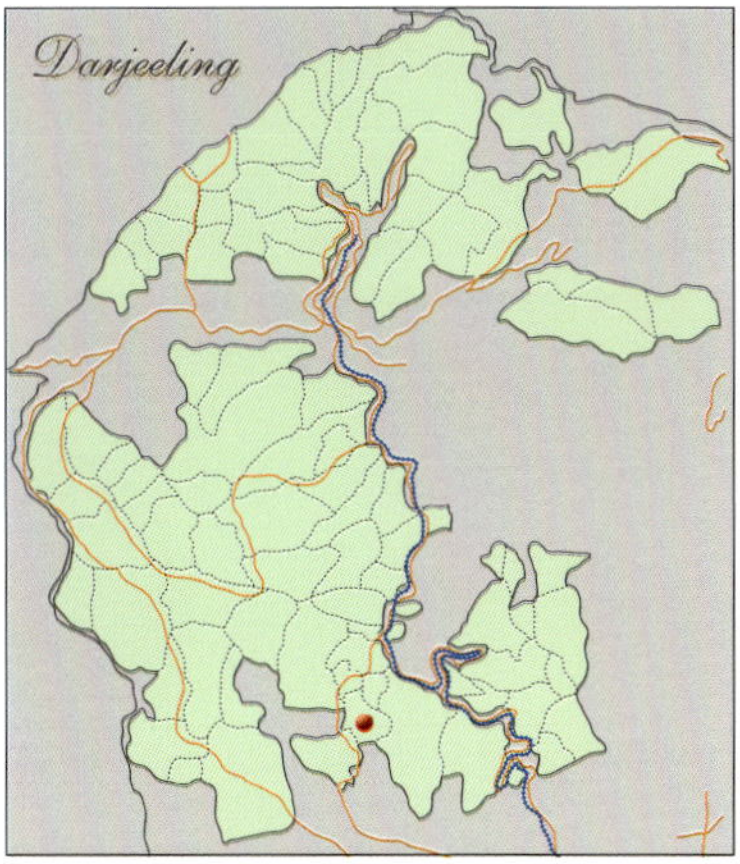

クルーシオン南

Makaibari

マカイバリ

＜生産茶葉の種類＞
紅茶の他、緑茶、スペシャリティ・ティーを生産

＜オーガニック農法＞
1988年にオーガニック農法を採用、1992年、ダージリンで初めてバイオ・ダイナミック農法を採用した茶園として認定

ダージリン初の農法も採用

マカイバリ茶園の中にはいくつもの森が混在しており、それが特長のひとつとなっています。

茶園は東と西斜面に拓かれています。茶樹は標高の高さを反映していて、おもに中国交配種が栽培されていますが、一部では、アッサム交配種とクローナル種も見られます。

茶園名のMAKAIBARIはネパール語で、とうもろこし畑という意味があります。かつて、一人のイギリス軍人が軍務を放棄し、逃亡、この地を切り拓きトウモロコシを植えたことに由来するとされています。

紅茶の他、緑茶、スペシャリティ・ティーを生産している。

2003年には、オークションでの最高値を更新したことでも有名。

産地DATA

創業：1857年
標高：1,189m（平均）
面積：248ha
生産量：年間110t（製品換算）
オーナー：Makaibari Tea Trading Co.PVT.Ltd.
Anandloke Building 2nd Floor, 227 A.J.C. Bose Road Kolkata

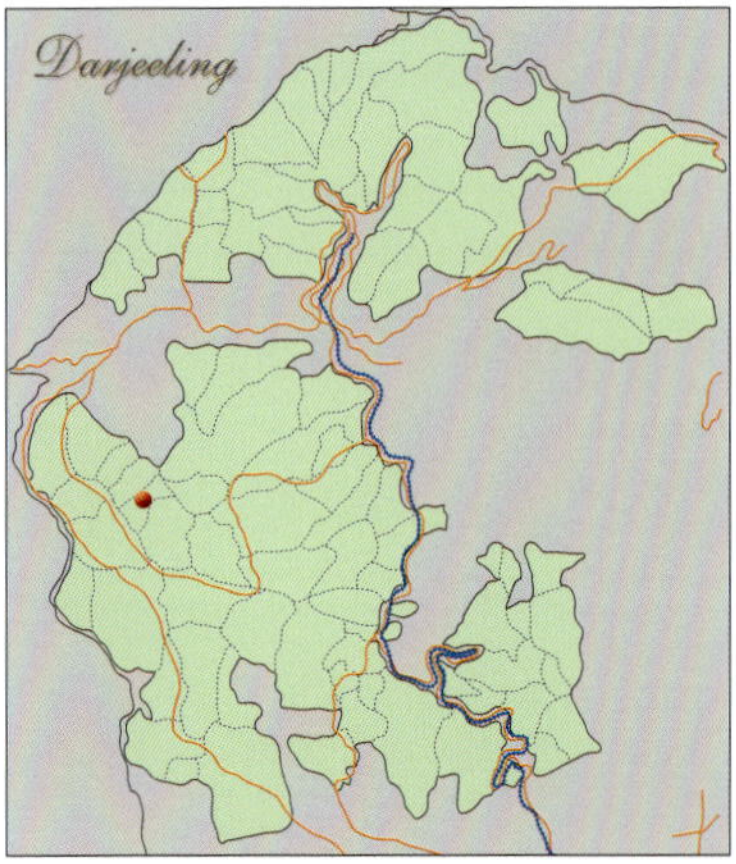

ロンボン・バレー

Sungma

サングマ

<生産茶葉の種類>
おもに紅茶だが、一部緑茶とスペシャリティ・ティーも生産

<オーガニック農法>
2007年からバイオ・オーガニック農法を採用

製茶工場はなく、近隣の姉妹茶園トゥルザムで緑葉(生葉)を製茶している。

茶園名はチベット語の方言

RungBong Valleyに拓かれたこの茶園の大部分は、南および南西斜面の好立地にあります。

標高も平均的に高いところから、茶樹の約8割は中国交配種で占められ、残りはクローナル種です。

ここでの生産品は紅茶が主体で、緑茶やスペシャリティ・ティーも生産されています。

ところで、最上のダージリンの香味は、優れた茶摘みから生まれるといってもよく、摘み手は険しい地形や寒さ、霧、豪雨などの厳しい環境下で、芽吹いて、1芯2葉を形成したばかりのものを摘んでいます。1kgの茶製品を製造するには約2万2000もの1芯2葉を必要とするとされています。

2007年からはバイオ・オーガニック農法を取り入れています。

茶園名のSUNGMAとはチベット語Sanga Maruの方言で、大きなキノコがたくさん生えているところ、という意味とされています。

産地DATA

創業：1863年
標高：1,420〜2,360m(平均1,433m)
面積：129ha
生産量：年間65t(製品換算)
オーナー：Jay Shree Tea and Industry Ltd.
Industry House 15th Floor 10, Camac Street Kolkata 17

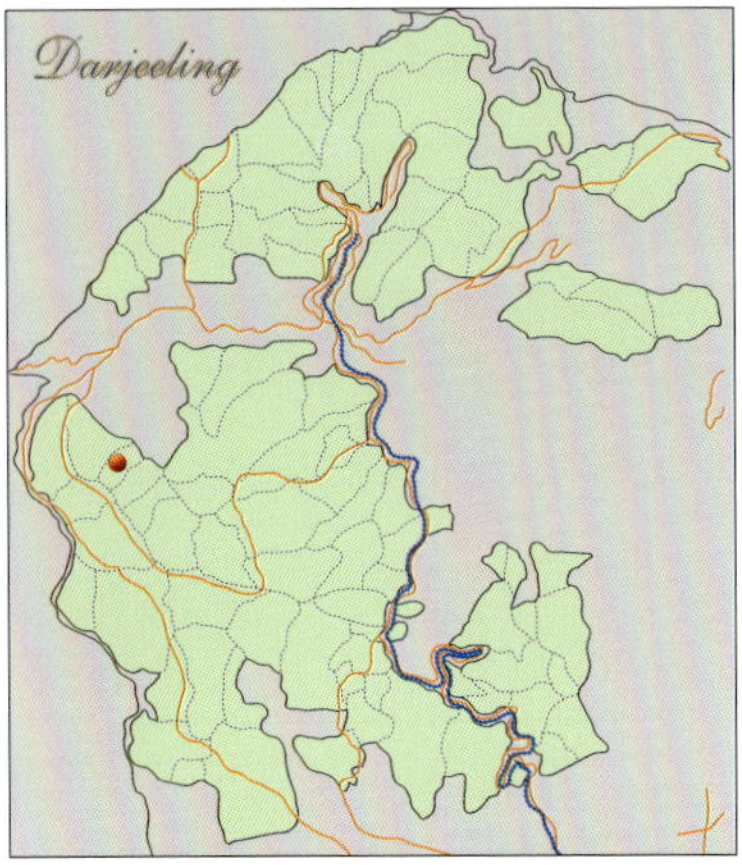

ロンボン・バレー

Selimbong

セリンボン

<生産茶葉の種類>
おもに紅茶だが、緑茶やスペシャリティ・ティーも生産

<オーガニック農法>
1995年からバイオ・オーガニック農法、1997年からバイオ・ダイナミック農法を採用

険しい斜面に開かれた茶園

RungBong Valleyに面したこの茶園は、南及び南東向きの険しい斜面に拓かれています。

その絶好のロケーションや厳しい茶園管理は、オークションでの最高値をつけたこともあります。

茶樹は中国交配種が主体で、部分的にアッサム交配種やクローナル種が栽培されています。

この茶園の特長として1995年からバイオ・オーガニック農法を、1997年からバイオ・ダイナミック農法を取り入れていることです。

この茶園の地域では、現地では「Lapsi」と呼ばれている、酸味のあるセンダン科の果実樹をたくさん見ることができる場所とされています。

絶好のロケーションと絶え間ない茶園の管理が、良質な茶葉を生み出している。

ほぼ紅茶だが、注文に応じて緑茶やスペシャリティ・ティーなども生産する。

産地DATA

創業：1860～1865年
標高：1,100～1,700m（平均1,280m）
面積：161ha
生産量：年間70t（製品換算）
オーナー：Tea Promoters PVT. Ltd.
Suite No.17 Chowrangee Mansion 30, Jawarharlal Nehru Road Kolkata 17

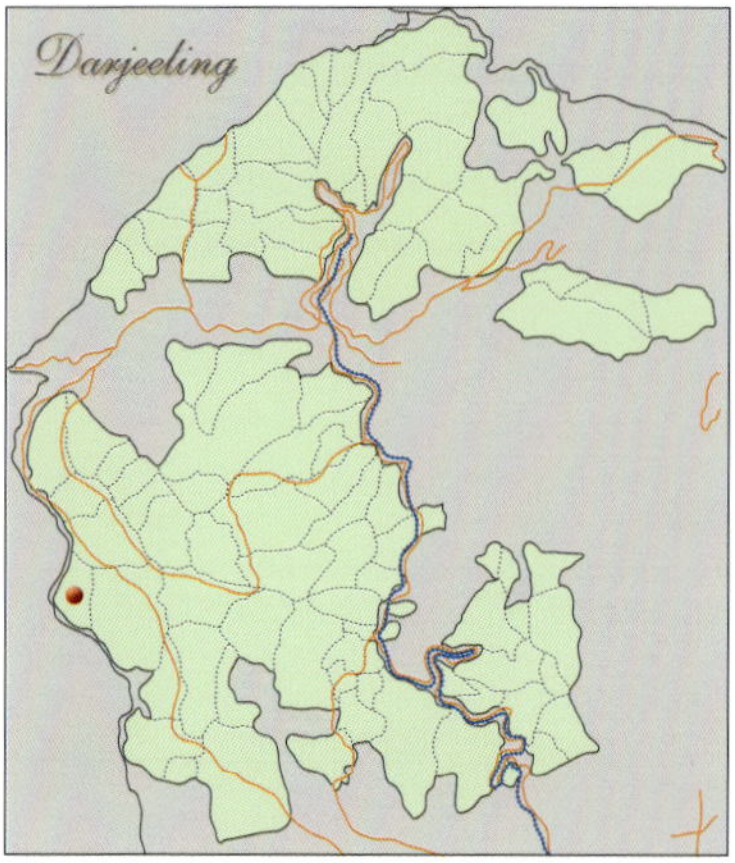

ミリク・バレー（クルーシオン西）

Okayti

オカイティ

<生産茶葉の種類>
おもに紅茶だが、セカンド・フラッシュ以降は緑茶なども生産

<オーガニック農法>
採用していない

茶園の大部分が東及び南向きと、絶好のロケーションに拓かれている。

ユニークな茶園名の由来

Mirik Valleyに拓かれたこの茶園のほとんどは、東及び南向き斜面にあり、絶好のロケーションを誇っています。

茶園名はもともとランドゥー(Rangdoo)茶園でしたが、その後オカイティに改名しました。その経緯には、いくつかの逸話が残されていて、たとえば1959年、エリザベス女王に生産された紅茶を贈ったところ、女王はこの紅茶を称賛し、オーカイ(オーケー)といったとか、あるいはネール首相が元ソ連首相(ブルガーニン氏)に紅茶を贈ったところ、やはり紅茶はオーケーだったといったなど、ともかくオーケーに由来するようです。

茶樹は中国交配種が主体で、一部アッサム交配種も見られる。

産地DATA

創業：1860～1864年
標高：平均1,128m
面積：208ha
生産量：年間120t（製品換算）
オーナー：Mr.S.M.Kumbat
Lila Shree Building Behind Hotel Embassy Sevoke Road Siliguri

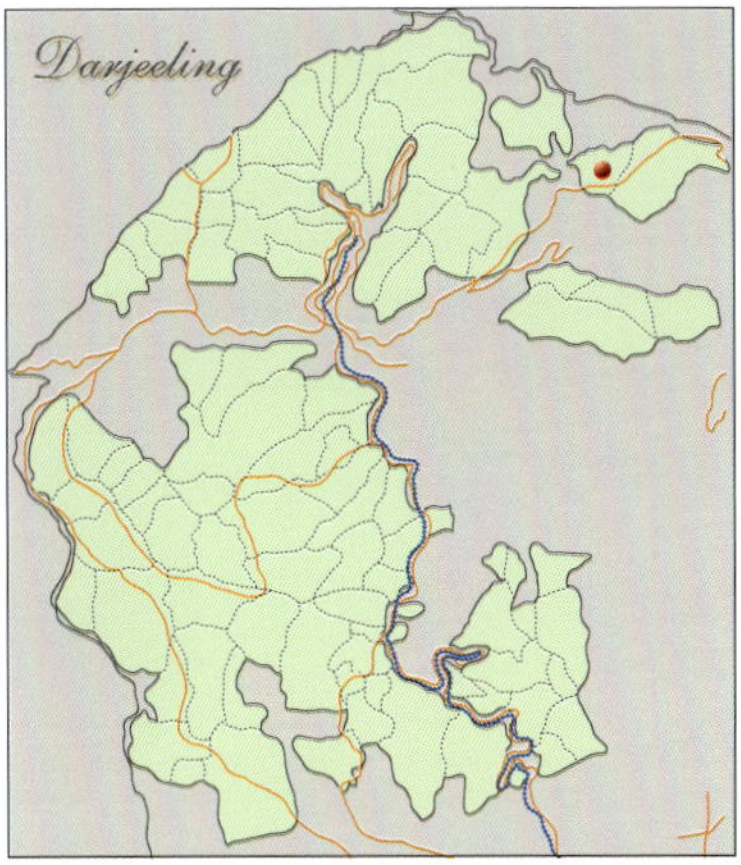

ティスタ・バレー

Lopchu

ロプチュー

<生産茶葉の種類>
紅茶

<オーガニック農法>
採用していない

小規模な茶園で、ほぼ100％紅茶のみを生産している。

国内向け製品を初めて販売

茶園はダージリン茶園の中でも小規模な方で、斜面は北向きが主で、一部が東向きです。

茶樹は茶園環境に適合する中国交配種の低木茶樹がほとんどではありますが、一部ではアッサム交配種の低木茶樹も見られます。

生産茶葉の種類は、ほぼ100％、紅茶のみを生産しています。

ロプチュー茶園で生産された製品は、外国向けが多いダージリン紅茶の中で、初めて国内向けに製品化されたことで知られています。製品換算で、年間約75tを生産しています。

オーガニック農法は今のところ採用していません。

茶園名のLOPCHUは「Among the Himalayas」という本の中でLopchuk(冷たい石)と呼ばれていたこと、あるいは、現地語レプチャ語であるLap-tso(道しるべの石)に由来するという説もあるようです。

産地DATA

創業：1860～1864年
標高：平均1,372m
面積：95ha
生産量：年間75t(製品換算)
オーナー：Lopchu Tea Company
23, Netaji Subbas Road
Kolkata 700001

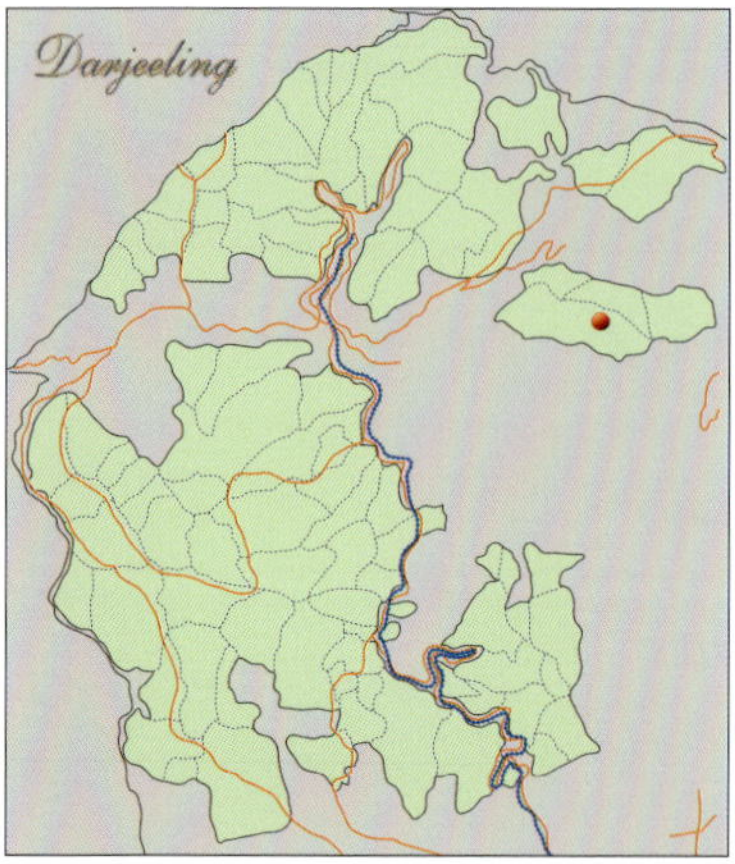

ティスタ・バレー

Namring & Namring Upper

ナムリン＆ナムリンアッパー

<生産茶葉の種類>
おもに紅茶

<オーガニック農法>
採用していない

茶園名のNAMRINGは、レプチュ語で日当たりのよい場所という意味がある。

日当たりのよい絶好の斜面

Teesta Valleyにあるこの茶園は、イギリス人により開拓されました。

標高差に応じて茶樹は中国交配種約4割、クローナル種約4割、アッサム交配種約2割の割合で栽培されています。各クオリティーシーズン茶の安定した品質に定評があります。

ダージリン茶園で見られる多くの茶樹は、開墾当時から植えられているもので、すでに100年以上を経過し、生産量の減少化は避けられないようです。古い茶樹の地下に伸びた根は優に100mを超えるともいわれ、きつい傾斜面での改植は、困難を極めるものといえるでしょう。

茶園の大部分は南東向きで絶好の斜面に拓かれている。

産地DATA

創業：1860年
標高：914～1,828m（平均1,380m）
面積：475ha
生産量：年間270t（製品換算）
オーナー：Darjeeling Tea And Cinchona Association Ltd.
H.M.P.House4, Fairlee Place
Kolkata 1

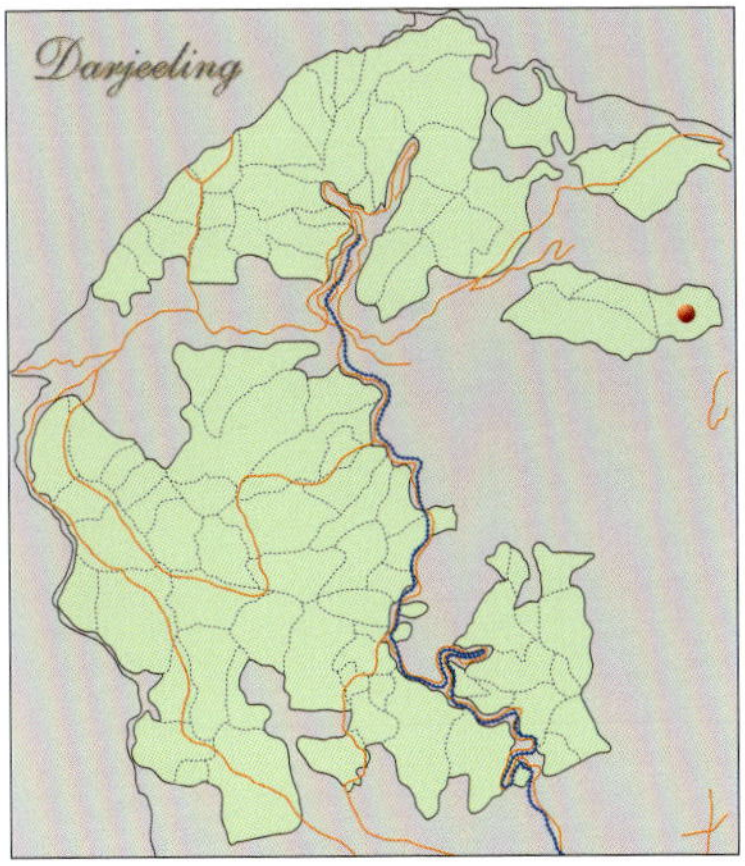

ティスタ・バレー

Teesta Valley

ティスタバレー

<生産茶葉の種類>
おもに紅茶だが、緑茶やスペシャリティ・ティーも生産

<オーガニック農法>
採用していない

地名になぞらえた茶園名

ティスタ川に沿った斜面に開拓され、茶園の大部分は北向きです。

ところで、ダージリン紅茶の香りを形容する言葉として「マスカテル・フレーバー」がしばしば使用され、その香りは完熟した果物、花、ムスクなどと表現されます。この「マスカテル(Muscatel)」はダージリン・セカンド・フラッシュの香りを表現する際に使用されるテイスティング用語で、ファースト・フラッシュ終了後の生育期に、乾燥した気候と強い風などで葉が擦れたり、昆虫による食害などにより葉にストレスがかかることで生まれるようです。

茶樹の大半は中国交配種だが、アッサム交配種、クローナル種も栽培される。

産地DATA

創業：1860～1864年
標高：平均1,036m
面積：298ha
生産量：年間270t(製品換算)
オーナー：Teesta Valley Tea Co.Ltd.
Macleod House 3, Netaji Subbas Road Kolkata

茶園名の由来は、その立地する地名をそのまま使用しているもの。

ダージリンとアッサムの中間に広がる丘陵地帯

ドアーズ

Dooars

気候・風土

北東インド、東ヒマラヤの麓に位置しています。北側の標高2000mを超える山々が入り組むダージリンの裾野にもあたり、南のアッサム平原へと連なっています。また、西側は紅茶産地のテライへと続きます。

この地域は海抜90～1750mの平原から丘陵地帯をなし、ブータンの山々から流れ込むいくつもの川は、しばしば氾濫を引き起こしますが、それは豊かな土壌形成にもつながっています。また、地理上インドからブータンへの通用口、つまりドアーの役割を担っています。

年間の平均降雨量は3500㎜にも達し、モンスーンは5月の中頃～9月末まで続きます。冬の冷え込みは強く、朝と夜には冷たい霧で包まれることが多く見られます。夏は比較的過ごしやすいのですが、期間は極めて短いことも特長です。

産地DATA

（栽培面積）
約6万9000ha
（収穫時期）
3～11月
（製造方法）
ほぼCTC製法だが、一部オーソドックス製法

地方の歴史

北東インドにあり、低地の平坦部に細長く伸びる大茶産地だ。

コチ王国から、ブータン王国の実質的支配下にあったこの地が、1865年イギリスに併合されると、ブータンとイギリスとの間での争いに発展し、東西に分断されました。1869年、再びジャル

パイグリとして統合し、イギリス支配下となりました。

　1947年、イギリスのインド支配が終了した後の1949年、クーチ・ビハール藩王は主権をインド自治領政府に譲渡し、インドの一州となり、1950年には西ベンガル州に併合されました。

　この地の中心産業はイギリス支配下にあった19世紀後半に興った茶産業で、数千にのぼる人々が茶園や製茶工場と契約をしています。また点在している国立公園は、観光産業による収入をもたらしてもいるようです。

茶産業の発展により、現在は約150もの茶園が点在している。

茶葉のシーズン&製造方法

生産時期は3月中旬~11月。茶園数は大規模茶園(10.12ha以上)で150以上を数え、総面積で7万ha、小規模茶園を含めると7万3千haとなります。

　茶樹はアッサム系茶樹が主体で、各茶園ではアッサムの茶園を彷彿とさせるシェイド・ツリーも見られます。

　製法はほとんどがCTC製法によるもので、一部オーソドックスも生産されています。その多くは国内向けティーバッグの原料となっています。

知名度はあまり高くなく、多くは国内向けのブレンドやティーバッグ原料となる。

ドアーズCTC茶

アッサム系茶樹によるCTC茶の特長を備え、茶葉外観は暗褐色、水色《すいしょく》は濃い赤色をしています。

　ドアーズCTC茶は、香味共にアッサムCTC茶に酷似していますが、味わいは、ややマイルドです。

　ちなみに北東インドにおける紅茶生産量は70万t前後ありますが、そのうちの90%以上がCTC製法茶で占められています。

ALL
STRAIGHT
ICE
MILK

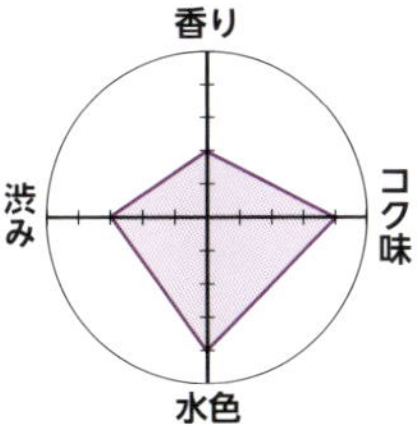
香り
コク味
水色
渋み

主にCTC製法で国内向けに生産

テライ

Terai

産地DATA

（栽培面積）
約2万4000ha
（収穫時期）
3～11月
（製造方法）
ほぼCTC製法

気候・風土

インド北東部、ヒマラヤ山麓の南側に位置している平原（海抜30～300m）であり、北にはダージリン、マハナンダ川を挟んだ東側には、ドアーズが控えています。

テライとは、ヒンズー語で丘陵地帯を意味しています。北東インドの玄関口であるバグドグラ空港からダージリンへと向かう途中に通過する、広大な草原地域でもあります。

モンスーン時期にしばしば起こる川の氾濫は、ヒマラヤからの土砂をこの地にもたらし、土壌は多くの砂礫で占められ、多湿な地域でもあります。

季節は大きく夏、モンスーン期（6～9月）、冬に分けられ、夏の気温は35℃まで上昇し、冬には2℃くらいまで下がります。年間平均気温14～26℃で比較的過ごしやすく、茶栽培に適する気候でもあります。

ドアーズからヒマラヤ山脈に沿って西に進み、ネパールまで続く平地。

地方の歴史

1816年、イギリス東インド会社とネパールとの条約により、この地域の一部がネパールの統治下となりましたが、1835年、イギリスのダージリン地区占領とともに、イギリスの影響が強まることとなりました。

そして1865年には、イギリスのカリンポン、ドアーズ占領に伴い支配下となりました。1947年にはインド・パキスタン分離独立に伴い、この地域は西ベンガル州となりました。

テライは一般的には、国境を分けたネパールの南部を帯状に広がる低地を指しており、その東端が茶産地としてのインド・テライであります。

ドアーズと似ているが、茶園数や栽培面積などはそれよりも少ない。

茶葉のシーズン&製造方法

生産時期は3月中旬~11月くらいまでで、冬期は休眠します。

10.82ha以上の面積を有する茶園は60以上にのぼり、耕作面積は16.9千haです。小規模農園を併せると24千haになります。

生産量は8~9万t程度で、大半はCTC製法によるものです。ほとんどが国内での消費用に使用されています。茶樹はアッサム種が主体です。

各茶園には、強い陽射しを遮るシェイド・ツリーも見られる。

テライCTC

ドアーズ同様、アッサム系茶樹によるCTC茶の特長を備えていますが、アッサムやドアーズCTC茶に比べて、全体的にソフトです。

茶葉外観は暗褐色、水色《すいしょく》はやや濃い赤色を呈しています。香味共に、味わいはマイルドです。

雨期を挟んだ春と秋に比較的クオリティの高いものが得られ、ダージリンに近い香りを有するものもあります。

ALL
STRAIGHT
ICE
MILK

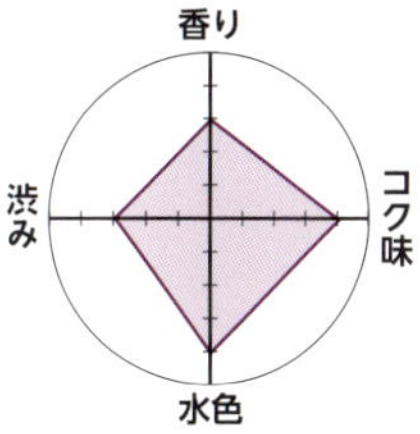
香り
コク味
水色
渋み

ダージリンと酷似した気候で少量生産される

シッキム

Sikkim

産地DATA

（栽培面積）
約200ha
（収穫時期）
3～11月
（製造方法）
オーソドックス製法

気候・風土

インド・シッキム州は、ヒマラヤ山脈に囲まれた南麓にあたり、ネパールとブータンとの間に位置しています。紅茶産地ダージリンとも近距離にあります。

シッキム州はカンチェンジュンガ（8586m）の高峰を筆頭に、28ものヒマラヤの峰があり、80を超える氷河と100以上の川が存在します。したがって、州の多くは岩石が多く、農耕には不向きであり、州の約3分の1は森林に覆われています。

標高の最も低い地域を有する南部でも、高度は280m以上で、農耕はこうした南部で行われています。

気候は北部が寒帯、南部は亜熱帯に属し、6～8月はモンスーンが訪れますが、最高気温が摂氏28℃を上回ることは、ほとんどありません。

ダージリンよりも、さらに北側にあり
ヒマラヤ山麓の高地にある。

地方の歴史

1642年に仏教の一派が、ネパールからこの地に亡命し、シッキム王国を設立しました。長らくネパールや清国の属国の立場にありましたが、紆余曲折を経て、1849年、支配下にあったダージリンをイギリスへ譲渡しました。

1861年には、イギリスと清国との取り決めで、イギリスの保護国となり、避暑地としての開拓が行われました。

1888年には、ダージリンをはじめとした近隣地に、茶栽培に従事する目的で、多くのネパール人が移り住むようになりました。

その後、1950年にはインドの保護国となり、1975年にはインドに併合、シッキム州となりました。

現在、住民はヒンズー教徒のネパール人とラマ教徒のボンティア族、レプチャ族で占められています。

かつてシッキム王国があった、インドのシッキム州。

茶葉のシーズン&製造方法

地理、気候的に近隣のダージリンと酷似し、茶栽培もまた準じています。3月上旬頃のファースト・フラッシュにはじまり、5~6月のセカンド・フラッシュ、6~9月のモンスーン・シーズン茶、10~11月のオータムナルまで行われます。

大型のテミ茶園の他は、小規模農園が散在するのみで、年間産出量も100t未満にすぎません。製造方法はオーソドックス製法です。

南部テミ（Temi）にあり、177haを有する大型茶園テミ。

シッキムOP

生産茶葉もまた、ほとんどダージリン紅茶と同じ特長を有しています。

季節により茶葉外観は変化しますが、発酵がやや弱く緑色の混ざった黒褐色です。水色《すいしょく》は薄い橙色で、ファースト・フラッシュでは薄黄色です。

シーズンをとおして好ましい花香があり、特にセカンドでは強まります。その味わいは、強い渋みやボディ感は少なく、飲みやすいマイルドな味わいです。

ALL
STRAIGHT
ICE
MILK

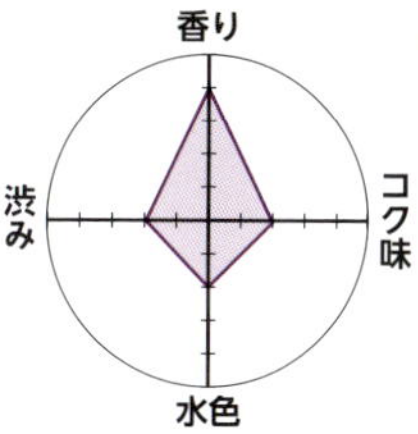

イギリス人が茶樹を発見したのがはじまり

アッサム

Assam

産地DATA

（栽培面積）
約32万1000ha
（収穫時期）
3～11月
（製造方法）
ほぼCTC製法だが、
一部オーソドックス製法

気候・風土

北のヒマラヤ山脈、南から東にかけてパトカイ山脈に囲まれたアッサム州は、78000㎢の面積で、東西に長いT字に近い形状です。州中央を西流するヒマラヤを源流とする大河ブラーマプートラがもたらす肥沃な台地を形成します。ブラーマプートラ河両岸の傾斜地や丘陵地には、世界最大の紅茶産出量の茶園が多々あります。

高温多湿で、年間降雨量は2000～3000㎜にも達する世界有数の多雨地帯でもあります。3～6月の春夏の気温は摂氏35～38℃にもなり、6～10月が雨期から短い秋、10月末～2月にかけて冬期となります。

地方の歴史

1823年、イギリス人ロバート・ブルース氏はアッサム種の茶樹を発見しましたが、当時は中国種だけが茶樹と信じられており、茶と認められませんでした。1838年、紅茶製造に成功し、ロンドンのオークションで評判を得て、1839年、イギリス人たちは製茶事業に乗り出し、アッサム・カンパニーを設立しました。ブラーマプートラ河沿いの密林は切り拓かれ、茶園へと変貌し、大農経営方式のプランテーションが成立しました。

茶葉のシーズン＆製造方法

3～4月のファースト・フラッシュ、5～6月のセカンド・フラッシュ、7～9月のモンスーン・ティー、10～11月のオータムナルと続き、冬期は休眠します。10.12ha以上の茶園は800以上で、小規模農園を併せると6万5000以上の茶園数となります。生産量は50万tに達しますが、90％以上はCTC茶で、オーソドックス製法茶は10％に満たしません。

アッサムOP

茶葉の外観は黒みを帯びている茶褐色をしていて、水色《すいしょく》は濃い透明感のある赤色が特長です。

香味は、アッサムとしては比較的穏やかです。その中で、セカンド・フラッシュの最良品では、芳醇で豊かな香りだけでなく、「モルティー・フレーバー」と呼ばれる、濃厚で甘い味わいをもつものもあります。

アッサムBOP

茶葉の外観は黒みを帯びた茶褐色で、水色は濃い透明感のある赤褐色。香味は深い発酵で、コク味とボディ感をもった味わいです。ファースト・フラッシュでは水色は明るいのですが、香味の特長に欠けます。セカンド・フラッシュは最も充実した濃厚な香味を備えています。オータムナルでは、きれいな赤バラ系の水色を呈しますが、香味は比較的穏やかです。

アッサムCTC

生産時期にもよりますが、一般的に茶葉の外観は黒褐色、水色は暗赤褐色を呈します。強い渋みはありませんが、充実したコク味とボディ感のある濃厚な味わいが特長です。

アッサムCTCは、ほとんどがティーバッグとして利用されており、ティーバッグ原料のブレンドには欠かせない存在となっています。

アッサムのおもな茶園

アッサムバレー・東部

Mangalam

マンガラム

<オーガニック農法>
今のところ採用していない

<生産品の種類>
CTC製法、オーソドックス製法によるもの

ドイツからの評価も高い茶園

この茶園は、アッサム州東部シブサガール(Sibsagar)地区の南に接しています。ナガランド(Nagland)州にかけての広大な丘陵地帯に位置していますが、そこには、いくつもの茶園が拓かれています。

この茶園はTowkokグループの茶園のひとつであったのですが、1973年に再開しました。古い茶園は全面的に改修され、茶樹については、品質の優れたアッサム・クローナル種へと改植されていきました。

茶園構造に関しても、例えば道路の整備など、これまで以上に労働しやすい環境をもった118haの茶園へと生まれ変わりました。

その結果として、生産品の評価は徐々に高まっていき、特にドイツでは人気を博しており、生産品の多くをドイツへ輸出しています。

茶園名のマンガラムとは、サンスクリット語で吉兆を意味します。

生産品は、オーソドックス、CTC製法茶によるものです。

アッサムの茶葉の90%以上はCTC製法によって生産されている。

アッサムバレー・北東部

Dikom

ディコム

<オーガニック農法>
今のところ採用していない

<生産品の種類>
CTC製法、オーソドックス製法によるもの

標高130m、「水」を意味する茶園

この茶園はアッサム州北東部、ブラーマプートラ河北岸のディブルガル(Dibrugarh)地区にあります。

茶園は標高130mほどの肥沃な台地に拓かれ、その面積は1517haに達しています。

付近には豊かな自然が広がり、多くの野生動物も見られます。

茶園では茶樹の品質改善に努め、積極的な植え替えを行ってきました。その結果、全体の60%までアッサム・クローナル種が占めるまでになりました。このため生産品の茶葉の香味には、若々しさが感じられます。

アッサムの茶園には共通して、シェイド・ツリー(日陰樹)が見られますが、これは強烈な日差しを遮ることで、品質に違いが出ることを経験的に知りえたことによるとされています。

茶園名のディコムとは、水を意味するといいます。その昔、この地を支配した王が、この地の水のおいしさを讃えたことに由来するといわれています。

生産品は、CTCを中心にオーソドックスなどがあります。

生産量も高く、輸出用の紅茶としても多く出荷されています。生産期間をとおして安定した良質の茶葉を生産し、海外からも人気が高いようです。

世界有数の多雨地帯でもあり、年間降雨量は2,000～3,000㎜にも達するアッサム。

アッサムバレー・中央部

Banaspaty

バナスパティ

<オーガニック農法>
バイオ・ダイナミック農法を採用している

<生産品の種類>
CTC製法、オーソドックス製法によるもので、スペシャリティ・ティーも生産

自然の力を利用した耕作が主体

アッサム州のほぼ中央、アッサムバレーを東西に流れるブラーマプートラ河南岸、Karbi Anglong地区の標高150ｍの小丘陵に拓かれたこの茶園は、流域に近く、豊かな土壌に覆われています。

この茶園にはさまざまな植物が生息していて、それはまるでアッサム種の大きな茶葉をもった茶樹と共生するかのようにも見えます。

人の手による管理を心掛けている茶園の方針は、できるだけ自然の力を利用した耕作を行うこととしており、バイオ・ダイナミック農法（従来の無農薬、化学物質不使用のオーガニック農法に加え、天体の動きに合わせ、最も適した時期に収穫などを行うもの）を取り入れてもいます。

バナスパティとは、この地、固有の植物や木々のことを表しています。

生産品はオーソドックス、CTC、スペシャリティ・ティーなどバラエティに富んでいます。

Column

チャールズ・ブルースの奮闘

1823年、イギリス東インド会社の軍隊がインド北部アッサム地方を支配していたビルマ（現・ミャンマー）を制圧するために出動。従軍したロバート・ブルース少佐は、ランプールという土地の長老から、野生の茶の木を地元では塩漬けにして食べると教えられました。後にアッサム種と呼ばれる茶の木です。翌年、弟のチャールズ・ブルースはランプールで茶の木と種を手に入れ、中国から3人の茶師を招いて茶の栽培と製茶に挑みます。

イギリス人のブルース兄弟の奮闘により、アッサム種は受け入れられていった。

アッサムバレー・中央部

Ramanugger

ラマナガー

<オーガニック農法>
2002年からオーガニック農法を採用している

<生産品の種類>
CTC製法、オーソドックス製法によるもの

自然あふれる地域で生産される

アッサム州Karbi Anglong地区の標高150～180mの小丘陵に拓かれた300haあまりの茶園です。付近には保護森林も見られる、緑豊かな地域でもあります。

茶園では古い茶樹からの改植が行われ、２００２年からオーガニック農法による生産も行われています。

若い茶樹から得られた生産品は、極めてソフトな香味となっています。

茶園名のラマナガーとは、神の大地を意味しているとされます。

生産品はＣＴＣ、オーソドックス製法によるものです。

アッサムバレー・中央部

Kellyden

ケリーデェン

<オーガニック農法>
近年はオーガニック農法にも取り組む

<生産品の種類>
CTC製法、オーソドックス製法によるもの

ブラーマプートラ河近くの茶園

アッサム州中央部ブラーマプートラ河南岸Nagaon地区の平原に拓かれたこの茶園は、ブラーマプートラ河にほど近く、肥沃な土壌に覆われています。

１９２１年に開園し、現在１４７１haの茶園面積を有し、オーガニック農法にも取り組んでいます。

この地はかつて、マラリアにしばしば襲われたことから、その恐れを払拭するためにケリーデェンと名前を変えたとされています。

生産品はＣＴＣ、オーソドックス製法によるものです。

Column

アッサム茶の発見がもたらしたもの

発見から15年後。1839年にロンドンでアッサム茶8箱350ポンド（約158kg）が上場されます。チャールズはこの年、カルカッタの茶委員会で「アッサムで紅茶を作ることに成功しました」と発表します。翌1840年には480ポンド（約218kg）の紅茶を出荷。アッサム種の茶は中国茶より葉が大きく、紅茶製造に適していたことも幸いしたのでしょう。以後、アッサム地方にはイギリス人による大規模な紅茶プランテーションが拓かれるようになります。

アッサムで最初の茶園を拓いたという、C.A.アレクサンダーの墓。

インド風スパイスミルクティー マサラチャイを知る

Masala Chai

いつものミルクティーにひと手間加えるだけで、スパイシーで本格的なマサラチャイが完成します。チャイに使用する茶葉は、ミルクに負けないコクのあるアッサムなどがおすすめです。

マサラチャイをいれてみる

本来、チャイとは「お茶」を意味する言葉でありますが、煮出し式ミルクティーやインド風のスパイスミルクティーを指す場合が多いようです。

まず手鍋で少量の水に砕いたスパイスを入れ沸騰させます。スパイスをつぶしたり皮をむいておくと、いっそうの味や香りが抽出されます。沸騰後、茶葉を人数分より多めに入れます。牛乳に直接入れると茶葉が開きにくくなるので注意。火からおろし、ふたをして数分蒸らした後、牛乳を加え軽くかき混ぜながら中火で沸騰直前まで温め、茶こしを使いカップに注ぎましょう。

インドでは、庶民の日常の飲み物となっているチャイ。

クリという素焼きの器に注ぎ、飲み終わったら道端に投げ捨て土にかえすそう。
現在ではガラスやプラスチックの製品も。

本場インドでの飲まれ方

インドではチャイ屋さんが多数点在しており、手軽に休憩を取れるようになっています。また、できたてのチャイを高い位置から注ぐ光景が見られますが、これは空気を含ませることで味をまろやかにするだけでなく、一種のパフォーマンスも兼ねているようです。

マサラチャイの「マサラ」とは、数種類のスパイスを砕いて混ぜたもののことで、エキゾチックな味と香りを堪能できます。インドはスパイス大国ということもあり、店によりさまざまな種類を使い異なる風味が楽しめます。ジンジャーを中心に、シナモン、カルダモン、クローブなどが一般的。日本では、便利なスパイスミックスやパウダータイプも売っています。マサラチャイ4杯分の目安としては、シナモンスティック1本、カルダモン8個、クローブ4粒、ブラックペッパー6粒などをお好みで用意しましょう。

「青い山」を意味するインド有数の紅茶産地

ニルギリ

Nilgiris

気候・風土

ニルギリ地方は南インド、タミール・ナドゥ州に位置しています。ニルギリとは、「青い山」ブルーマウンテンを意味しますが、それはタミール・ナドゥと接するケララ州、カルナータカ州に連なる西海岸沿いの西ガッツ山脈一帯を指す呼称でもあります。最高峰２６２３ｍの西ガッツ山脈と東ガッツ山脈との南端が、ニルギリ丘陵を形成しています。この丘陵地の標高１２００~１８００ｍのニルギリ高原が、高地産ニルギリ紅茶の産地です。日中の日差しは強烈で茶畑には、シェイド・ツリーも見られます。

年間の降雨量は１９２０㎜、夏期の最高気温は25℃、最低気温10℃、冬期でも最高気温は20℃、最低でも０℃と、年間をとおして快適な気候です。

産地DATA

（栽培面積）
約6万6000ha
（収穫時期）
通年
（製造方法）
ほぼCTC製法だが、
一部オーソドックス製法

地方の歴史

ニルギリがなぜ「青い山」と呼ばれるのかについては、この丘陵地が青い靄《もや》に包まれていたとか、斜面に青みがかった花が咲いていたからなど、さまざまな言い伝えが残っていますが、はっきりしたことはわかっていません。

この地は19世紀になるまで、ほとんど

１年中温暖な気候で、ほど近いスリランカと似た気候であるニルギリ。

ヨーロッパ人に知られることはありませんでした。1810年頃、イギリス東インド会社は、この地の調査にとりかかりましたが、当初成果は上がらなかったようです。ニルギリの丘陵地がヨーロッパの気候に似ていることが報告されると、夏の避暑地として開拓されていきました。19世紀末までには、道路整備や鉄道の敷設などの開発が進みました。紅茶は19世紀後半、ダージリンでの栽培成功後に導入され、今やこの地の中心産業のひとつとなっています。

起伏に富んだ丘陵には、しっかりと手入れされた茶畑が一面に広がる。

茶葉のシーズン&製造方法

スリランカと地理的に近く、気候や土壌も酷似し、年間をとおしての栽培が可能です。最も生産量の多いベスト・シーズンは、4～5月、9～12月で、この期間、ニルギリ茶全体の60％以上が生産されています。

また、年2回のモンスーン（南西、及び北東モンスーン）があり、クオリティー・シーズンは、西側斜面で1～2月、東側で8～9月です。生産量の90％以上がCTC製法で、オーソドックスは10％未満となっています。

気候条件に恵まれており、1年をとおして安定した生産が行われる。

ニルギリBOP

茶葉外観は明るい褐色で、水色《すいしょく》は明るい鮮紅色です。すっきりとしたクセのない香味と、マイルドで爽快なフレーバーを有しています。

セイロン高地産紅茶に似た爽やかな渋みをもっていますが、強い渋みはなく飲みやすいことも特長です。

良質のクオリティー・シーズン茶には、ほのかな柑橘果物の芳香を感じさせるものもあります。

ALL
STRAIGHT
ICE
MILK

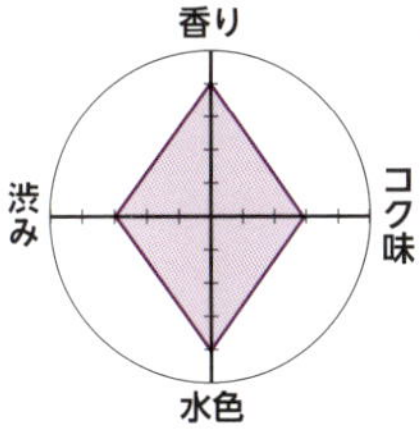
香り
コク味
水色
渋み

標高によって分かれる茶葉の品質

スリランカの紅茶 *Sri Lanka*

高地で育成されるハイグロウンティーなど、茶葉の産地が標高により３区分されるスリランカ。山岳地帯を中心に茶園が分布しており、１年中茶葉の生産が行われる。

近年は低産地紅茶が中東で人気

インド亜大陸の先端、インド洋に浮かぶ６５０００㎢あまりの島国（北海道よりもやや小さい）で、１９４８年独立時にセイロンと称したことから、セイロン島とも呼ばれます。島の中央から南部にかけて２０００ｍ級の山脈が連なります。この島で商業的な茶栽培が始まったのは１８７０年頃からで、病害により全滅したコーヒーに代わるものでありました。以後世界でも有数の紅茶生産地となり、毎年ほぼ30万ｔあまりの生産量を誇り、その大半を輸出しています。

山岳地帯を中心に茶園が分布する。写真は高地産茶であるヌワラエリア。

標高が高くなるにしたがい中国種系茶樹が多く、その品質は透明感のある赤色から橙色の水色《すいしょく》を呈し、香り高く、強い爽やかな渋みをもちます。低地産ではアッサム種系茶樹が多く、濃赤色から黒赤色の水色を呈しますが、渋みは弱く、コクとボディ感のある味わいです。近年、低地産紅茶の人気が中東を中心に高く、生産量で全体の50％を超えています。製造方法はオーソドックス製法がほとんどですが、中高地産ではローターベイン機を用い、より細かなサイズの茶葉が増えています。

茶葉の生産量と輸出量

＜茶葉生産量＞ 2011年（緑茶含む）

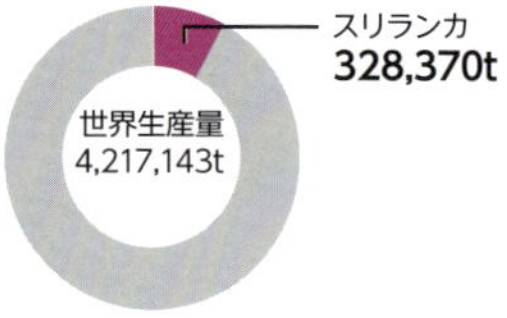
スリランカ
328,370t
世界生産量
4,217,143t

＜茶葉輸出量＞ 2010年

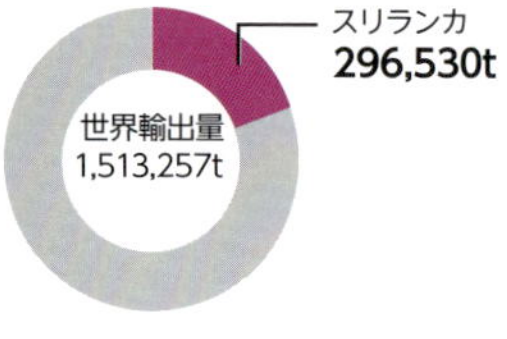
スリランカ
296,530t
世界輸出量
1,513,257t

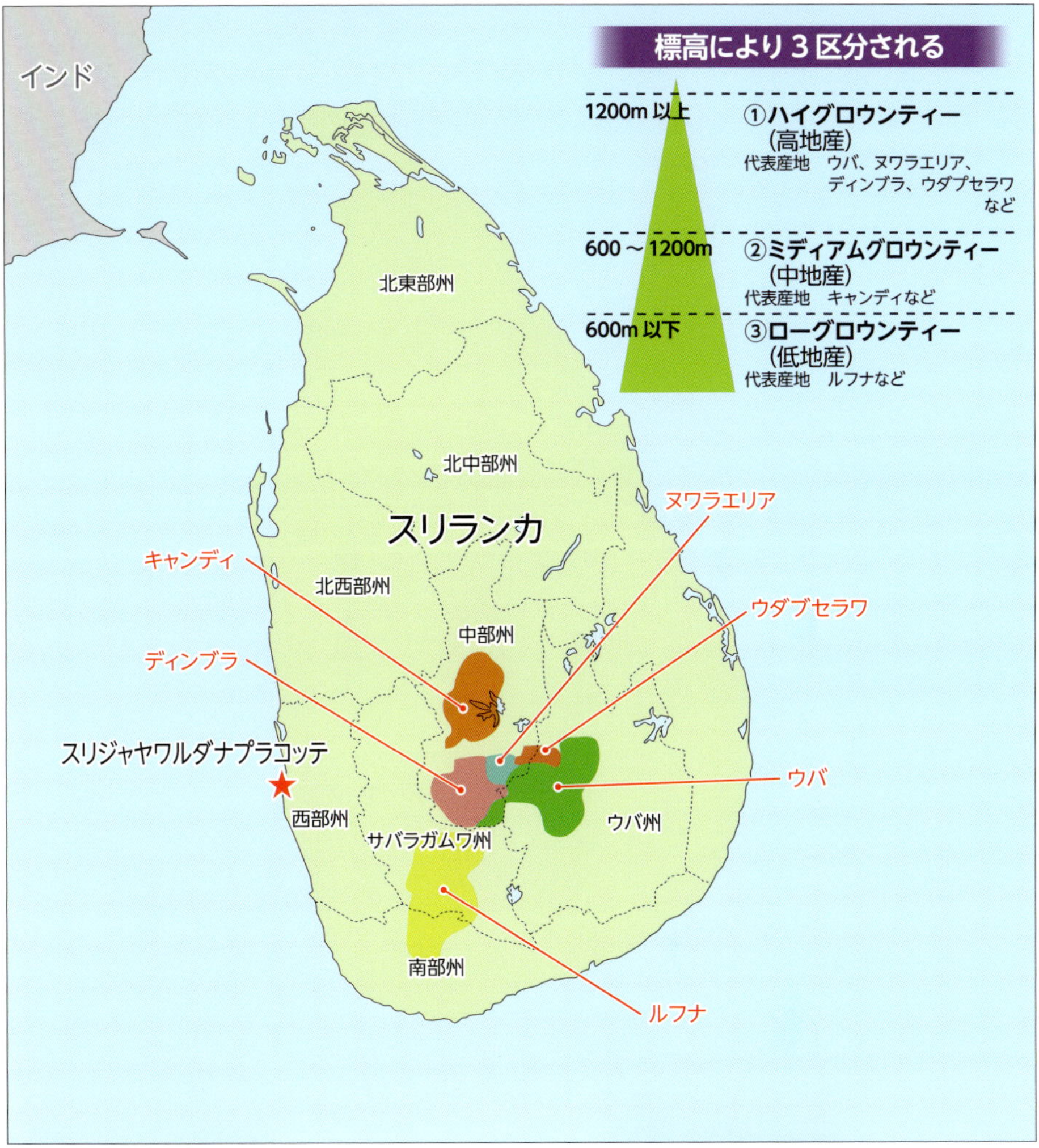
標高により 3 区分される
1200m 以上
①ハイグロウンティー
(高地産)
代表産地　ウバ、ヌワラエリア、
ディンブラ、ウダプセラワ
など
600 ～ 1200m
②ミディアムグロウンティー
(中地産)
代表産地　キャンディなど
600m 以下
③ローグロウンティー
(低地産)
代表産地　ルフナなど
インド
北東部州
北中部州
スリランカ
北西部州
中部州
西部州
サバラガムワ州
ウバ州
南部州
ヌワラエリア
キャンディ
ウダプセラワ
ディンブラ
スリジャヤワルダナプラコッテ
ウバ
ルフナ

ウバ

スリランカの中央から南部へと広がる山岳地帯の東側斜面に位置する。年 2 回のモンスーン期があり、7 ～ 9 月は乾いた風が吹き、良質の茶葉が栽培される。

ヌワラエリア

スリランカの茶栽培地として最も高い生産地で、標高 2,000m 以上の卵型をした台地である。日中と夜間の温度差、乾いた風は、たぐいまれなる香味をもった茶葉を育成する。

ウダプセラワ

耕作地は高地産帯に属し、ヌワラエリアへと連なる地域である。季節と地域によっては、ウバやヌワラエリアに似た品質のものが生産されている。

ディンブラ

峻《しゅん》嶮《けん》な山々が連なる中央山岳部の西側斜面に位置し、標高 1,100 ～ 1,600m の範囲に茶園と製茶工場が点在する。1870 年代に茶樹を植樹した最初の地域でもある。

キャンディ

茶園や製茶工場のある地域の標高は、おおよそ 660 ～ 1,300m。山並みをぬって吹く穏当な風の影響で、年間をとおして比較的穏やかな気候である。

ルフナ

特定の地名ではなく、標高 600m 以下の茶生産地域のカルタラ、ゴールなどで生産された茶をルフナと呼んでいる。近年、生産量は、スリランカ紅茶の半分以上に達している。

世界三大銘茶のひとつに数えられる

ウバ

Uva

産地DATA

(栽培面積)
約5万2000ha
(収穫時期)
通年
(製造方法)
ほぼオーソドックス製法

気候・風土

ウバ紅茶の生産地域は、スリランカの中央から南部へと広がる山岳地帯の東側斜面に位置し、主にバドュウラ(Badulla)行政区(県)に属しています。茶園や製茶工場は海抜1000～1600mの範囲内に点在します。この峻険《しゅんけん》な峰や谷を含む広大な地域に連なるハプタレ(Haputale)、バンダラウェラ(Bandarawela)、マルワッタバレー(Malwatte valley)、ウエリマダ(Welimada)などの地域もウバに含まれています。

スリランカでは11～2月の北東モンスーン、5～9月の南西モンスーンと年2回のモンスーン期があります。またその中間の3～4月、10～11月は多雨期となっています。とりわけ東側のウバでは、7～9月の南西モンスーンの期間中、乾燥した乾いた風が吹き、良質の茶葉が栽培されます。

地方の歴史

ウバという地名は、この険しい山や谷に吹きすさぶ風の音から名づけられたとされています。ウバ州には、古くから残るいくつもの仏教寺院が残っていて、小乗仏教を信仰する多数民族シンハラ人の巡礼の地ともなっています。

ウバ地方で長い歴史をもち、有名な茶園であるウバ・ハイランズ。

1815年イギリス植民政府は、キャンディ王国の内乱に乗じ王国を滅ぼしましたが、このウバ地域に残る抵抗勢力との間で1818年に戦闘が起こり、この地域を征服しました。

その後、この地域にはコーヒー園が拓かれ、そして茶園へと変貌をとげていきました。1890年、トーマス・リプトン氏はウバの茶園を買収すると同時に、未開拓地を茶園に変え、製造機械装備の整った製茶工場で、ウバ産紅茶の増産を行いました。

すっきりとした香りと、刺激的で爽快な渋みとコクがあるウバ。

茶葉のシーズン&製造方法

茶葉は、1年をとおして生産されています。特に、7~9月の南西モンスーンは、南西のディンブラに大量の降雨をもたらしますが、東部のウバでは乾燥した風が吹き、他産地にはない独特のウバ・フレーバーをもったクオリティー・シーズン茶が生産されています。

また、多雨期の影響を受ける4~6月、10~11月は茶葉の育成が盛んで、量産期となります。

製造は、ローターベイン切揉機を使用したセミ・オーソドックス製法が大半。

セイロン・ウバBOP

茶葉は茶褐色、水色《すいしょく》は明るい真紅色から橙色です。爽やかな鋭い渋み感と、ウバ・フレーバーと呼ばれるバラ香とメチルサルチル系の独特の香りをもっています。7~9月には良質の茶葉が生産されますが、特にこの時期の最終期間には最良品が得られます。近年ローターベインによる製茶法がとられ細かい茶葉が多いのですが、オーソドックスによる葉の大きなOPタイプも一部見られます。

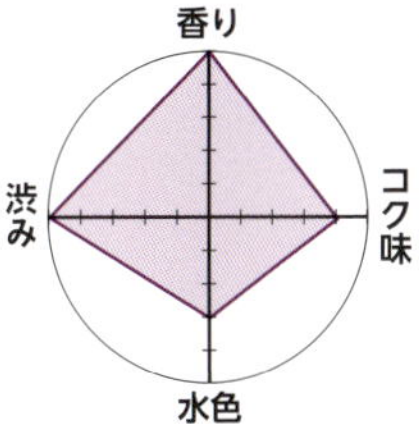

スリランカで最も高い標高の冷涼な産地

ヌワラエリア

Nuwara Eliya

産地DATA

(栽培面積)
約2000ha
(収穫時期)
通年
(製造方法)
ほぼオーソドックス製法

気候・風土

生産地はスリランカの茶栽培地として最も高く、標高2000m以上の卵型をした台地で、ヌワラエリア行政区(県)に属しています。この地域には、スリランカにおける最高峰ピドルタラガラ山(2524m)があります。日中の日差しの強さと、ぐっと冷え込む夜間の温度差、それに乾いた風が、たぐいまれなる香味をもった茶葉を育成させています。山岳の頂上付近に位置し、南西、北東モンスーンの影響を受け、1~2月、6~7月と年2回のクオリティー・シーズンがあります。年間平均気温は16℃で、冬期は10℃以下に下がり、霜が降りることもあります。年間降雨量は1900~2000㎜に達します。

地方の歴史

ヌワラエリアとは「台地の上の街」という意味があります。19世紀初頭にアルバート湖が発見され、この地域の概要が報告されたことにより、イギリス人サミュエル・ベイカー氏によって、開発が進められていきました。

そして、イギリス人プランターなどが余暇を過ごすリゾート地となっていき、その冷涼な気候や環境から、ハンティングやゴルフなどが行われ、この地を「リトル・イングランド」と呼ぶようにもなりました。

広大な敷地をもつ、セントラル・ティーエステート(現ぺドロ)茶園。

今なお残る英国風の建物や、施設に当時の面影が偲ばれます。

その昔、この地にペラデニア植物園から、実験的に茶の苗木が移植されてきたのは、1840〜1842年にかけてのことといわれています。

その後1880年代には、茶製造機械の開発や設置が促されていきました。

1884年には、セントラル・ティーエステート（現ペドロ）で機械化された製茶工場が、今日もなお稼働し、生産が行われています。

山岳の頂上付近に位置しており、年２回のクオリティーシーズンがある。

茶葉のシーズン&製造方法

ほぼ年間をとおして生産されています。中央山脈の最も高い生産地にあることから、年2回のモンスーンの影響を受け、ウバ、ディンブラのクオリティー・シーズンと微妙にずれますが、1〜2月と6〜7月に優良品が生産されます。また、冷涼な地域にあることから、発酵が遅々として進まぬ環境で、製造方法もローターベインを使用する場合と、オーソドックス製法で行う場合などがあるようです。

発酵が進みにくい地域であるため、製造方法は季節や茶園によって変化がある。

ヌワラエリアBOP

茶葉形状は一般的に発酵がやや浅く、緑がかった明るい褐色で、水色《すいしょく》はやや淡いオレンジ色です。緑茶を思わせる爽快な渋みと、コク味に富んだ飲み口で、グリーン・ノートと優雅な花香の優しい香りが特長です。クオリティー・シーズン期では、優良品に仕上げるため発酵を浅くしたり、茶葉グレードもOPやBOPタイプ、量産期には発酵を強め、BOPFなど細かい茶葉も多いようです。

ALL
STRAIGHT
ICE
MILK

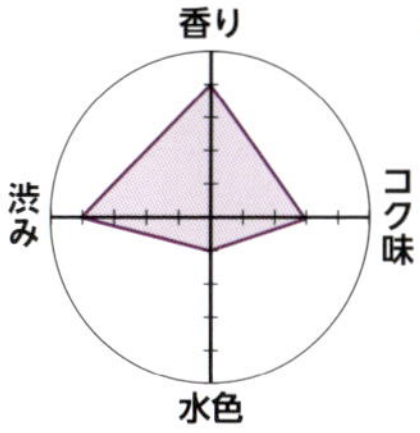
香り
コク味
水色
渋み

紅茶本来のオーソドックスな味わい

ディンブラ

Dimbula

産地DATA

（栽培面積）
約12万ha
（収穫時期）
通年
（製造方法）
オーソドックス製法
（クオリティー・シーズン）

気候・風土

ディンブラの栽培地は、峻嶮《しゅんけん》な山々が連なる中央山岳部の西側斜面に位置しており、ヌワラエリア行政区(県)に属しています。

ディンブラ地区は、標高1100～1600mの範囲に、茶園と製茶工場が点在します。この地域に連なる山岳帯や渓谷は広範に拓かれ、ディンブラ紅茶に属する地域として、最も高度の高いハットン(Hatton)やディコヤ(Dickoya)から、ヌワラエリアの西端タラワケレ(Talawakelle)、ナヌオヤ(Nnuoya)、それにマスケリア(Maskeliya)、南端のボガワンサラワ(Bogawanthalawa)にまで及んでいます。

11～2月に訪れる北東モンスーンは東側斜面に多くの雨を降らせますが、この西側地域には乾いた風があたり、茶葉はじっくりと成長し、香味共に優れたクオリティー・ティーを生産します。

山肌に沿うようにして、茶樹が整然と植えられているディンブラの風景。

地方の歴史

スリランカは、16世紀初頭からポルトガル、17世紀半ばにはオランダ、そして18世紀末からイギリスの植民支配を受けてきました。ポルトガル、オランダ支配下のもと、シナモンのプランテーションが展開されましたが、イギリスの統治に代わり、1825年からコーヒーの栽培が隆盛を極めていきました。

1869年にキャンディで発生したサビ病（寄生菌によって引き起こされ、葉が枯死する）は、コーヒープランテーション全域に蔓延し、1878年頃までにほぼ全滅しました。その間、ココアやキナ（キニーネ）の栽培を試行していましたが、ジェイムズ・テーラー氏の茶栽培の成功は、コーヒーから茶への転換を促したといわれています。

また、ディンブラは1870年代、コーヒーの樹を引き抜き、茶樹を植樹した最初の地域でもあります。

茶葉を摘み採る女性。4～6月、10～11月の雨期には量産期となる。

茶葉のシーズン&製造方法

11～2月の北東モンスーンは、海から湿気を運び、中央山脈の北東斜面に多くの雨を降らし、南西斜面のディンブラには乾いた風があたります。1～3月にはクオリティー・シーズン茶が得られます。また4～6月、10～11月の雨期には、茶樹の生育が早く、量産期となります。製造法はセミ・オーソドックス製法が主体で、クオリティー期にはオーソドックス製法も見られます。

茶葉の生産については、ほぼ年間をとおして行われている。

ディンブラBOP

茶葉外観は明るい褐色から黒褐色、水《すい》色《しょく》は赤褐色から赤橙色です。爽快な渋みと優雅で芳醇な香りが特長で、水色、香味のバランスに優れています。高地産紅茶の中では最も産出量も多く、香味は典型的なセイロン紅茶としてなじみ深いものです。クオリティー・シーズンではより一層香味の強さを増しますが、量産期のものは平均的に劣ります。茶葉グレードではBOPから小型のBOPFが量産されます。

ALL
STRAIGHT
ICE
MILK

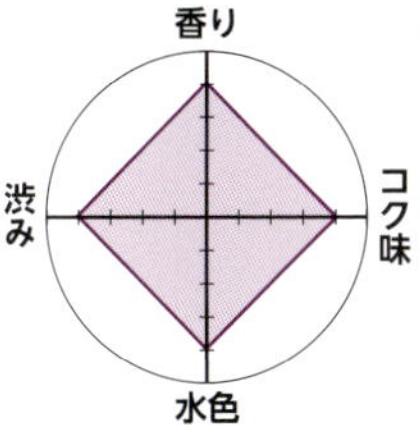
香り
コク味
水色
渋み

セイロン紅茶の生みの親が拓いた歴史ある生産地

キャンディ

Kandy

産地DATA

(栽培面積)
約5万6000ha
(収穫時期)
通年
(製造方法)
ほぼオーソドックス製法だが、
一部CTC製法

気候・風土

キャンディの茶耕作地は、スリランカ中央山脈の中腹域にあたり、キャンディ及び、マータレー行政区(県)に属しています。茶園や製茶工場のある地域の標高は、おおよそ660～1300mです。

耕作地の範囲は、キャンディ地域から、それに連なる、かつてのスリランカの首都であったコトゥマレ(Kotmale)、ガンポラ(Gampola)、ナワラピティア(Nawalapitiya)、プセラワ(Pussellawa)にまで及んでいます。

この地域には、山並みをぬって吹く穏当な風の影響で、比較的穏やかな気候を保っています。

年間降雨量は1800～2000㎜、年間平均気温は24～25℃前後で、年間をとおして、最高でも30℃前後、最低でも20℃前後という温暖な地域です。

歴史ある産地であり、現在はこの地に紅茶の博物館が建てられている。

地方の歴史

キャンディは、キャンディ王国の最後の都でもあり、釈迦の歯を祀る仏歯寺を始め、歴史的文化遺産をもつ風光明媚な聖都でもあります。

後にセイロン紅茶の父と呼ばれるジェ

イムズ・テーラー氏が、スコットランドからこの地にやって来たのは1852年のこととされています。

セイロンでは1825年頃からコーヒーの栽培が開始されると、1850年代までには8万エーカー以上のコーヒー園が拓かれ、テーラーも当初はコーヒー園で働いていたようです。

一方で、茶の種子がインドからペラデニア植物園にもたらされたのは1839年のことでありましたが、人々は関心をもつことはありませんでした。その中で、テーラーは1866年ルーレコンデラにアッサム種の種子を蒔き、苦心惨憺《さんたん》の末、栽培に成功し、セイロン紅茶の父と呼ばれるようになったのです。

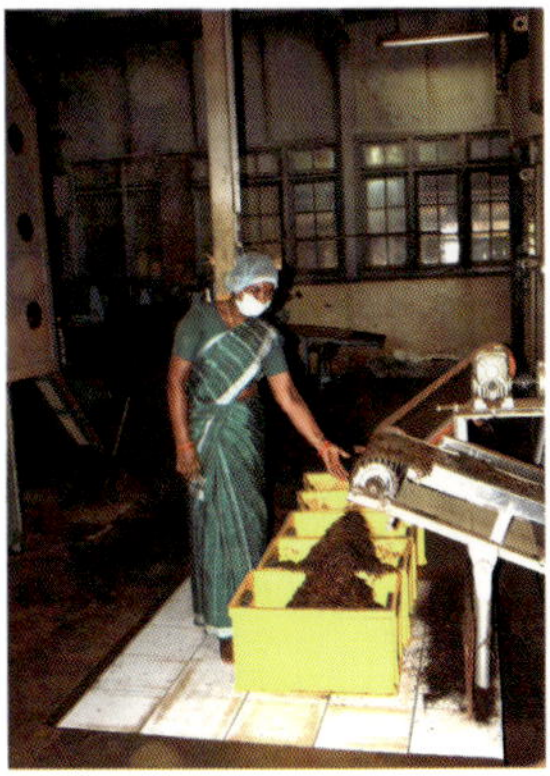

タンニンの量が少ないキャンディはアイスティー用としてもよく使用される。

茶葉のシーズン&製造方法

茶葉は、ほぼ年間をとおして生産されています。

気候変化の少ない地理的特長から、降雨量の多くなる4～5月、10～11月にやや量産されていますが、各月平均した産出量となっています。

また、製造方法としては、オーソドックス製法、セミ・オーソドックス製法が中心ですが、わずかながら、CTC製法も見られます。

クセがなく、穏やかな渋みと軽やかな香りをもつ茶葉が生産される。

キャンディBOP

茶葉外観はやや黒みを帯びた褐色をしています。水色《すいしょく》はやや濃い赤色から暗赤色、渋みは思いの他穏やかで、芳醇な香りです。そのマイルドな香味は、セイロン紅茶の中地産の典型的な特長です。

高地産紅茶では「ウバ」「ディンブラ」など産地名を冠した製品が多いですが、キャンディを冠した製品は少なく、生産品の大半は、その特長を生かしたブレンドとして使用されています。

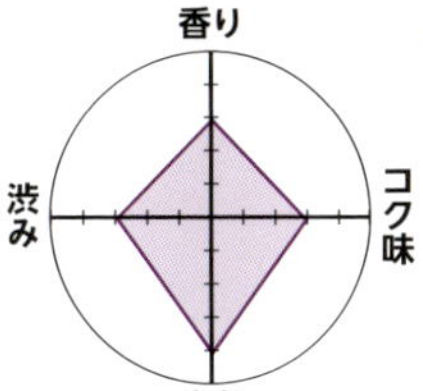

標高600m以下のロウグロウン地域で生産される茶葉

ルフナ

—— Ruhuna ——

気候・風土

ルフナとはシンハラ語で南を意味するもので、特定の地名ではありません。ルフナと呼ばれる茶生産域は標高600m以下の低い地域で、カルタラ、ゴール、そしてマータラ行政区(県)がこれにあたります。その地域は沿岸の平地にある茶園から、南端のシンハラジャ(Sinharaja)の熱帯雨林までの広範域に及びます。

4～6月、10～11月が雨期にあたります。この地域は高温多湿域で、また、中央山脈の南西裾野に広がるラトナプラやケーガッラ行政区(県)のあるサバラガムワ州(Sabaragamuwa)も標高800m以下にあり、近午ロウグロウン地域とされています。

産地DATA

(栽培面積)
約8万ha
(収穫時期)
通年
(製造方法)
オーソドックス製法

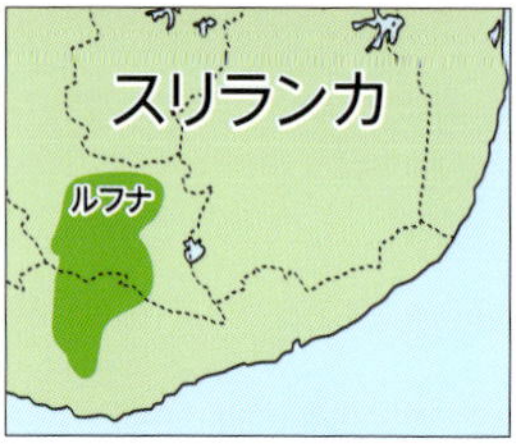

ウダプセラワ

—— Uda Pussellawa ——

耕作地は高地産帯に属し、山岳東斜面のウバ地区の外辺にあたり、ヌワラエリアへと連なる地域です。茶園や製茶工場は標高約1300～1600mの範囲にあります。付近にあるマツラタ(Maturata)、ラガラ(Ragala)やハルグラノヤ(Halgranoya)もこの地域に属します。

茶生産はほぼ年間をとおして生産されますが、季節と地域により、ウバに近い品質のものと、ヌワラエリアに似た品質のものが生産されます。

茶葉外観はやや明るい褐色、水色《すいしょく》は淡い褐色から赤褐色で、爽やかで締まった渋みと花香をもっています。7～9月、1～3月にはそれぞれ高品質茶が得られます。茶葉グレードはBOP、BOPFが中心となります。

地方の歴史

1948年、英国自治領として独立後も、スリランカにおける全茶園の8割以上をイギリス企業が所有していました。1972年、スリランカ政府は、外資系プランテーションの国有化により、脱植民地化をはかる目的で土地改革法を施行し、大規模茶園を国有化したことで、有能な管理職や技術者が国外に流出しました。人種抗争も起こり茶産業をめぐる環境は騒然としましたが、1992年再民営化により紅茶復興がはかられました。

茶葉のシーズン&製造方法

茶の生産は年間をとおして行われます。高温多湿の環境は、茶樹の成長を早め7～8日毎の茶摘みが可能です。4～5月、10～11月の多雨期には生産量を増します。典型的なオーソドックス製法であり、ルフナを含めた低地産紅茶の生産量は、近年の需要を反映し、スリランカ紅茶の半分以上にまで達しています。この地域の茶樹はアッサム種系が主体です。

ルフナBOP

茶葉外観は強い発酵を反映し、黒から黒褐色で、水色《すいしょく》は濃赤褐色を呈します。香味特長はアッサム茶のようなセイロン茶(Assamy Ceylon)とも呼ばれるように、あまり強くはなく、ややスモーキーな香りがあり渋みは少なく、十分なコク味をもっています。低地産紅茶は日本ではあまりなじみはありませんが、中東諸国での人気は高く、需要増加傾向にあります。茶葉グレードはBOPが中心。

ALL
STRAIGHT
ICE
MILK

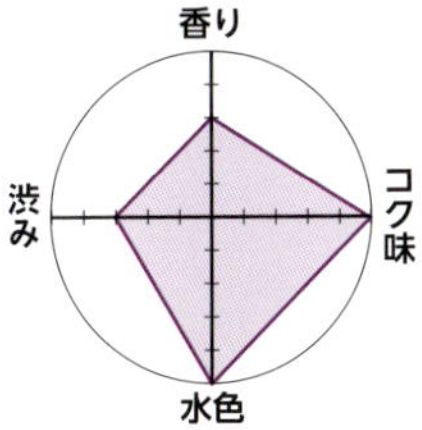
香り
コク味
水色
渋み

Column

セイロン・ブレンドは存在しない？

市販のスリランカ産の紅茶は、産地名(ウバ、ディンブラなど)を冠したものもありますが、リーフティーやティーバッグなどでは「セイロンティー」とされているものが多くあります。

各メーカーは消費者の嗜好傾向に合わせてセイロン茶の特長をもったブレンドを決定します。メーカーごとに特長は異なるため「セイロン・ブレンド」という名のスタンダードな品質は存在しないのです。

赤色系の水色《すいしょく》と爽やかな香味は、セイロン茶の中高地産の一般的な特長。

世界一の茶生産国で茶の発祥地

中国の紅茶

China

数千年の歴史をもち、茶の発祥の地とされている中国。緑茶、烏龍茶などだけでなく、独特の風味をもった個性的な紅茶も生産し、国際的に珍重されている。

多彩な紅茶を生む歴史ある生産地

茶の発祥地とされる中国の茶が、ヨーロッパへ入ったのは17世紀初頭、特にイギリスで圧倒的支持を得て、烏龍茶系の茶を経て、紅茶レベルにまで発酵度の強まった工夫（コングー）紅茶が大いに飲まれるようになったのは18世紀終盤から19世紀のことでした。この工夫紅茶は当時、北中国工夫（ブラックリーフコングー）と南中国工夫（レッドリーフコングー）と呼ばれることもあり、特に北のものはイングリッシュ・ブレックファーストとして人気の高いものでもありました。

近年は機械設備を施し、CTC製法を一部取り入れるなど大きな変化が見られる。

しかし19世紀後半以降、大規模な集約農法と機械化とによって品質とコストの安定したイギリス帝国紅茶（インド・セイロン）に押され、世紀末までにその地位は逆転され、減少の一途をたどりました。

その後、国内でのさまざまな混乱により衰退しますが、現在茶生産量は国際統計によると150万tを超え、世界一の茶生産国であります。このうち紅茶は7～10万t程度と推測され、その大半を輸出しています。主な産地として、南西地区の高原地帯である雲南、四川、貴州の各州、熱帯から亜熱帯の華南地区である広東、福建、広西、海南などで生産されます。

茶葉の生産量と輸出量

＜茶葉生産量＞ 2011年（緑茶含む）

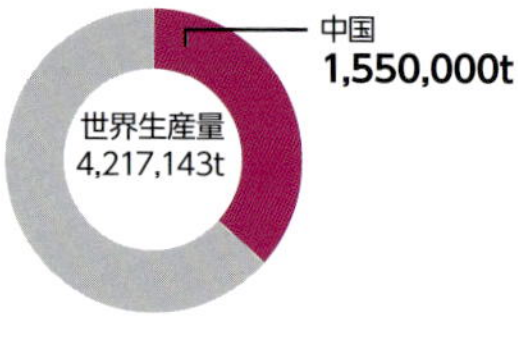
中国
1,550,000t
世界生産量
4,217,143t

＜茶葉輸出量＞ 2010年（緑茶含む）

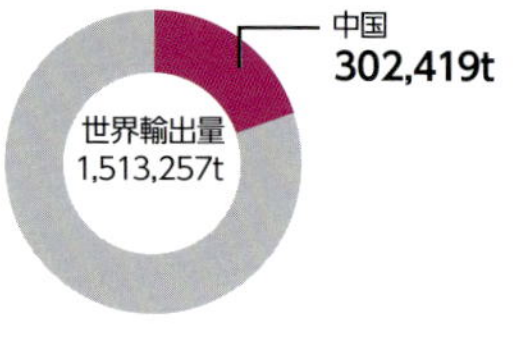
中国
302,419t
世界輸出量
1,513,257t

安徽省

中国華東地域の内陸に位置する安徽省南西部、黄山市祁門県は祁門（キームン）紅茶の産地である。茶園は丘陵地帯を中心に拓かれており、亜熱帯に属する大茶産地である。

福建省

中国南部の福建省北部、武夷山周辺で発酵茶が生産されており、独特のスモーキーな香りがある「ラプサンスーチョン（正山小種）」は有名である。

雲南省

雲南省は中国南西部に位置し、ミャンマー、ラオス、ベトナム、チベット自治区と接している。プーアール茶の産地として有名だが、この地区で生産される雲南紅茶もある。

亜熱帯に属する浙江、安徽、湖北など、茶葉の生産地は幅広い。

ダージリン、ウバと共に世界三大銘茶として知られる

祁門（キームン）

Keemun

産地DATA

（栽培面積）
約9000ha
（収穫時期）
5～9月
（製造方法）
熟練者による手法

気候・風土

キームン紅茶の産地は、中国華東地域の内陸に位置する安徽省《あんきしょう》南西部、黄山市祁門県にあります。この地は江西省と境界を接しており、江西省側に独特な景観で世界遺産の黄川がそびえ、安徽から江西へと流れる昌江《しょうこう》川（長江水系）上流域の右岸にあたります。

茶園は丘陵地帯を中心に拓かれています。この地域は、江西、湖南、浙江《せっこう》などと共に、亜熱帯に属する大茶産地（緑茶を含め）です。

年間降雨量は2300㎜にも達し、特に4～8月期に年間降雨量の70％近くが集中します。冬期は乾燥した日々が続きます。

気温は夏期には平均気温20℃前後で推移し、高低差は極めて少ないのですが、湿度は高めです。冬期は氷点下を記録するほどに冷え込みます。

地方の歴史

18世紀末、中国茶の主要輸出先であるイギリスでは、ボヒー茶（福建北部の武夷《ぶい》周辺で生産された発酵茶）に代わりコングー（工夫）茶が主流となりました。

やがてこのコングー茶は、消費地の要

祁門はキームン、キーモン、キーマンなどとも呼ばれている。

請で発酵度の強いコングー紅茶へと変化していき、中国紅茶を代表するものとなりました。その後、コングー紅茶は北中国産と南中国産に大別され、特に北中国産のものは、イングリッシュ・ブレックファースト・ティーとして本国で人気を博しました。

明の時代から1870年代まで、この安徽省南西部は緑茶の産地でしたが、1870～80年代にキームン紅茶が誕生すると、その卓越した花香は、中国のブルゴーニュ酒と讃えられました。

キームン紅茶は北中国コングーの最上級品に位置づけされていた。

茶葉のシーズン&製造方法

生産時期は、ほぼ5～9月頃までで、最上級品は8月頃に生産されます。

生産量は500t程度と推測され、そのうち最上級品生産量は10%に満たないとされます。コングー(工夫)の名の由来どおり、製法は基本的に熟練した人の手によって行われ、摘み採った茶葉をひきちぎることなく丁寧に製造し、固く、よって仕上げられます。茶樹は耐寒性に優れた中国小葉種です。

キームンの最上級品を入手することは、なかなか難しい。

キームンリーフ

茶葉外観は針金状に細くよって、丹念に仕上げられた全葉タイプ(Whole Leaf)で、黒色から灰黒色をしています。水色《すいしょく》は黄橙から赤褐色を呈しており、芳醇でやや弱い渋み感と、蘭やバラ香の芳香をもち、かすかなスモーキー・フレーバーも感じられます。希少性の高い中国茶(紅茶に限らず)で見られるように、この紅茶でも品質の優劣を区別し、8段階くらいに分けられています。

ALL
STRAIGHT
ICE
MILK

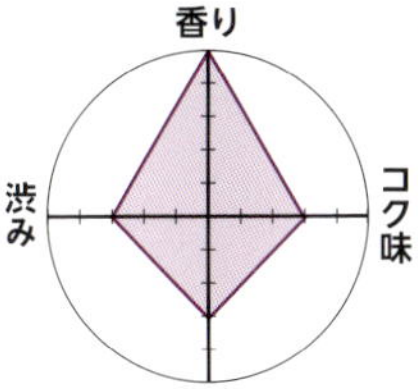
香り
コク味
水色
渋み

プーアール茶で有名な雲南省産の紅茶

雲南紅茶

Yunnan

気候・風土

雲南省は中国南西部に位置し、省南西部をミャンマー、南部をラオス、ベトナムにそして北西部をチベット自治区と接しています。雲南は略称で滇（テン）と呼ばれ、このことから雲南紅茶のことを滇紅《てんこう》ともいいます。

省内は起伏に富み、南部の低地では亜熱帯、北部高山地帯では亜寒帯気候です。紅茶生産地が最も多いのは南部、滇南の山間部で標高1000～2000mの高地であり、付近は河川が深い谷を形成しています。

この地ではインド洋からのモンスーンの影響を受け、11～4月の乾期、5～10月の雨期に色分けされます。気候は1年をとおして温暖で15～20℃ですが、昼夜の気温差は10℃くらいあります。

産地DATA

（収穫時期）
3～11月
（製造方法）
ほぼオーソドックス製法だが、一部CTC製法

地方の歴史

雲南はプーアール茶（黒茶の1種である緑茶を菌発酵させたもの）の産地、集積地で、古くはチベットへ茶を運んだ茶馬交易が有名です。また同省南部のシーサーパンナから国境を接するラオス北部、ミャンマーや、それに近接するアッサムにかけての山間地帯は、茶樹の原産地と考え

主に中国南西部、雲南省の高原地帯から産出されている。

られています。茶樹は中国種とされる小葉種から大葉種のアッサム種、それにその中間種とされる中葉種などさまざまなタイプが見られます。

この地では1700年以上も前から、自然に繁茂していた茶樹を利用して、茶の生産が行われていましたが、紅茶の生産は遅く、20世紀も後半にさしかかる頃からとされ、茶樹は雲南大葉種と呼ばれるアッサム種の近似種を栽培しています。

プーアール茶で有名な雲南省だが、雲南紅茶はアッサム茶と似た味わいである。

茶葉のシーズン&製造方法

生産時期は3~11月頃まで行われ、大きく分けて、3~4月の春摘み茶、5~7月の夏摘み茶、8~9月の雨期茶、10~11月の秋摘み茶があります。

大葉種茶樹独特の大きな芽を中心とした若葉1~3葉までを摘み採り生産され、仕上がり品には黄金色の茶芽が目立ちます。特に春摘みのものは上質とされています。製造方法は基本的にはオーソドックス製法で行われますが、一部CTC製法も行われています。

OPタイプ、BOPタイプが中心だが、CTC製法のものも見られる。

雲南紅茶OPタイプ

茶葉外観は黒褐色で明るい褐色の太いチップが配されています。水色《すいしょく》は赤褐から橙色をしています。

渋みは弱く、ほのかな甘みがあり、やや強いコク味が感じられ、独特のスパイシーな香味があります。

この紅茶は概して、アッサム紅茶と近似するものの、アッサムほどの強さはなく、ソフトでフレーバリィな飲み口を有しています。

ALL
STRAIGHT
ICE
MILK

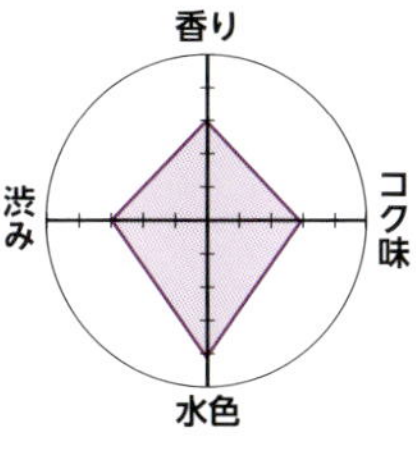
香り
コク味
水色
渋み

フレーバードティーの元祖 ラプサンスーチョン（正山小種）

The originator of flavor tea is Lapsang Souchong

現地に自生していた小葉種の茶葉で作られた中国紅茶とされる正山小種。そこから生まれた世界初のフレーバードティーとされるラプサンスーチョンは「煙」が茶葉についたことから、今ではイギリスをはじめ人気を集める伝統的な中国紅茶です。

武夷山周辺は高い標高で気温が低く、発酵の進みが遅かった。そのため松の木を燃やして温度を上げようとした際に、煙が茶葉につきスモーキーなフレーバーを帯びたといわれている。

煙からもたらされる独特の香り

中国・福建省北部にある武夷山周辺は、発酵茶の発祥地ともいわれています。また、17〜18世紀イギリスに輸出されたボヒー（発酵茶）の産地でもあります。ラプサンスーチョンは、そこで生まれた元祖フレーバードティーともいえる、珍しいお茶です。

ラプサンスーチョンは製造工程の中で、松柏の木を燃料にして茶葉を乾燥させる「小種紅茶」で、独特の燻り香（スモーキー・フレーバー）があります。このフレーバーは、意図的につけられたのではなく、当初は発酵や乾燥のための熱を得るため、燃やした松の木の煙からもたらされたもののようです。現在では出荷の前にも再度燻煙し、より強く香りをつくるようにしているものもあります。

そのため、茶葉の独特の香りを生かして、他の紅茶に少量加えて自分なりの紅茶を楽しむのもよいでしょう。

スーチョン（小種）とは、南中国産の粗い大きな茶葉に対して名づけられた名称でありますが、他にも貴重な、という意味もあります。ちなみにラプサン（正山）とは武夷山を指しています。スーチョンの種類の中で最高級品が、このラプサンスーチョンであり、極少量生産されています。かつてプレーンな茶に、この茶を混ぜるなどして、品質を高めるために使われたこともありました。

ラプサンスーチョンの楽しみ方としましては、独特な香りでクセになる大人の味わいで好みは分かれるかもしれませんが、香りを存分に楽しむため、ストレートで味わいたいものです。また、イギリスではスモークサーモンとチェダーチーズによく合うとして好まれており、アフタヌーンティーで飲まれることも多いようです。一般的な紅茶とは一線を画す個性的な香りは、イギリスではキームンと共に伝統的な中国紅茶として人気が高いものです。

ラプサンスーチョン

茶葉外観は黒色のホールリーフ（全葉）タイプで、水色《すいしょく》は濃い赤色です。渋み感は少なく、独特なスモーキーな香りと、すっきりとした爽やかな飲み口です。ラプサンスーチョンやキームンに共通するスモーキーな香りは、硬水でいれると、香りや渋みなどを抑えるため、極めて穏やかで、飲みやすいものとなります。

STRAIGHT ALL
MILK ICE

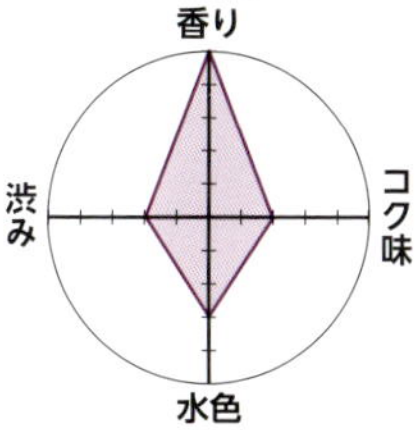

20世紀より紅茶生産国として急成長

アフリカの紅茶

Africa

南東部には高地が連なり、ヨーロッパの南方に位置する南北約8000kmにおよぶ大陸。
政治的、経済的にも安定した紅茶生産国のケニアを筆頭に、発展をとげている。

インド、スリランカに次ぐ新天地

紅茶産地はケニア、マラウイ、タンザニア、ウガンダ、ジンバブエといった東アフリカ地域を中心に、南アフリカのインド洋側の高原地帯、西アフリカのカメルーンやインド洋に浮かぶマダガスカル島などで生産されています。

アフリカで商業的紅茶栽培が開始されるのは、20世紀に入ってからのことで、その多くが、イギリス資本による大規模集約農園（プランテーション）によるもので、第二次世界大戦後大いに生産を拡大していきました。その後、各国の独立により小農園が増加し、政府機関の援助により、ケニアでは生産量などで、プランテーションに拮抗するまでになっています。

アフリカ全体の紅茶生産量は、56万9千t（2011年）で、製造方法はほとんどがCTC製法あるいはその変則製法によるものであり、ごくわずかにオーソドックス製法を行う地域もあります。世界的な紅茶需給が拮抗している現状、今後アフリカでの紅茶生産の重要度は高まることが予想されています。

紅茶品質特長としては、茶樹が若いこともあり、全体的に水色《すいしょく》は美しい赤色が多く、香味も適度な渋みと爽やかで、締まった飲み口が特長です。

FIRST TEA PLANTED BY
UNILEVER TEA KENYA LTD.
24.3 HECTARES APRIL 1925
SEED FROM MANIPURI

アフリカの紅茶生産量の約90％がケニアを中心とした東アフリカで生産される。

茶葉の生産量と輸出量

＜茶葉生産量＞ 2011年（緑茶含む）

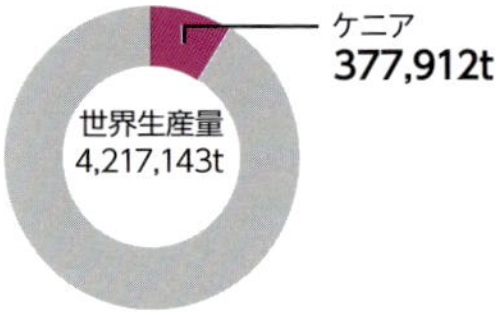
ケニア
377,912t
世界生産量
4,217,143t

＜茶葉輸出量＞ 2010年

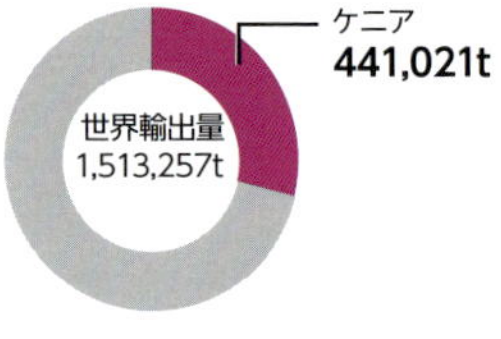
ケニア
441,021t
世界輸出量
1,513,257t

ケニア

東アフリカの赤道直下に位置する。国土の大部分は標高1,100～1,800mの高原地帯で、冷涼（平均気温19℃）で湿潤なサバンナ気候である。

マラウイ

アフリカ南東部、アフリカ大地溝帯に位置する内陸国で、国土のおよそ5分の1は湖や川などの水地である。気候は熱帯性だが、高地は冷涼で、5～10月までが乾期となる。

タンザニア

中央アフリカ東部、国土の東側はインド洋に面するが、7ヵ国と国境を接する。生産地は南部高原地帯、北東部、北西部で、最大の生産地は南部で約70％弱である。

ウガンダ

東アフリカ高原に位置するため、国内の平均標高は1,100mである。赤道直下とはいえ気候は場所により異なり、南部は雨期が多く、北部では乾期が多い。

ケニアにあるCTC製茶工場。アフリカはほぼCTC製法が中心である。

飛躍的な発展をとげている一大紅茶生産国

ケニア

Kenya

産地DATA

（栽培面積）
約17万2000ha
（収穫時期）
通年
（製造方法）
ほぼCTC製法

気候・風土

東アフリカの赤道直下に位置するケニアは、北、西、南と東側の一部をエチオピア、南スーダン、ウガンダ、タンザニア、それにソマリアと国境を接し、東側はインド洋に面しています。インド洋沿岸やビクトリア湖周辺は高温多湿の熱帯性気候ですが、国土の大部分は標高1100～1800mの高原地帯で、冷涼（平均気温19℃）で湿潤なサバンナ気候です。

国内の最高峰はケニア山（5199m）で、年2回のモンスーン（11～3月北東モンスーン、5～9月南東モンスーン）が訪れます。ケニア紅茶の生産地帯は、グレート・リフト・バレーの東西両側、沖積土（赤色土）で覆われた赤道沿いの標高1500～2700mの高地です。この地域は、好天と降雨（年間降雨量1200～1400㎜）とが交互に訪れます。

雨期と乾期からなるサバンナ気候だが、高地のため比較的しのぎやすい。

地方の歴史

ケニア周辺地域は、15世紀以降、ヨーロッパやアジアの強国に支配されていましたが、1902年、現在の国土のほぼ全域がイギリス保護領となり、1920年にはイギリス植民地となりました。その後、第二次世界大戦を経て、1963年英連邦国として独立し、翌64年ケニア共和国となりました。

1902年、この地に初めてインドから茶樹の苗木がもち込まれたとされ、それは現在も残っています。イギリス資本による本格的な外資系大規模集約農園（プランテーション）の参入は1920年以降のことで、第二次世界大戦後さらに拡大していきました。1963年の独立以降、アフリカ人による小規模農園が普及し、これを指導・管理する目的で「ケニア紅茶開発局（KTDA）」が設立され、現在小規模農園の生産量は、全体の60％を超えるまでに成長しました。

グレート・リフト・バレー（大地溝帯）の西の高原に位置し、有名な茶産地であるケリチョ。

茶葉のシーズン&製造方法

ほぼ年間をとおして茶葉の栽培が行われています。茶園では1～2週間の間隔で茶摘が行われています。

かつては、オーソドックス製法茶も製造されていましたが、消費国からの強い要請もあり、ほとんどがCTC製法によるものとなりました。

CTC茶葉グレードではBP（Broken Pekoe）、PF（Pekoe Fannings）、PD（Pekoe Dust）が大半を占めています。

茶葉の多くはCTC製法で作られ、ほとんどはティーバッグやブレンドの原料に使用される。

ケニアCTC　PF1

茶葉外観はやや黒みを帯びた褐色で、水色《すいしょく》は暗赤色です。爽やかですっきりとした渋みと、適度なコク味と香味をもっています。

ほぼ2～3月にかけて生産されるものは、品質的にも優れています。

生産品の大半はティーバッグ用の原料茶として使用されています。世界各国に輸出されていますが、パキスタン、エジプト、英国が主要輸出国となっています。

ALL
STRAIGHT
ICE
MILK

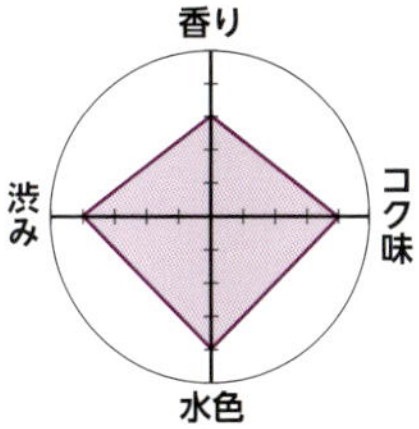
香り
コク味
水色
渋み

アフリカで最も古い紅茶の歴史をもつ国

マラウイ

Malawi

産地DATA

（栽培面積）
約1万9000ha
（収穫時期）
通年
（製造方法）
LTP製法
（CTC製法の変形とされる製法）

気候・風土

アフリカ南東部、アフリカ大地溝帯に位置する内陸国で、国土のおよそ５分の１は湖や川などの水地です。

タンザニア、モザンビーク、ザンビアと国境を接しています。気候は熱帯性ですが、高地は冷涼であり、熱帯モンスーン気候にも属していて、５～10月までが乾季となります。年間降雨量は800～２０００㎜、気温も夏は17～29℃、冬は７～23℃と、地域により差異があります。

紅茶の栽培地は標高400～１３００ｍで、ケニアやタンザニア（１５００～２７００ｍ）の高地栽培と比較すると、低地栽培です。茶園の多くは、マラウイ最大の商業都市プランタイヤーからモザンビーク国境までのチョロ（Thyolo）とムランジェ（Mulanje District）に分布します。

標高400～1,300mと、アフリカでは珍しい低地栽培を行っている。

地方の歴史

15～19世紀末まで、バントウー系マラビ人によるマラビ帝国が統治していました。１８９１年イギリスの保護領となり、１９０７年には国名をニアサンドラと改称しました。第二次世界大戦後の紆余曲折を経て、１９６４年英連邦内の英連邦王国の形式で独立しました。

マラウイでの紅茶栽培は、アフリカ諸国の中で最も古く、1880年代にムランジェで最初に栽培されたとされます。この地ではもともとコーヒーの栽培が行われていましたが、害虫の発生により甚大な被害で困窮していたところ、スコットランドから布教に訪れていた人物が、茶の種子を提供し、その中のいくつかが成長したことに端を発するとされます。

1968年までは同国の最大の輸出産品となるまでに発展し、現在でも有力な輸出品目となっています。

マラウイにあるゲストハウス「Satemwa Tea Estate」。

茶葉のシーズン&製造方法

1年を通じ栽培されますが、特に雨期に入る12～4月までがベスト・シーズン(量産期)であり、この5ヵ月でマラウイ年間生産量の70～80%を生産します。茶摘はケニアなどと同じく人の手によりますが、ごく一部で機械摘みが見られます。製造方法はほとんどがCTC製法の変形とされるLTP製法(CTC機ではなく、フードプロセッサー様式の機械で茶葉を細かく裁断する)によるものです。

ケニアに次ぐ、アフリカの紅茶生産国であるマラウイ。

マラウイCTC

茶葉外観はやや明るい褐色、水色《すいしょく》は鮮やかな真紅色です。香味としては、軽い爽やかな渋み感と、ソフトな飲み口が特長です。

水色が鮮やかで、穏やかな香味特長をもつこの紅茶は、ティーバッグ用原料茶として、他生産国の紅茶とのブレンドに使われることが多く見られます。輸出先国としては、南アフリカとイギリスで60%以上を占めています。

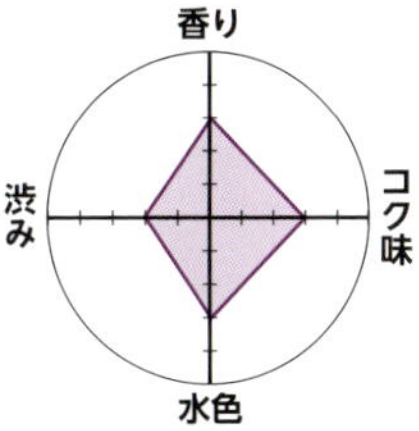

赤道直下の高地栽培のティー

タンザニア

Tanzania

気候・風土

中央アフリカ東部、国土の東側はインド洋に面していますが、7ヵ国と国境を接しています。北東部にアフリカ最高峰のキリマンジャロ(5895m)、北部にビクトリア湖、西部にタンガニーカ湖があります。国土の大半はサバンナ気候に属していますが、南部と北部に高原地帯が広がっています。

地方の歴史

この地に紅茶が紹介されたのは1902年のことで、商業的生産が始まるのは1926年からとなります。1960年までには英国資本によるプランテーションで、3700tまで生産量

産地DATA

(栽培面積)
約2万3000ha
(収穫時期)
通年
(製造方法)
CTC製法

ウガンダ

Uganda

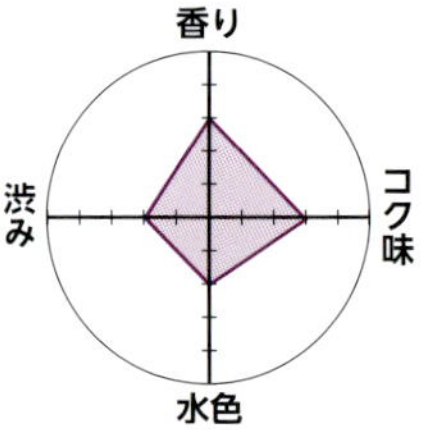

ALL　STRAIGHT　ICE　MILK

気候・風土

中央アフリカ東部の内陸国で、ビクトリア湖を挟み、東にケニア、南にタンザニアなどと接しています。東アフリカ高原に位置するため、国内の平均標高は1100mあります。

赤道直下とはいえ、気候は場所により異なり、南部は雨期が多く、北部では乾期が多いのが特長です。

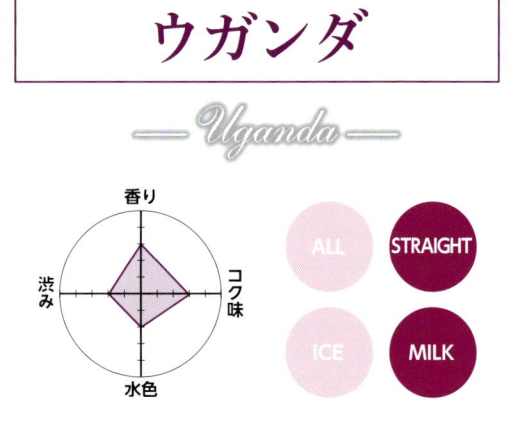

を伸ばしました。

1960年以降、政府の援助により、小規模農園による生産も高まりを見せ、現在では耕作面積はほぼ拮抗するものの、生産量では、プランテーションが約70％を占めています。

生産地は南部高原地帯、北東部、北西部で、最大の生産地は南部で約70％弱となっています。

タンザニア南西部にある、有機栽培茶園。

茶葉のシーズン&製造方法

ほぼ年間をとおして栽培は可能で、年次により異なりますが年間3万t前後の生産量となります。製造はCTC茶です。

タンザニアCTC

茶葉外観は暗褐色、水色《すいしょく》はやや濃い赤褐色です。香味はケニアCTC茶に似ていますが、ややマイルドです。

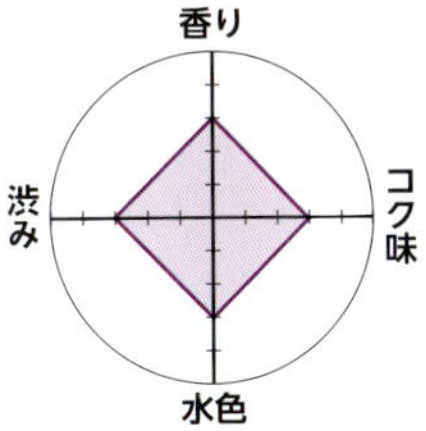

地方の歴史

国は1962年イギリス連邦加盟国として独立しました。1970年代に入り、内乱による混乱は、1960年代から世界銀行の支援による、本格的な栽培を開始した茶産業を、休止にまで追い込みました。

1980年代になってからは、EUの援助などにより茶関係者も戻ったことで少しずつ回復していき、毎年4～5万tと、アフリカでは3位の生産量にまで達しました。

茶葉のシーズン&製造方法

茶葉の生産地は、南部、西部、そして中央部に集中しています。生産はほぼ通年行われ、製造方法はほとんどがCTC茶です。

茶葉の特長は、外観はやや明るい褐色、水色は橙色から赤褐色です。香味はマイルドで、すっきりとした飲み口が特長的です。おもにティーバッグ用原料茶として使用されています。

知っておきたい紅茶の生産国

その他の紅茶

Other

スリランカの紅茶によく似た特長をもつインドネシアのジャワ島、生産量を伸ばしているトルコ、バングラデシュなど、注目の紅茶生産国はまだまだある。

生産量を伸ばす各国の現状

世界最大の紅茶生産地域であるアジア。中国、インド、スリランカに次ぐ歴史をもつインドネシアのジャワ島や、スマトラ島の紅茶は、スリランカの紅茶に近い特長をもっています。

近年大きく生産量を伸ばしてきたベトナムでは、緑茶の他に紅茶も生産され、香味は中国工夫に似ていますが、クセのない味わいです。その他、国内での消費量の高まりと共に生産量を伸ばすトルコ、CIS、イラン、バングラデシュ、マレーシア、そしてダージリンに酷似するネパールなど、気候風土の影響を受け、さまざまな特長が見られます。

近年、生産量を伸ばしているトルコの主な紅茶生産地であるリゼ。

南米最大の生産地はアルゼンチンで、年間9万t前後を生産しています。アメリカへの輸出が過半を占め、アイスティー用に加工されます。

またブラジルでも緑茶と共に紅茶が生産され、アルゼンチンと比べ若干濃い味わいです。オーストラリアでは19世紀末に北東部クイーンズランドで紅茶栽培が開始されましたが、サイクロンにより荒廃しました。20世紀半ば過ぎに栽培を再開、少量ながらCTC茶を生産しています。パプアニューギニアでは西部高原地帯で栽培され、主にオーストラリアへ輸出されています。いずれもティーバッグのブレンド用に使用されています。

茶葉の生産量と輸出量

＜茶葉生産量＞ 2011年(緑茶含む)

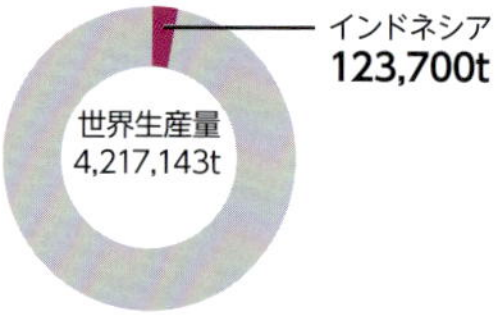

インドネシア
123,700t
世界生産量
4,217,143t

＜茶葉輸出量＞ 2010年

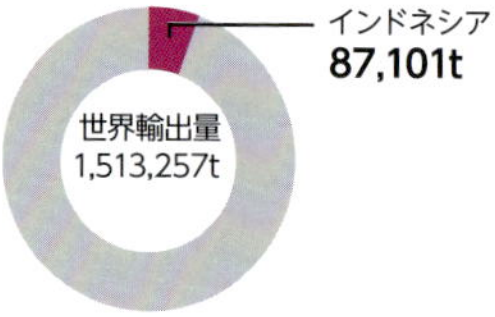

インドネシア
87,101t
世界輸出量
1,513,257t

写真提供：トルコ共和国大使館・文化広報参事官室

インドネシア

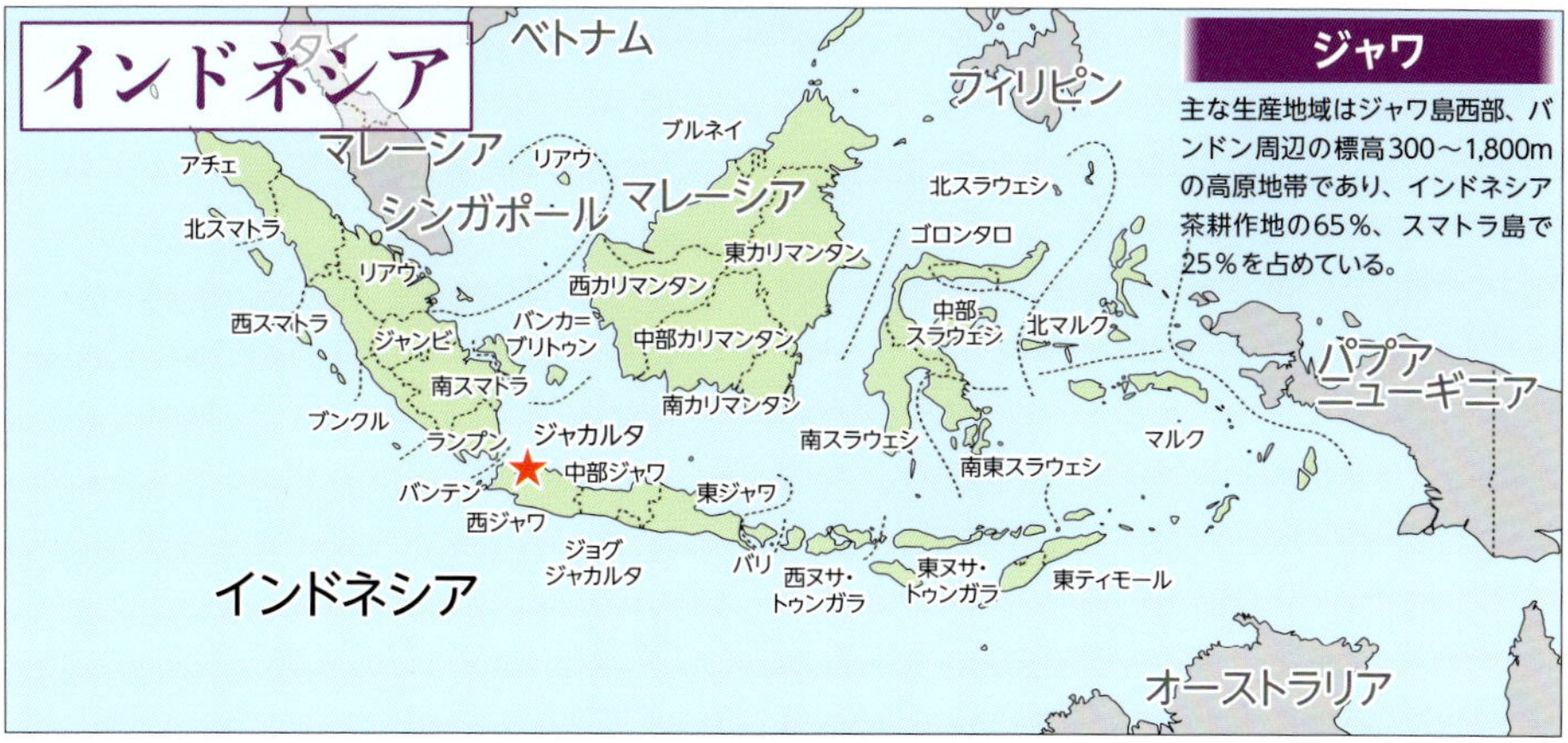

ジャワ

主な生産地域はジャワ島西部、バンドン周辺の標高300～1,800mの高原地帯であり、インドネシア茶耕作地の65％、スマトラ島で25％を占めている。

ネパール＆バングラデシュ

ネパール

地理的にダージリンと近く、気候風土もほとんど同様であり、山岳地域で栽培される。生産時期もダージリンと同じく3～11月である。

バングラデシュ

インドの東に位置し、国境の大半をインド、南東部の一部をミャンマーと接している。かつては生産量の60％以上を輸出していたが、国内需要が高まり輸出量は減少した。

トルコ

トルコ

茶の産地はトルコ北東部、黒海に面したリゼやトラブゾンに集中する。夏期でも平均気温は20℃を超える程度と過ごしやすい。年間降雨量は2,500㎜にも達する。

代表的な紅茶生産地・ジャワが有名

インドネシア

Indonesia

産地DATA

(栽培面積)
約2万7000ha
(収穫時期)
通年
(製造方法)
ほぼオーソドックス製法だが、
一部CTC製法

気候・風土

インドネシアは、赤道直下にある大小約17000もの島々からなります。茶栽培が行われているのは、ジャワ、スマトラの両島です。

首都ジャカルタのあるジャワ島の茶栽培地は、島西部バンドン周辺にあり、この辺りは四方を2000m級の山々に囲まれた丘陵地帯です。日中の気温は27~28℃、夜間は17~18℃で、熱帯でありながら極めて過ごしやすい気候です。

マラッカ海峡に臨むスマトラ島は、面積の半分以上を森林に覆われています。

茶は観光地としても有名な北部メダンの南、トバ湖周辺の傾斜地に拓かれています。

インドネシアはほとんどが熱帯性気候で、4~9月の乾期と10~3月の雨期とに分かれています。年間平均気温は28℃前後と暑いのですが、茶畑の広がる高原地帯では朝晩冷え込みます。

多くの島々の土壌は火山性であり、
熱帯性気候となっている。

地方の歴史

17世紀初頭に設立されたオランダ東インド会社はジャワ島を征服し、1603年にはバンダムに基地を築き、バタビア(現ジャカルタ)に中央政府を設置しました。1709年、日本の平戸や中国からの茶を、最初にヨーロッパへ向け積み出していったのも、バンダムの基地からだったとされています。

オランダ植民地下にあった1826年、オランダ東インド会社は、中国種による茶栽培に成功しましたが、茶産業として確立するのは1890年以降のことでした。

その後、第二次世界大戦や1949年の独立に伴う混乱期に茶畑は荒廃します。1958年、政府は茶農園の一部を国有化し、1965年以降、生産量が高まりました。

現在の茶生産方式は国有の大型プランテーション、私有の大型プランテーション、そして小農園の三重構造となっています。

ほぼ年間をとおしてジャワとスマトラでは茶栽培が行われるが、香味の特長は異なる。

茶葉のシーズン&製造方法

茶のおもな生産地域はジャワ島西部、バンドン周辺の標高300〜1800mの高原地帯で、ここでインドネシア茶耕作地の65%を、次いでスマトラ島で25%を占めています。

ジャワやスマトラの産地では、ほぼ年間をとおして茶生産が行われており、気候変動の少なさから季節的な品質差は少ないようです。製造はオーソドックスが主体で、CTC製法も行われます。

バンドン西部バンガリアン地区にあるマラバール茶園。標高およそ1,400mに位置する。

ジャワBOP／スマトラBOP

ジャワBOPの茶葉外観は赤褐色、水《すい》色《しょく》は透明感のある赤色から赤褐色を呈しています。

香味はスリランカ中地産に似ていますが、渋みは弱くマイルドで、独特の弱いスパイシーな味わいがあります。

スマトラBOPの特長として、茶葉外観はやや黒ずんだ褐色、水色は暗赤色をしていて渋みは少なく、強いコク味があります。全体的にマイルドなジャワに比べ、やや濃厚味を帯びています。

ALL　STRAIGHT
ICE　MILK

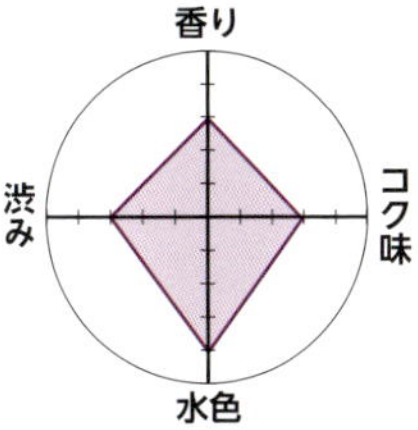

インドに隣接し、ダージリンやテライに似た気候

ネパール

Nepal

産地DATA

（栽培面積）
約1万7000ha
（収穫時期）
3〜11月
（製造方法）
オーソドックス製法（南部のタライではほぼCTC製法）

気候・風土

ネパールは、東西南をインドと、北を中国チベット自治区と接する東南に細長い内陸国です。

国土の中央から北一帯は、世界の最高峰エベレストを含むヒマラヤ山岳地帯と山麓で構成されています。南側は東南に細長いタライ平原となっていて、農作物はおもにこの地域で生産されます。

紅茶の栽培は東側のヒマラヤ山麓地帯で行われています。茶園は標高900〜2100mの斜面に拓かれ、東端にあたるメチ県（Mechi Zone）のイラム（Ilam）やパンチェザール（Panchthar）を中心とした地域で、この地域は国境をダージリンやシッキムと接し、気象条件もそれら地域と酷似しています。

一方で南部のタライ平原の東端では、インド・テライと国境を接しているため、テライと同じくCTC製法の紅茶が生産されています。

地方の歴史

1814年のネパール・イギリス戦争の結果、領土の変更を余儀なくされ、その後の経過により、ほぼ現在の領土となりました。1846〜1951年までラナ家宰相による支配が続きました。

21世紀に入り、王制を廃し、連邦民主共和制が発足しました。茶は1863年頃、イギリス東インド会社の支援により、ダージリンから茶樹が持ち込まれ、Ilam（イラム）の茶園が拓かれるなどしましたが、政治的、経済的混乱により軌道にのることなく終了しました。

1959年になって、タライ平原の東端で茶栽培が開始されました。

また、1966年にはネパール茶開発会社が発足し、ダージリンに近いイラムの茶園で採れた茶葉を、ダージリンの製茶工場へ販売していました。

1978年、イラムに製茶工場が完成したのを皮切りに、1990年までには各産地に工場が併設されるようになりました。

世界の最高峰エベレストは、ネパールではサガルマーターと呼ばれている。

茶葉のシーズン&製造方法

山岳地域の生産時期はダージリンと同じで、3～11月です。3～4月最初に芽吹いた茶葉を摘み採ったファースト・フラッシュ、5～6月最も香味の充実したセカンド・フラッシュ、7～9月のモンスーン・フラッシュ、そして10～11月のオータムナルでほぼ1年を終了します。おもにオーソドックス製法ですが、南部のタライでは生産時期はほぼ同じながら、ほとんどがCTC製法によるものです。

東側のヒマラヤ山麓で茶栽培が行われ、ほとんどが伝統的なオーソドックス製法である。

ネパールOP

地理的にダージリンと近く、気候風土もほとんど同様であり、山岳地帯で栽培され、茶樹は中国種系の小型種です。茶葉外観は緑黒色、水色《すいしょく》は薄い黄橙色で、香味共にダージリンと酷似します。ファーストでは水色はより一層淡く、花香が感じられ、セカンドではフルーティーな芳香を有し、オータムナルでは水色は赤さを増します。シーズンをとおして強い渋み感は少なく、飲みやすい特長をもちます。

ALL
STRAIGHT
ICE
MILK

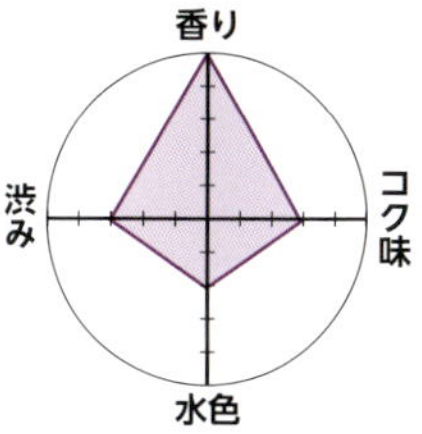
香り
コク味
水色
渋み

インドとミャンマーに接した生産国

バングラデシュ

Bangladesh

インド
バングラデシュ
インド

産地DATA

(栽培面積)
約5万5000ha
(収穫時期)
6～11月
(製造方法)
ほぼCTC製法

気候・風土

インドの東に位置しており、国境の大半をインドと、南東部の一部をミャンマーと接しています。

南部はベンガル湾に面していて、国土の大部分をデルタ地帯が占めています。北部はヒマラヤ山麓に属しており、東西にわずかに標高500～1000mの丘陵があります。

気候は北回帰線に近く、熱帯性気候に属していて、3～6月の夏期は高温多湿であり、その後10月頃まではモンスーン期となります。

地方の歴史

1830年代にアッサムで紅茶栽培が成功すると、イギリス支配下にあったシルヘットやチッタゴン周辺の丘陵や北部地帯では、急速に紅茶栽培が広まっていきました。

その後1947年、東パキスタンとして分離、1971年にバングラデシュとして独立しますが、その間の混乱期にも紅茶栽培は重要作物として継続されていました。

茶葉のシーズン&製造方法

生産時期は4～11月頃までで、5～6月が最も生産量の多いベストシーズンとなります。

多くはCTC製法によるもので、年間の生産量は5～6万tくらいです。

かつては生産量の60％以上を輸出していたこともありましたが、国内需要が増加したこともあり、輸出量は減少しました。主要輸出先としてはパキスタンが群を抜いています。

茶葉の特長

茶品質はアッサムに似ていますが、全体的にアッサムCTCと比べマイルドです。茶葉外観は黒褐色、水色《すいしょく》は明るい赤色を呈し、香味には強い渋みやボディ感は少なく、ややスパイシーな味わいがあります。

生産される茶葉の大部分は、ブレンド用に使われています。

ALL
STRAIGHT
ICE
MILK

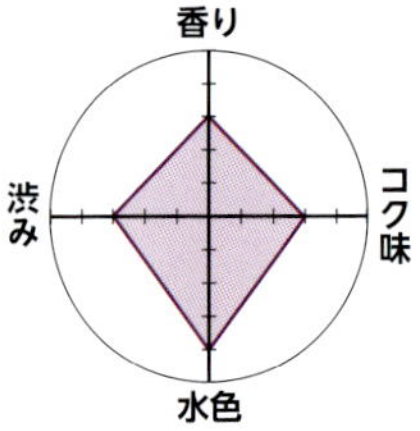
香り
コク味
水色
渋み

リゼやトラブゾン中心に茶を栽培

トルコ

Turkey

リゼ
トラブゾン
ロシア
トルコ
シリア
イラク

産地DATA

(栽培面積)
約7万7000ha
(収穫時期)
5～10月
(製造方法)
ほぼオーソドックス製法

気候・風土

茶の産地はトルコ北東部、黒海に面したリゼ(Rize)やトラブゾン(Trabzon)に集中し、海岸線にまで迫った山々の標高1000m付近の肥沃な斜面で、1938年頃から栽培されています。

この辺りの気候は温暖で、夏期でも平均気温は20℃を超える程度、冬でも10℃をやや下回るくらいで、過ごしやすいことが特長です。年間降雨量は2500㎜にも達し、特に10～12月は雨量が多くなります。

リゾート地としても注目されるようになっているリゼ。

地方の歴史

トルコではコーヒーがよく飲まれていましたが、第一次世界大戦後、コーヒー価格が高騰し、次第に茶飲用が盛んになったといわれています。

リゼは茶栽培が開始されるまでは、ソ連に近い寒村地帯でしたが、茶生産が盛んになるに従い、茶葉の積み出し港として活況を呈しています。

茶葉のシーズン&製造方法

茶は、おおむね5～10月にかけて生産されます。製造方法はオーソドックス製法で、ブロークン・グレードの細かい茶が主流です。年間生産量は15万tほどで、そのほとんどが国内消費用です。

茶葉の特長

茶葉外観は黒褐色、水色《すいしょく》は暗赤色を呈しますが、香味は穏やかであり、ときに甘みを感じます。国内では濃さを調整し、ミルクを入れず、砂糖で甘くして飲むことが多いようです。

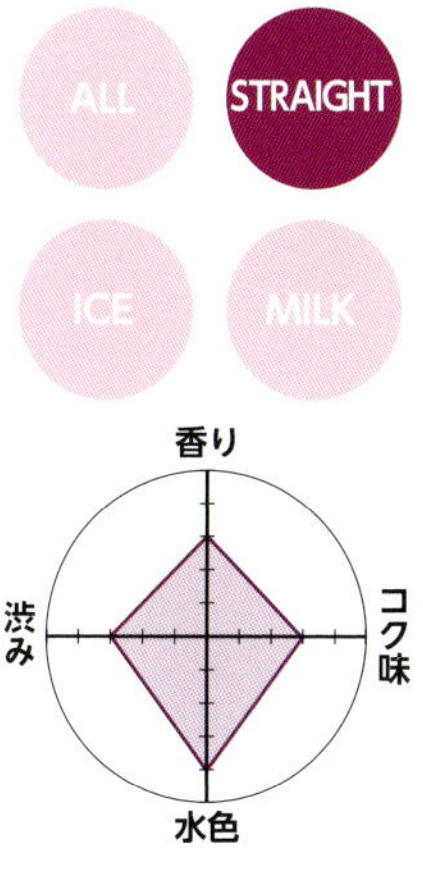
ALL
STRAIGHT
ICE
MILK
香り
コク味
水色
渋み

写真提供：トルコ共和国大使館・文化広報参事官室

緑茶だけでなく紅茶も生産する

日本

Japan

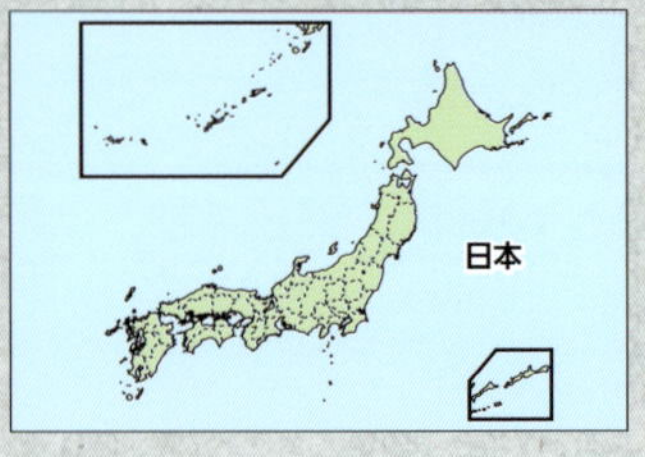
日本

産地DATA

(収穫時期)
5~7月
(製造方法)
ほぼオーソドックス製法

地方の歴史

日本で紅茶製造が始まるのは、明治8年(1875)、政府による勧業奨励のひとつとして、中国人紅茶製造技術者を招き、熊本と大分で山茶を使い、地元の茶業者に紅茶製造方法を習得させたことにはじまります。これは、輸出品としての緑茶が振るわず、西欧諸国で需要度の高い紅茶に注目したためです。

翌年、政府は日本人をインド・アッサムやダージリンに派遣し、紅茶製造を習得させると、高知県下で試験栽培に成功。さらに、インドからもち帰ったアッサム種系茶樹の種子を日本各地で育成し、それらの品質は、海外でも評価されました。

しかし日本は世界の紅茶市場での競争力では劣り、結局隆盛を極めるには至りませんでした。

日本の茶栽培地には、当時紅茶用に改良された「べにほまれ」などの茶樹も残っており、近年は国産紅茶としての商品化も、ごく少量ながら見られるようになりました。

茶葉のシーズン&製造方法

生産時期は5~7月の二番茶を使用することが多く見られます。香味特長は地域、生産茶樹により異なりますが、全般的に水色《すいしょく》は橙色から赤褐色を呈し、渋みは弱く、スパイシーで爽やかな飲み口をもつものが多くあります。

製造方法はオーソドックス製法が基本で、茶葉サイズはOPタイプのものから小型のブロークンタイプのものまで見られます。

ALL
STRAIGHT
ICE
MILK

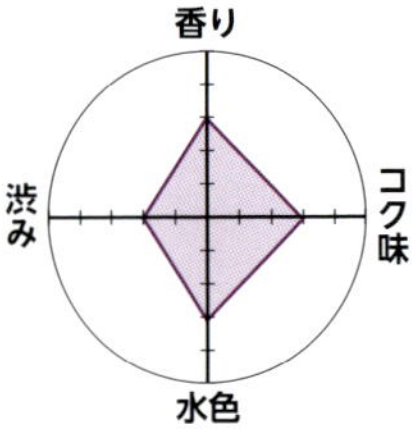
香り
コク味
水色
渋み

日本各地の茶栽培地では極少量ながら、さまざまなタイプの紅茶が生産されている。

第3章

フレーバードティー&
ハーブティー

近年、フレーバードティーとハーブティーは
新たなお茶として人気を集めています。
アールグレイやルイボスティーなど、
さまざまなお茶の世界を巡ってみましょう。

フレーバードティーの基本

乾燥した茶葉にフルーツやスパイス、花などの香りをつけて楽しむフレーバードティー。その日の気分に合わせてチョイスしてみましょう。

歴史と特長

お茶と果実や花々の香りをブレンドしたフレーバードティーの歴史やいわれは諸説ありますが、中国では古くから記載が見られ、明の時代には緑茶系センテッドティーの茶書も出されています。

ラプサンスーチョンは発酵茶発祥の地ともいわれる中国の武夷山で作られていた正山小種という紅茶に松の木を燃やし香りをつけたもので、後に西洋でアールグレイ誕生のきっかけにもなったとされる紅茶です。

独特の燻り香が特長のラプサンスーチョンは、多くの西洋人たちを魅了し、さまざまなバリエーションのフレーバードティーが発展したとされます。

近年では香りをつけるだけでなく、ドライフルーツや花びらなどを加え、茶葉そのものも目で楽しめるよう、趣向をこらしたものが一般的になりました。フレーバードティーは、おいしく遊び心に満ちた紅茶として人気を集めています。

フレーバードティーの3つの分類

フレーバー(ド)

茶葉に香りのエッセンスを吹きつけて乾燥させる方法。吹きつけるだけなので加えた材料自体の味はしない。茶葉の蒸らし加減に注意すればアレンジティーも簡単に作れる。価格は手頃。

ブレンデッド

花びらや乾燥させたピールなどを茶葉に加える方法。実際に材料自体の味も感じられる。蒸らし加減で風味が変わるので、じっくり好みのいれ方で楽しむのがおすすめ。やや高価。

センテッド

香りを吸着しやすい茶葉の性質を利用し、材料の香りを吸わせて作る方法。茶葉本来の風味がブレにくいので、極上の茶葉にほのかな香りをのせて楽しむことができる。かなり高価。

フレーバードティーの代表【アールグレイ】

ラプサンスーチョンと並んで有名な、ベルガモットで香りづけした英国伝統のフレーバードティー。さまざまな茶葉をベースに多彩な銘茶が作られています。

アールグレイの基礎知識

アールグレイは、柑橘果実ベルガモットで香りづけされたフレーバードティーの一種で、1830年代に英国首相を務めた実在の人物、グレイ伯爵(アール・グレイ)にまつわる紅茶です。

よくいわれる「グレイ伯爵が中国からもち帰ったレシピ」という説や、当時の中国への使節団がもち帰ったお茶(正山小種=ラプサンスーチョン)をいたくお気に召し、同じお茶を輸入してほしいと、ロンドンの茶商に依頼したとの話もあります。グレイ伯爵が好んだ正山小種は中国の高級フルーツで「龍眼の香り」がする、とても香り高いお茶だったといわれています。実はグレイ伯爵の時代に輸出されていた正山小種は、東方香という古いタイプ。純然たる紅茶で、発酵を止める火入れの際に松の薪を使っているため、ほのかな薫香《くんこう》があるだけなのです。「龍眼の香り」とは、茶葉そのものが発酵によってかもし出す芳香だったようです。

しかし当時はアヘン戦争直前の時代。中国から自由にお茶を輸入することができず、茶商は正山小種の香りと味わいを研究、代用として通常の茶葉に当時ヨーロッパで流行していた柑橘果実ベルガモット香料を用いたお茶を考案したとされます。これが後世英国で大ヒットし、今日に見られるアールグレイの源流とされます。

アールグレイのいろいろ

アールグレイのもととなった銘茶を再現

EARL GREY "GRAND CLASSIC"
アールグレイ・グランドクラシック

アイスティー向き

英国のグレイ伯爵が惚れ込み、アールグレイのもととなった銘茶を再現。燻製茶の個性に中国の果物・龍眼の繊細な香りが調和した、優雅な風味が魅力。

【おいしいいれ方】
カップ1杯分（150㎖）につき茶葉2.5～3g、熱湯で2.5～3分

濃い味わいのミルクティー向きアールグレイ

BREAKFAST EARL GREY
ブレックファスト・アールグレイ

ミルクティー向き

濃い味わいのミルクティー向きアールグレイ。ブロークンサイズの茶葉を使っているので、しっかりと濃い味わいが特長。アールグレイはミルクティーがいい、という方にぴったり。

【おいしいいれ方】
カップ1杯分（150㎖）につき茶葉2.5～3g、熱湯で2～2.5分

100％ダージリンを使ったアールグレイ

EARL GREY DARJEELING
アールグレイ・ダージリン

アイスティー向き

100％ダージリンを使ったアールグレイ。すっきりした味わいと、ベルガモットの深い香りを、まずはストレートでお試しを。

【おいしいいれ方】
カップ1杯分（150㎖）につき茶葉2.5～3g、熱湯で2.5～3分

アイスティー向きのアールグレイ

FONTAINE
フォンテーヌ

アイスティー向き

セイロンのオレンジペコーと祁《キー》門《ムン》紅茶がベースのアールグレイ。水出しでもしっかりベルガモットの味と香りが出るので、アイスティー向き。

【おいしいいれ方】
カップ1杯分（150㎖）につき茶葉2.5～3g、熱湯で2.5～3分

まろやかで優しい味わいのアールグレイ

EARL GREY OP
アールグレイ・オレンジペコ

アイスティー向き

セイロンのオレンジペコーをベースにした、まろやかでふんわりした香りのアールグレイ。セイロンらしい優しい味わいが出ている。

【おいしいいれ方】
カップ1杯分（150㎖）につき茶葉2.5～3g、熱湯で2.5～3分

祁門《キームン》紅茶ベースのアールグレイ

EARL GREY
アールグレイ

アイスティー向き　ミルクティー向き

祁門《キームン》紅茶をベースに、ベルガモットで香りづけしたオーソドックスなアールグレイ。ストレートでもミルクティーでもおいしい、人気の紅茶。

【おいしいいれ方】
カップ1杯分（150㎖）につき茶葉2.5～3g、熱湯で2.5～3分

協力：(株)ルピシア

定番のフレーバードティー ～フルーツフレーバー編～

紅茶にさまざまなフルーツの香りをつけた代表的なフレーバードティーをご紹介しましょう。

甘酸っぱさの代表フルーツ

STRAWBERRY
いちご

アイスティー向き　ミルクティー向き

摘みたてイチゴのフレッシュで甘酸っぱい香りが、いきいきとした紅茶の味わいを引き立てる。果肉を思わせる後味の甘みは、ミルクにもぴったり。

【おいしいいれ方】
カップ1杯分（150㎖）につき茶葉2.5～3g、熱湯で2.5～3分

春らしいあんずの香り

APRICOT
アプリコット

アイスティー向き　ミルクティー向き

優しく甘酸っぱいあんずの香りが春の野を連想させる、魅力的な紅茶。マリーゴールドの花びらが入っていて、見た目にも華やか。

【おいしいいれ方】
カップ1杯分（150㎖）につき茶葉2.5～3g、熱湯で2.5～3分

キウィの果汁を思わせる風味

KIWI
キウィ

アイスティー向き　ミルクティー向き

元気いっぱいな完熟キウィの香りと果肉をブレンド。すっきりした飲み口に、果汁を思わせる爽やかな甘みが広がる。アイスティーにも。

【おいしいいれ方】
カップ1杯分（150㎖）につき茶葉2.5～3g、熱湯で2.5～3分

とろっと甘い風味が漂う

ALPHONSO MANGO
アルフォンソマンゴー

アイスティー向き　ミルクティー向き

マンゴーの王様といわれるアルフォンソマンゴーの、甘く濃密な果肉の風味をとじ込めた紅茶。トロリとろける味わいは、アイスティーにもぴったり。

【おいしいいれ方】
カップ1杯分（150㎖）につき茶葉2.5～3g、熱湯で2.5～3分

エキゾチックな甘い香り

LYCHEE ライチ

アイスティー向き　ミルクティー向き

祁門《キームン》紅茶をベースに、楊貴妃が愛したという南国の果物ライチの香りをブレンド。みずみずしい味わいとエキゾチックな甘さに心がなごむ。レモンと好相性。

【おいしいいれ方】
カップ1杯分（150㎖）につき茶葉2.5～3g、熱湯で2.5～3分

特有の甘酸っぱさ

BLUEBERRY ブルーベリー

アイスティー向き　ミルクティー向き

ブルーベリーの果実と葉がブレンドされた、ほのかに甘酸っぱい紅茶。高原の風のような爽やかな飲み口が、アイスティーにぴったり。

【おいしいいれ方】
カップ1杯分（150㎖）につき茶葉2.5～3g、熱湯で2.5～3分

サクランボの風味

SAKURAMBO サクランボ

アイスティー向き　ミルクティー向き

甘酸っぱい香りが心をくすぐる日本のサクランボをイメージした紅茶。真っ赤に熟した果実をイメージしたトッピングも魅力。

【おいしいいれ方】
カップ1杯分（150㎖）につき茶葉2.5～3g、熱湯で2.5～3分

爽やかでやさしい味わい

APPLE リンゴ

アイスティー向き　ミルクティー向き

爽やかなリンゴの香りが広がる芳醇な風味のアップルティー。リンゴの果実を贅沢にトッピングし、甘く柔らかな味わい。

【おいしいいれ方】
カップ1杯分（150㎖）につき茶葉2.5～3g、熱湯で2～2.5分

清涼感たっぷり

MUSCAT マスカット

アイスティー向き　ミルクティー向き

マスカットの爽やかで若々しく、豊潤な香りが深い印象を与える紅茶。清涼感溢れる味わいで、アイスティーにも最適。気分をリフレッシュさせたい時に。

【おいしいいれ方】
カップ1杯分（150㎖）につき茶葉2.5～3g、熱湯で2.5～3分

みずみずしい白桃の香り

MOMO 白桃

アイスティー向き　ミルクティー向き

みずみずしい白桃の香りをつけた紅茶。ブレンドされた桃の若葉が、フルーティーさを一層際立たせる。アイスティーにもおすすめ。

【おいしいいれ方】
カップ1杯分（150㎖）につき茶葉2.5～3g、熱湯で2.5～3分

定番のフレーバードティー
～バニラ、スパイス、チョコレート編～

スパイシーなシナモンや、濃厚なチョコレートのフレーバードティーは寒い季節にぴったり。ホットミルクティーにしても相性がよいでしょう。

スパイシーで後味さっぱり

SPICES
スパイス

アイスティー向き　ミルクティー向き

クローブ、シナモン、カルダモンなどをブレンドした、スパイシーでありながらさっぱりした香りが特長の紅茶。ミルクとの相性も抜群。

【おいしいいれ方】
カップ1杯分（150㎖）につき茶葉2.5～3g、熱湯で2.5～3分

ふんわり上品に香る

VANILLA
バニラ

アイスティー向き　ミルクティー向き

ハーブ・スパイスの中ではサフランに次いで世界で2番目に高価なバニラ。ふんわりと軽い自然なバニラの香りに仕上げた。ほのかで上品な甘みがミルクによく合う。

【おいしいいれ方】
カップ1杯分（150㎖）につき茶葉2.5～3g、熱湯で2.5～3分

天然バニラで甘い余韻に浸る

LA VANILLE
ラ バニーユ

アイスティー向き　ミルクティー向き

最高級の天然バニラビーンズを、相性のよいアフリカ産紅茶にたっぷりブレンド。優雅な香り、ほんのりと甘い余韻に包まれる。ミルクティーにも最適。

【おいしいいれ方】
カップ1杯分（150㎖）につき茶葉2.5～3g、熱湯で2～2.5分

ミルクとの相性は抜群

CINNAMON
シナモン

アイスティー向き　ミルクティー向き

エキゾチックなシナモンの香りがくっきりと匂い立つ紅茶。ほのかな甘みがプラスされているので、たっぷりミルクを入れてもGOOD。

【おいしいいれ方】
カップ1杯分（150㎖）につき茶葉2.5～3g、熱湯で2.5～3分

ラズベリーとチョコレートの香りが調和

FRAMBOISE CHOCOLAT
フランボワーズショコラ

アイスティー向き　ミルクティー向き

フランボワーズ（ラズベリー）の甘酸っぱさと、チョコレートの深い香りが見事に調和した、すっきりした風味の紅茶。ミルクティーにもおすすめ。

【おいしいいれ方】
カップ1杯分（150㎖）につき茶葉2.5～3g、熱湯で2.5～3分

ビターな大人の味わい

THE AU CHOCOLAT
テ・オ・ショコラ

アイスティー向き　ミルクティー向き

ビターチョコレートをイメージし、カカオニブとココアパウダーを紅茶にブレンド。深いカカオの香りは、ミルクやリキュールを加えてもおいしい。

【おいしいいれ方】
カップ1杯分（150㎖）につき茶葉2.5～3g、熱湯で2.5～3分

ベルガモットとチョコレート

EARL GREY CHOCOLAT
アールグレイ・ショコラ

アイスティー向き　ミルクティー向き

ベルガモットの爽やかで高貴な香りと、甘く濃厚なチョコレートの香りが豊かに広がる紅茶。ミルクを加えても楽しめる、深い味わい。

【おいしいいれ方】
カップ1杯分（150㎖）につき茶葉2.5～3g、熱湯で2.5～3分

栗の甘さがカカオを引き立たせる

MARRON CHOCOLAT
マロンショコラ

アイスティー向き　ミルクティー向き

渋皮のまま洋酒で煮含めた栗をイメージ。ほっくりした栗の甘さと渋皮のほろ苦さで、上質なカカオの深い香りを引き立てた紅茶。リラックスタイムに。

【おいしいいれ方】
カップ1杯分（150㎖）につき茶葉2.5～3g、熱湯で2.5～3分

相性よしのチョコとバナナ

BANANE CHOCOLAT
バナーヌショコラ

アイスティー向き　ミルクティー向き

チョコレートと相性のよいバナナの甘い香りの紅茶。鮮やかな黄色の花びらが、幸せな気分にしてくれる。

【おいしいいれ方】
カップ1杯分（150㎖）につき茶葉2.5～3g、熱湯で2.5～3分

オレンジの酸味とショコラがマッチ

ORANGE CHOCOLAT
オランジュショコラ

アイスティー向き　ミルクティー向き

オレンジの爽やかな酸味と、ほろ苦いショコラの香りがミルクにぴったりの紅茶。深いコクの中に、カルダモンシードが清涼感を与えている。

【おいしいいれ方】
カップ1杯分（150㎖）につき茶葉2.5～3g、熱湯で2.5～3分

定番のフレーバードティー～ミックス編～

相性がよいもの同士をブレンドした、ちょっと贅沢なフレーバードティーは、気分も華やかになるでしょう。

キャラメルクッキーの甘い風味

COOKIE
クッキー

アイスティー向き　ミルクティー向き

焼きたてのキャラメルクッキーをイメージした甘い香りの紅茶にアーモンドをブレンド。すっきりとした味わい。ミルクを入れると自然な甘みがより引き立つ。

【おいしいいれ方】
カップ1杯分（150㎖）につき茶葉2.5～3g、熱湯で2～2.5分

爽やかでスパイシーな味わい

ORANGE & GINGER
オレンジ&ジンジャー

アイスティー向き　ミルクティー向き

オレンジが爽やかに香る紅茶にドライジンジャーをブレンド。オレンジピールとマリーゴールドが見た目にも華やか。アイスティー、ミルクティーにもおすすめ。

【おいしいいれ方】
カップ1杯分（150㎖）につき茶葉2.5～3g、熱湯で2.5～3分

スパークリングワインをイメージ

ROSE ROYAL
ロゼロワイヤル

アイスティー向き　ミルクティー向き

華やかなスパークリングワインの香りに重なるイチゴの甘い香りが、爽やかで上品な味わいの紅茶とみごとにとけ合っている。

【おいしいいれ方】
カップ1杯分（150㎖）につき茶葉2.5～3g、熱湯で2.5～3分

ブルーベリーとカシスの爽快ブレンド

CASSIS & BLUEBERRY
カシスブルーベリー

アイスティー向き　ミルクティー向き

カシスとブルーベリーの香りと果実を紅茶にブレンドしたフルーティーな紅茶。濃厚なカシスと甘酸っぱいブルーベリーがすっきりとした味わいのお茶にぴったり。

【おいしいいれ方】
カップ1杯分（150㎖）につき茶葉2.5～3g、熱湯で2.5～3分

品のある甘さと香り

FANTASY
ファンタジー

アイスティー向き　ミルクティー向き

香ばしいキャラメルとはちみつ、フルーツの香りを紅茶にブレンド。さらっとした上品な甘さと果実の香りが、キャラメルを一層引き立てる。

【おいしいいれ方】
カップ1杯分（150mℓ）につき茶葉2.5～3g、熱湯で2.5～3分

果実の甘さと花の香りの競演

PASSION ISLAND
パッションアイランド

アイスティー向き　ミルクティー向き

パッションフルーツの甘酸っぱさとマンゴーの野生味を、花の香りで柔らかく包み込んだ紅茶。鮮やかな花びらの紅が華やかさを添える。

【おいしいいれ方】
カップ1杯分（150mℓ）につき茶葉2.5～3g、熱湯で2.5～3分

ピンクペッパーがアクセント

DARUMA
ダルマ

アイスティー向き　ミルクティー向き

お茶で眠気をとって修行に励んだというダルマさんの伝説にちなみ、インドの紅茶と果物をブレンド。ピンクペッパー入りの元気の出る紅茶。

【おいしいいれ方】
カップ1杯分（150mℓ）につき茶葉2.5～3g、熱湯で2.5～3分

幸せな香りを詰め込んだ紅茶

YUME
ゆめ

アイスティー向き　ミルクティー向き

やさしく甘いバニラと、若々しく甘酸っぱいフルーツの香りの紅茶に、可憐なバラのつぼみをブレンド。祝いの気持ちを込めた幸福の紅茶。

【おいしいいれ方】
カップ1杯分（150mℓ）につき茶葉2.5～3g、熱湯で2.5～3分

イキイキとした南国フルーツをふんだんに

PARADISE
パラダイス

アイスティー向き　ミルクティー向き

パパイヤ、マンゴーなどトロピカルフルーツの果肉をどっさりブレンドした、甘酸っぱい紅茶。香りがすっきりと引き立つので、アイスティーにもおすすめ。

【おいしいいれ方】
カップ1杯分（150mℓ）につき茶葉2.5～3g、熱湯で2.5～3分

はちみつのまろやかな甘い香り

NEPTUNE
ネプチューン

アイスティー向き　ミルクティー向き

はちみつに漬け込んだフルーツが豊かに香る紅茶。まろやかな味わいに、マリーゴールドの花びらが華やかさを添えている。

【おいしいいれ方】
カップ1杯分（150mℓ）につき茶葉2.5～3g、熱湯で2.5～3分

イベント別フレーバードティー

毎年恒例のイベントにちなんだおしゃれなフレーバードティーの数々。自分用に楽しんだり、大切な人へのプレゼントにしても喜ばれそうです。

【クリスマス】

星の瞬く聖夜やケーキをイメージして作られた、クリスマスにぴったりの、心も身体もほっこり温まるフレーバーです。

いちごたっぷりのケーキをイメージ

CAROL
キャロル（季節限定・11～3月頃）

アイスティー向き　ミルクティー向き

クリスマスケーキを思わせるストロベリーとバニラの香りに、ローズの花びらが華やかさを演出する紅茶。やさしく甘い香りはミルクティーにぴったり。

【おいしいいれ方】
カップ1杯分（150㎖）につき茶葉2.5～3g、熱湯で2.5～3分

華やかな聖夜を演出

JINGLE BELLS
ジングルベル（季節限定・11～12月頃）

アイスティー向き　ミルクティー向き

葡萄の風味が生きたフルーティーなスパークリングワインの香りで、爽やかな紅茶を包んだ。鈴の音が響く聖なる夜に、華やかな紅茶で乾杯しよう。

【おいしいいれ方】
カップ1杯分（150㎖）につき茶葉2.5～3g、熱湯で2.5～3分

クリスマスの焼き菓子をイメージ

WHITE CHRISTMAS
ホワイトクリスマス（季節限定・11～12月頃）

アイスティー向き　ミルクティー向き

ホワイトチョコレートの焼き菓子の中にほんのりアプリコット。ホワイトクリスマスの夜に家族や仲間が集う場面をイメージした紅茶。ミルクティーにも合う。

【おいしいいれ方】
カップ1杯分（150㎖）につき茶葉2.5～3g、熱湯で2～2.5分

【バースデイ】

ローズレッドやマリーゴールドなど爽やかでかわいらしい花びらをブレンドしたフレーバードティーはプレゼントに最適です。

若々しく爽やかな香り

BIRTHDAY
バースデイ

アイスティー向き　ミルクティー向き

ダージリンベースの紅茶に、ほのかに香る花びらをブレンド。誕生日や出産祝いにぴったり。蒸らし時間を少なくするのがおいしくいれるコツ。

【おいしいいれ方】
カップ1杯分（150㎖）につき茶葉2.5〜3g、熱湯で2.5〜3分

【ウェディング】

色とりどりの花びらをふんだんに使用したフレーバードティーは、祝福の気持ちが伝わるような華やかさです。

桃の風味ベースの幸せ溢れるフルーティーな紅茶

WEDDING
ウェディング

アイスティー向き　ミルクティー向き

初々しくフルーティーな香りの紅茶に、ピンク、ブルー、イエローの花びらがたっぷり入った紅茶。まさにフラワーシャワーのような華やかさ。

【おいしいいれ方】
カップ1杯分（150㎖）につき茶葉2.5〜3g、熱湯で2.5〜3分

【ハロウィーン】

ハロウィーンの秋にお菓子と一緒にいただきたい、栗・さつまいも風味の甘いルイボスティーは子どもにもおすすめです。

小さな子どももおいしく味わえる

いもくりかぼ茶
（季節限定・10〜1月頃）

アイスティー向き　ミルクティー向き

栗とさつまいもでカフェインフリーのルイボスティーをほっこり甘く香りづけ。肌寒い季節に思わずほっとする風味。かぼちゃのトッピングもキュート。

【おいしいいれ方】
カップ1杯分（150㎖）につき茶葉2.5〜3g、熱湯で3〜5分

カフェインフリーのルイボスティー

優れた効能をもつルイボスティー。紅茶と同じお茶の樹＝カメリアシネンシスから作られるものではありませんが、紅茶に似た水色と風味をもっていることからノンカフェインの紅茶代替飲料として楽しめます。

ルイボスとは

ルイボスは、老化やさまざまな身体の不調の原因となる活性酸素を除去する働き（SOD様酵素）が高いといわれ、日本には25年ほど前に紹介され、南アフリカでは「不老長寿のお茶」として18世紀頃から珍重されてきたハーブです。

ルイボス世界唯一の産地は、南アフリカ共和国のセダルバーグ山脈に囲まれた一帯。ここはミネラルたっぷりの土壌が広がっており、この地域でのみルイボスの栽培が可能といわれています。

ルイボス茶の優れた効能・効果としてよく述べられているものには、体内の循環不良の緩和、アトピー性皮膚炎、花粉症などアレルギー性疾患の症状緩和、美肌効果をはじめ美容面での有効な作用などが挙げられます。

また、口当たりがよいことと、カフェインフリーであるということで、小さな子どもから、妊娠中や授乳中の女性まで、家族全員が飲めるお茶としても幅広い世代で愛されています。

フレーバールイボスティーのいろいろ

ビタミンC豊富なハイビスカスをブレンド

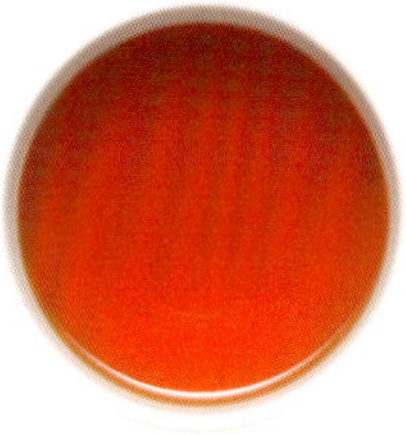

LA VIE EN ROSE
ラビアンローズ

カフェインを含まないルイボスティーに、ハイビスカスとローズヒップをブレンド。爽やかな酸味にローズもほのかに香る、美しいルビー色のお茶。

【おいしいいれ方】
カップ1杯分（150㎖）につき茶葉2.5～3g、熱湯で3～5分

ルイボスティーのアールグレイ

ROOIBOS EARL GREY
ルイボスティー・アールグレイ

ベルガモットの香りがストレートに表に出た、解放感のある味わいのルイボスティー。すっきりしているのでアイスティーにしても、おいしく飲むことができる。

【おいしいいれ方】
カップ1杯分（150㎖）につき茶葉2.5～3g、熱湯で3～5分

子どもにもおすすめの甘いフルーティーな香り

PICCOLO
ピッコロ

華やかなベリー、アプリコットとハニーでルイボスティーをかわいらしく香りづけ。子どもにもおすすめの、やさしく甘い香り。ミルクを加えてもおいしい。

【おいしいいれ方】
カップ1杯分（150㎖）につき茶葉2.5～3g、熱湯で3～5分

テイスティングの方法を知る

The method of tasting is learned.

同じ茶園で収穫された茶葉でも天候や製茶工場での発酵具合により、その味わいは微妙に変化します。茶葉の性質や特長をつかむテイスティングは、紅茶製品作りにおいて、とても重要です。

熟練したティーテイスターとなると、茶を鑑定するだけでどこの茶園であるか言い当てることができる。また紅茶製造時の欠点も推測できる。

テイスティングの手順

❶乾燥している茶葉の形状や外観を見て、手で触れ、香りなどを確認する

❷テスト用カップに紅茶3～5gを入れる（テストカップの大きさは定まっていません）

❸150～300mlの熱湯を注ぐ

❹カップにふたをして3～5分抽出する

❺できあがった紅茶を最後の一滴までカップテスト用ボウルに注ぐ

❻注ぎ終わったカップの中の茶葉を、ふたの上にのせる

❼ふたの上にのせた茶殻の大きさ、香り、色を観察する

❽他のボウルの紅茶と水色《すいしょく》を比較する

❾ボウルに注いだ紅茶を口に含み、舌の上で転がすようにして香味を見る

※ミルクを入れるイギリス方式もある。また、各産地、消費地により、そのルールは異なる。

テイスティングを行う理由

新しい紅茶葉サンプルが届けられて、最初にすることはテイスティングです。紅茶はサンプルを実際に飲んで品質を見極めたうえで購入を決定するため、鑑定（テイスティング）は重要な作業です。世界的に有名な紅茶ブランドには必ず優れたティーテイスター、ティーメンと呼ばれる鑑定士がいます。茶葉の品質、ブレンドの仕方、販売地域の水質などを勘案して製品化する専門家です。一人前になるには優れた味覚と10年以上のキャリアが必要ともいわれ、多くの経験と研ぎ澄まされた感性を育まなければなりません。紅茶の審査目的には大きく4つあります。

①原茶買いつけのためにオークションサンプルを審査
②製品のブレンド内容決定のための手もちサンプル審査
③製品化された紅茶の品質チェック
④競合他社との比較審査

テイスティングのポイント

個々の項目で評価するのではなく、茶殻の色が悪いと水色、香味も影響を受けるなど、茶葉外観、水色、香味、茶殻すべてが関連しているため、全体で評価することが重要。

香り

茶葉を入れたカップに熱湯を注ぎ、香気を鑑定する。産地特有の香りや、花の香り、甘い香りがあるかどうか確認する。カビ臭、焦げた臭いなど、異臭のあるものはよくないとされる。

味

抽出液を口に含み、渋み、コク、苦み、エグ味の強さと後味を評価する。渋みに爽快感があるか、コク、深みはあるかなどが鑑定される。口に含んだ紅茶は鑑定した後に吐き出し、味が変化してしまうため、同じリズムでスピーディーにテイスティングをする。

茶殻

茶殻の色を見て品質を評価する。明るい赤銅色をしており、柔らかいかどうかなどをチェックする。青黒く暗褐色のものはよくないとされている。

茶葉外観

皿状の容器に茶葉を入れ、手のひらに広げてのせて目視したり、手で触れ質感を確かめ、茶葉のサイズは均一でよくよれているか、チップが含まれているか（チップがあっても必ずしも良質というわけではない）、茶葉の色合い（例えば高地産紅茶で良質なものは明るい褐色）などがチェックされる。

水色《すいしょく》

完全に沸騰した熱湯を茶葉に注ぎ、3〜5分蒸らした紅茶抽出液を白色の審査用カップに入れて（イギリス式ではさらにミルクを入れる）鑑定する。一般的には、透明感があり、明るい水色のものがよいとされる。

ブレンディングの方法を知る

The method of blending is learned.

ブレンドの大きな目的は、年間をとおして一定の品質価格を維持することと、市場のニーズに合った商品を作り出すことです。市販の紅茶の多くにはティーブレンダーやテイスターが携わっています。

熟練ティーテイスターや、ブレンダーになるには 10 年以上かかるともいわれている。

ブレンドの目的と重要性

農産物である茶葉は、同じ茶園であっても、季節性、日々の天候の状況、茶葉の土壌や手入れ方法などの影響を受けます。紅茶はいつも同じ品質ではありません。消費国で販売されるひとつの製品品質を維持するためには、単一の茶園の生産物だけでまかなうことは極めて困難です。したがって、複数の茶園の生産茶葉を入手し、それをブレンド（配合）して特定の品質と一定の価格をもった茶を作りあげなければなりません。こうしたブレンドなくして、製品維持することはできません。

原料茶の配合比率やその技術は、個々の事業者の絶対的な秘密事項です。

ティーブレンダーとは

常に均一の品質になるように、茶葉を配合して品質安定と商品開発の仕事をするティーブレンダー、ティーテイスター、あるいはティーエキスパートと呼ばれる職業があります。統一的な国際資格はありませんが、必要とするお茶を購入するために多くのサンプルを比較審査し、茶葉の買いつけや産地の指導で活躍します。さらに、原料茶を配合してイメージする風味を作り出せるようになると、ティーブレンダーと呼ばれるようになります。

紅茶メーカーは、同じレベルでバランスのよい茶葉をブレンドして提供する職人を育てていくのです。

コンセプトに合うブレンドを

英国の水は硬水(⇩P13)で、よくミルクティーにして飲まれています。英国向きの紅茶をブレンドする際は必ずミルクを入れますが、日本の軟水はストレートで鑑定します。

あらゆる角度でお茶を鑑定、ブレンドすることで、ニーズやコンセプトに合う紅茶ができあがります。例えばミルクティー用ブレンドなら、ウバをベースにして香り重視、あるいはアッサムでコクと深みを出し、水色《すいしょく》を濃くするなどさせます。

また、自分で紅茶を混ぜ合わせてブレンドに挑戦することもできます。これはミックス(混合)と呼ばれ、安定した味の商品を大量に作るブレンド(配合)とは区別されます。

まずは、中心となるプレーンな茶葉に個性的な香味をもった茶葉をひとつまみ混ぜ、楽しむことから始めてみてください。

ブレンドティーの種類

ブレンドティーの本来の目的は品質の均等化ですが、各ブランドではオリジナルの名称をつけた紅茶を作っています。ブレンドティー名称の代表的なものを紹介しましょう。

アフタヌーンティー

香りが強く、コクがある紅茶。華やかな雰囲気の紅茶といわれる。三段トレーのサンドイッチやスコーン、プチフールなどと一緒に、ゆったりと午後のひと時を味わうためのブレンドティー。

ブレックファーストティー

たっぷりの朝食を食べるイングリッシュブレックファーストのためにブレンドされた紅茶で、ミルクティーとしておいしく飲めるようにブレンドしてあるものが多い。

ミルクティーブレンド

ミルクを入れても、ミルクの風味に負けない強い香りやコク味をもったブレンド。セイロンやアッサムなどをベースにブレンドされている。

ロイヤルブレンド

王室をイメージして作られたブレンド。1902年に、エドワード7世の即位を記念して作られたブレンドティーともいわれている。明るく華やかな水色《すいしょく》と深いコク、渋みがある。

ハーブティーの基本

ハーブティーは味や香りを楽しむ嗜好品として以外にも、治癒力の向上、ビタミン・ミネラルの補給など、健康と美容に役立つ働きをもつ植物療法のひとつとして飲まれています。まずはハーブの基本と効能をご紹介しましょう。

ハーブを活用する前に必ずお読みください。

ハーブティーは医薬品ではありません。この章では、ハーブの作用や植物療法などについて紹介していますが、医薬品や治療を目的としたものではなく、また医師の治療より優先されるものではありません。本書の監修者ならびに出版社は、この章に記載されている使用方法に伴って生じた問題に対する責任を負いません。

ハーブの輝かしい歴史

人とハーブの歴史は古く、古代エジプトの時代にはパピルスの医学書に、約700種類の植物についての記録が残されており、植物の効能を治療目的に利用していたことがうかがえます。古代ローマ帝国時代には、皇帝ネロの軍医であったディオスコリデスが著書『薬物誌』で約600種類の植物について執筆、薬用植物を学ぶ者たちに長年活用されていました。

15～17世紀の大航海時代、さまざまなハーブがヨーロッパへもち込まれ、伝統療法に生かされるようになります。

しかし19世紀に入ると、化学の発展により植物から特定成分の単離や合成が進み医薬品が開発されると、植物療法は次第に影をひそめます。

20世紀に入ると医薬品による薬害や副作用への懸念、予防医学の観点からも、伝統療法が再び見直されるようになり、世界中でハーブに対する関心が高まります。この流れを受け、日本にもハーブが入ってくるようになります。

ハーブについて

ハーブはラテン語で「草」を意味するヘルバ（Herba）に由来し、植物全体を指します。今日では「健康や美容に役立つ香りのある植物」という意味で使用されることが一般的です。

中でも健康維持を目的として使うハーブや、ハーブを利用した植物療法を「メディカルハーブ」と呼び、ストレスを原因とする不調や慢性的な症状などさまざまな心身の不調を和らげてくれます。

植物療法にはメディカルハーブの他にもアロマテラピーやフラワーエッセンスなどありますが、とりわけハーブティーは普段のライフスタイルに気軽にメディカルハーブを取り入れることができる他、味や香り以外にもハーブごとに違う自然の色を楽しめ、五感で感じることができます。

ブレンドハーブについて

数種類のハーブを混ぜたブレンドティーが楽しめるのもハーブティーの魅力のひとつです。ハーブは1種類でも心身のケアに役立ちますが、ブレンドすることで自分の体調や目的により合ったハーブティーに仕立てることができますし、味のバリエーションを楽しむこともできます。またブレンドされたハーブが相互に作用することで、効能の相乗効果も期待できます。健康的により美しくなるために、自分でオリジナルのブレンドティーに挑戦してみるのもよいでしょう。（⇨P187）

ハーブティーのいれ方

おいしくいれるコツは特に難しくありません。丁寧にゆったりした気分でいれれば、おいしい1杯が作れます。

ブレンドの主役として人気のハーブ	おすすめの目的
エキナセア	免疫力強化、風邪対策
エルダーフラワー	風邪の初期症状の緩和、花粉症対策
ジャーマンカモミール	ストレスケア、緊張緩和
ダンディライオンルート	デトックス、便秘改善、消化不良の改善
ネトル	アレルギー対策、痛風の改善、むくみ解消
ハイビスカス	代謝促進、肉体疲労・眼精疲労・二日酔いなどの緩和
ペパーミント	緊張緩和、ストレス性の胃腸不調の緩和
マリーゴールド	美肌作り、喉の炎症緩和
マローブルー	美肌作り、喉・胃腸の炎症緩和
レモングラス	消化不良・胃もたれの改善、リフレッシュ
レモンバーム	ストレス性の胃腸不調の緩和、睡眠改善
ローズヒップ	美肌作り、ビタミンCの補給、便秘改善
ローズマリー	集中力・記憶力の向上、老化予防

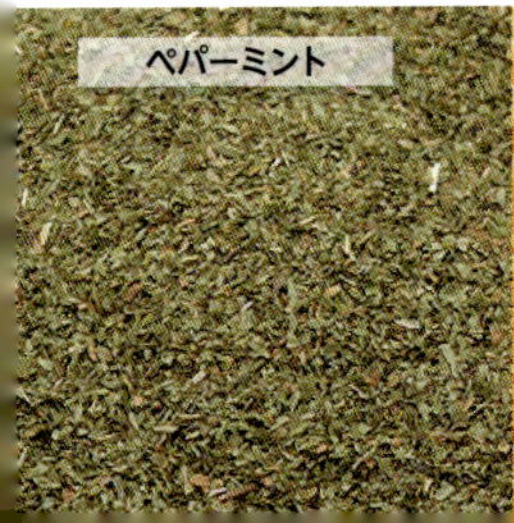

1
ティーカップにハーブを入れる

ティーカップ1杯分(150～180㎖)に対し、大さじ1杯程度のハーブを使います。(茶葉はよくかき混ぜてから入れるとおいしく仕上がります)

2
お湯を注いで蒸らす

沸騰からひと呼吸おいた湯(95～98℃)を静かに注ぎ、素早くふたをします。花や葉は3分程度、実や種は5分程度を目安に蒸らします。

3
最後の1滴まで抽出しよう!

蒸らし終えたら、フィルターを取り出します。この時、傾けてハーブの成分を最後まで取り出しましょう。フィルターを入れたままにしておくと、苦みや渋みが出てきますので、取り出しておきましょう。

保存方法 密封冷暗保存で

ハーブティーは密閉容器や密閉できる袋に入れて保存しましょう。中に乾燥剤を入れて、通年、冷蔵庫などの冷暗所で保存しましょう。

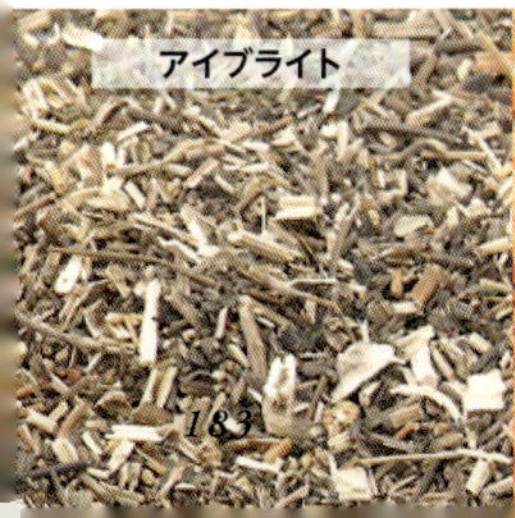

これは知っておきたい！シングルハーブ図鑑

代表的なシングルハーブ27種類を厳選ピックアップ。自分でブレンドを楽しむ時の目安にもなります。

エキナセア
Echinacea purpurea

免疫力をアップする働きが注目されており、風邪などで体調を崩している時に役立つハーブ。動物の噛み傷や虫さされなど万能薬として用いられてきた。

■使用部位／地上部　■作用／抗ウイルス、免疫賦活、消炎　■適応／上気道感染症　■草木の香り

ギムネマ
Gymnema sylvestre

血糖値を下げ糖尿病によい効果をもたらすとされる。

■使用部位／葉　■作用／血糖値・コレステロール降下　■適応／高血糖、糖尿病　■緑茶のような香り

シナモン
Cinnamomum cassia

体の機能を活性化させ、冷えを和らげるハーブ。

■使用部位／樹皮　■作用／抗菌、脂肪分解、消化促進　■適応／食欲不振、消化不良　■スパイシーな味

アイブライト
Euphrasia officinalis

まぶたの腫れや結膜炎などの炎症を鎮めるハーブ。

■使用部位／地上部　■作用／殺菌、収斂、消炎　■適応／眼瞼炎、結膜炎、眼精疲労　■わずかな苦み

エルダーフラワー
Sambucus nigra

発汗促進と利尿作用で、体内の老廃物を排出してくれる。熱を下げ鼻水、鼻づまりなどを改善するため、インフルエンザの初期症状、花粉症などの緩和に役立つ。

■使用部位／花、実　■作用／発汗、利尿、抗アレルギー、抗カタル　■適応／風邪　■マスカットのような甘い香り

オレンジピール(スイート)
Citrus sinensis

緊張を緩和する、オレンジの甘い香りが特長。

■使用部位／果皮　■作用／消化機能促進、鎮静　■適応／食欲不振、気力の低下　■フルーティーな甘さ

ネトル
Urtica dioica

ビタミンやミネラルを豊富に含み、血液を作る働きをもつことで知られるハーブ。血液をきれいにする浄血効果もあり、サラサラ効果が期待できる。

■使用部位／葉　■作用／浄血、造血　■適応／アレルギー疾患、痛風　■少し生臭く緑茶のような風味

ハイビスカス
Hibiscus sabdariffa

ルビーのようなきれいな赤い色をしたお茶で、刺激のある酸味が特長。酸味成分のクエン酸には代謝をアップする効果があるため、肉体疲労時におすすめ。

■使用部位／萼　■作用／代謝促進、利尿　■適応／肉体疲労、食欲不振、二日酔い　■強い酸味

ダンディライオンリーフ
Taraxacum officinale

体内の老廃物を排出するデトックス効果のあるハーブ。

■使用部位／葉　■作用／利尿、駆風　■適応／食欲不振、消化不良、リウマチ　■いぐさのような草の香り

ダンディライオンルート
Taraxacum officinale

セイヨウタンポポの根を使用したハーブ。肝機能の低下に対する働きが広く知られる。煎った根を使ったタンポポコーヒーは香ばしいノンカフェインドリンクとして人気。

■使用部位／根　■作用／利胆、強肝　■適応／肝臓系の不調、便秘　■ローストの深く香ばしい味

ヒース
Calluna vulgaris

メラニンの生成を抑制し、色素沈着を予防する効果をもつ。

■使用部位／花　■作用／抗菌、美白、利尿　■適応／色素沈着　■わずかにフローラルな風味

ジンジャー
Zingiber officinale

体を温め、血行不良が原因の肩こりや頭痛に役立つ。

■使用部位／根茎　■作用／消化促進、鎮痛、制吐　■適応／消化不良、乗り物酔い　■刺激のある辛味

ジャーマンカモミール
Matricaria chamomilla

リンゴのような香りが特長で、イライラや不安など昂った神経を沈めたい時におすすめ。肌の炎症トラブルにもよく、鎮痙作用が生理痛や胃痙攣などに役立つ。

■使用部位／花　■作用／鎮静、鎮痙、消炎　■適応／胃炎、不眠、生理痛、精神不安　■リンゴのような香り

ステビア
Stevia rebaudiana

ショ糖の100倍以上の甘味成分が含まれた天然の甘味料。

■使用部位／葉　■作用／矯味　■適応／高血糖、高血圧　■強い甘みとわずかな渋み

協力：ハーブ専門店enherb（(株)コネクト）

ミルクシスル
Silybum marianum

傷んだ肝細胞を修復・保護する作用があるハーブ。

■使用部位/種子　■作用/肝細胞の修復・保護　■適応/肝機能低下による諸症状　■香味共に弱い

ラズベリーリーフ
Rubus idaeus

女性特有の症状をケア。産後の身体もサポートする。

■使用部位/葉　■作用/収斂、鎮痙　■適応/生理痛、産後の母体回復　■ほのかに甘い香りと風味

リンデン
Tilia europaea

不安や緊張を和らげ不眠を解消してくれるハーブ。

■使用部位/葉、花　■作用/鎮静、利尿　■適応/不眠、高血圧　■上品な香りとほのかな渋み

ルイボス
Aspalathus linearis

南アフリカの「不老長寿のお茶」。活性酸素を消去し老化防止。

■使用部位/葉　■作用/抗酸化　■適応/循環不良　■深みのある芳香と風味

マリーゴールド(カレンデュラ)
Calendula officinalis

炎症を鎮める消炎作用があり、美肌のためのスキンケアに使用される。粘膜を修正・保護する働きがあるため、のどの炎症に効果的。軽い傷や日焼けには湿布などで使われる。

■使用部位/花　■作用/抗菌、皮膚・粘膜の修復　■適応/口腔の炎症、皮膚炎　■ややクセのある香りと苦み

マローブルー
Malva sylvestris

皮膚や粘膜を修復・保護する作用があるハーブ。のどの炎症にもよく、風邪による咳やのどの痛みを鎮める。レモン汁を加えると一瞬にしてピンク色に変化する。

■使用部位/花　■作用/皮膚・粘膜の修復　■適応/口腔の炎症、胃腸炎　■やわらかな香り

フェンネル
Foeniculum vulgare

消化不良やガス溜まりなど消化器系のトラブルに有効。

■使用部位/果実(種子)　■作用/消化促進、駆風　■適応/消化不良、鼓腸　■甘くスパイシーな香り

ペパーミント
Mentha piperita

心身の活性と神経を鎮める働きを併せもつハーブ。おなかにガスが溜まる鼓腸や食欲不振などの緩和に有効。気分転換のマウスウォッシュとして利用するのもよい。

■使用部位/葉　■作用/健胃、駆風、制吐、鎮静　■適応/食欲不振、鼓腸　■清涼感のある香り

マテ
Ilex paraguayensis

栄養豊富な「飲むサラダ」と呼ばれるハーブ。

■使用部位/葉　■作用/興奮、脂肪分解、利尿　■適応/肉体疲労、肥満　■緑茶のような香り

オリジナルブレンドのハーブティーを作ろう！

POINT

まず主役となるハーブを決めます。次に主役をサポートするハーブを数種類選びます。サポートハーブを選ぶ際に効能と味の両方を考慮しながらブレンドするのがコツ。

準備をする

まずブレンドするシングルハーブ、袋、大さじ、乾燥剤、保存容器を用意します。

袋にハーブを入れて混ぜる

清潔な袋にブレンドするハーブを入れ、空気を含ませてよく混ぜます。

乾燥剤とハーブを入れて完成！

保存容器に乾燥剤、混ぜたハーブを入れしっかりふたを閉めます。使用したハーブの種類と日付をラベルに記入し冷暗所に保存し、できるだけ早く使い切りましょう。

ローズヒップ

Rosa canina

別名「ドッグローズ」とも呼ばれ、レモンの20～40倍の豊富なビタミンCを含むことから「ビタミンCの爆弾」と呼ばれる美容に嬉しいハーブ。

■使用部位／偽果　■作用／ビタミンC補給　■適応／風邪や感染症予防　■甘い香りとわずかな酸味

レモングラス

Cymbopogon citratus

レモンのような香りをもっているが、酸味は比較的まろやか。さっぱりとした風味が、食前食後のお茶として最適。風邪やインフルエンザにも有効。

■使用部位／地上部　■作用／抗菌、消化促進　■適応／消化不全、風邪の諸症状　■爽やかなレモンの香り

ローズマリー

Rosmarinus officinalis

血液循環を促進し、体の働きを活性化。心身の疲れを癒す他、老化防止に役立つ抗酸化作用をもつことから、「若返りのハーブ」と呼ばれる。

■使用部位／葉　■作用／血行促進、抗酸化　■適応／消化不良、循環不良　■すっきりとした後味

レモンバーム

Melissa officinalis

レモンのような香りの中にほのかに甘さ漂うハーブ。その繊細な香りが気持ちの高ぶりや不安な気分を優しくなだめる。

■使用部位／葉　■作用／抗菌、鎮静　■適応／不眠、消化器系障害　■繊細なレモンのような風味

風味と効能を同時に 厳選ブレンドハーブ

目的別に４つのカテゴリーで分けた18種のブレンドハーブです。効能や香りを参考にしながら自分に合った目的でセレクトしてみましょう。

内側から綺麗になりたい時

おなか周りが気になる時に

さっぱりレモン
ミント風味

■レモングラス、ローズヒップ、ローズマリー、オレンジ・スイート、スイートクローバー、ペパーミント、マテ、レモンマートル

肩こり、頭痛、偏頭痛に

ほろ苦く爽やかな
ハーブの香り

■レモングラス、レモンバーム、ローズマリー、ウッドベトニー、ジンジャー、ネトル、フィーバーフュー、ホワイトウィロウ

鼻や目の炎症を緩和

ハーバルミント
の風味

■エルダーフラワー、ローズヒップ、ネトル、ペパーミント、レモングラス、レモンバーム、アイブライト

浄血作用でむくみ解消

香ばしい味と
緑の香り

■クリーバーズ、ネトル、ダンディライオンルート、ローズヒップ、ワイルドストロベリー、ダンディライオンリーフ、カレンデュラ

甘いものの誘惑を抑制

甘酸っぱさと
レモン風味

■ハイビスカス、ローズヒップ、レモングラス、オレンジ・スイート、レモンマートル、エルダーフラワー、オート、ギムネマ、ステビア

ダメージを受けたのどに

すっきり
とした風味

■オレンジ・スイート、レモングラス、ローズヒップ、ペパーミント、マーシュマロウ、マローブルー、リコリス、ワイルドチェリー、タイム

体内を強力デトックス

香ばしさと
ミントの風味

神経系の回復を促し、心身ともにリセット。

■ダンディライオンルート、ローズヒップ、ダンディライオンリーフ、ネトル、オート、ジンジャー、ペパーミント、ジュニパーベリー、バードック、フェンネル、ミルクシスル

女性特有の悩みに

シミやニキビあとのケアに

甘い香りと
優しい風味

■ローズヒップ、ジャーマンカモミール、ラズベリー、ルイボス、ローズレッド、ヒース

目と肌の輝きを作る

フルーティー
な酸味と甘味

■アイブライト、ブラックカラント、マローブルー、ローズヒップ、ハイビスカス、カレンデュラ、マーシュマロウ

更年期のホルモンの乱れに

ローズの
華やかな香り

■レッドクローバー、ローズヒップ、ローズレッド、ラズベリーリーフ、アンゼリカ、スカルキャップ、セージ、パッションフラワー、ヤロウ

月経前症候群や生理痛に

やさしい
草花の風味

■ローズヒップ、チェストツリー、ホーソンリーフ＆フラワー、ラズベリーリーフ、オート、ハイビスカス、ジンジャー、ネトル、サフラワー

リラックスしたい時

睡眠の改善に

甘い香りと
ミントの後味

■ジャーマンカモミール、パッションフラワー、レモンバーム、バレリアン、ペパーミント、リンデン

ストレスや胃腸不調のケア

さっぱり
レモン

■オレンジ・スイート、ローズヒップ、レモングラス、ジャーマンカモミール、コリアンダーシード、スペアミント、カレンデュラ、リンデン、スカルキャップ

気持ちを解き、華やかに

甘酸っぱくて
フローラル

不安や疲労を回復。気分を高め、華やかにするブレンド。

■オレンジ・スイート、ローズヒップ、ハイビスカス、レモンバーム、リンデン、レモンマートル、ローズバッズ＆ペタルピンク、ローズレッド、ステビア、ラベンダー

いつでも元気でいたい時

身体をしっかり温める

ジンジャーの
風味と甘味

■ジンジャー、エルダーフラワー、リコリス、オレンジ・スイート、ジャーマンカモミール、シナモン

免疫力を強化したい時に

クセのない
草木の風味

■ローズヒップ、エルダーフラワー、オレンジ・スイート、エキナセア、レモンバーム、ジンジャー、シベリアンジンセン

肉体＆精神疲労回復に

香ばしい
シナモン

■マテ、ダンディライオンルート、シナモン、オレンジ・スイート、ホーソンベリー、ミルクシスル、クローブ、オート

集中力、記憶力をアップ

レモン＆
ミント

■ローズヒップ、レモングラス、ネトル、ローズマリー、ペパーミント、レモンマートル、ギンコウ、タイム、セージ

ハーブティーの茶器&雑貨

ハーブティー専用茶器をはじめ、保存容器や砂時計などスタイリッシュな雑貨類を紹介。特別なティータイムを演出してくれます。
※在庫状況は取扱い店にお問い合わせ下さい。

ティーマグ

スリーブつき、ハンディタイプのガラスマグカップ。

ティーカップ

ガラス製のふたとメッシュのフィルターがセットになったカップ。

砂時計

ハーブティーを抽出する3分を計る砂時計。

大さじ計量スプーン

大さじすりきり1杯分を量るスプーン。取っ手が長い方が容器から取り出す時もらくちん。

協力：ハーブ専門店enherb（(株)コネクト）

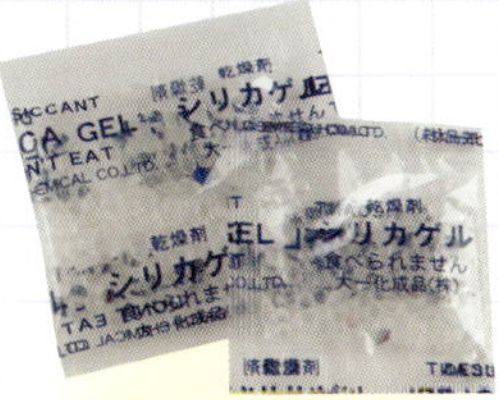

食品用乾燥剤（シリカゲル）

ハーブを保存容器や袋に入れる時に一緒に入れる。

ティーポット

抽出している間ハーブの色が楽しめるガラス製のポット。

保存袋

密封できるジップつきのハーブ専用保存袋。

密閉性のあるキャニスター

中のハーブが見える透明度の高い耐熱ガラスの密閉保存容器。

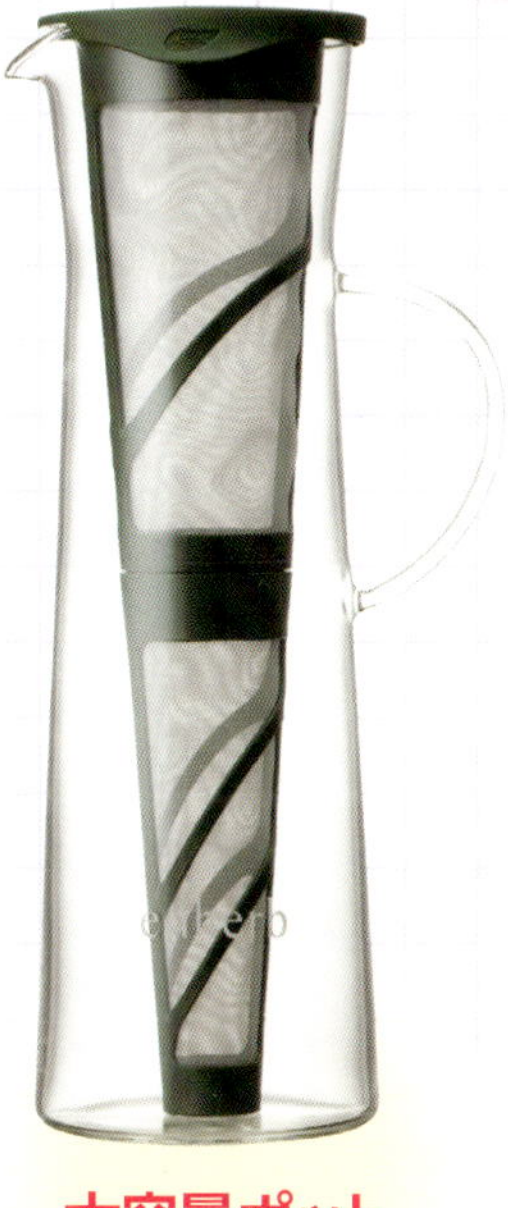

大容量ポット

一度に4〜5杯分のハーブティーが作れる。冷蔵庫のドアポケットに入れれば保存も可能。

中容量ポット

3〜4杯分のハーブティーが一度にいれられるポット。友人や夫婦でのティータイムに。

茶こしつきタンブラー

オフィスや作業中など気軽にハーブティーをもち運びできる便利アイテム。

紅茶のさらなる普及を行う日本紅茶協会

Japan Tea Association which spreads tea.

国内唯一の紅茶関連業者団体

日本紅茶協会は1939年に設立された国内唯一の紅茶関連業者の団体です。紅茶メーカー、輸入業者など46社と海外5ヵ国の政府機関であるティーボードなどで構成されています。おもな活動内容は大きく3つあります。

①業界窓口としての事業や紅茶統計発行などの広報活動

②インド、スリランカ、ケニアなどの大使館で行われる「ティーセミナー」の開催や「紅茶の日」を中心とした各種宣伝、啓蒙活動

③「ティーインストラクター養成研修」、「ティーアドバイザー養成研修」の開催といった教育事業など

1991年、日本紅茶協会は「資格認定制度」を設け、試験に合格した人は「日本紅茶協会認定・ティーインストラクター（ジュニア）」と認定することとなりました。おいしい紅茶のいれ方や、紅茶に関する知識などを幅広く全国的に展開するために、講師として指導する資格をもつティーインストラクターの養成が行われている「ティーインストラクター養成研修」では、認定者がおよそ1600名を超えました。

また、認定ティーインストラクターにより、年間1500〜2000回の紅茶講習会が開催され、啓蒙活動が行われています。

第4章

世界のティータイム、四季のティータイム

ティータイムに欠かせない紅茶の道具はもちろん、
世界ではどのように紅茶が飲まれているかご存知でしょうか。
四季別のおすすめアレンジティーレシピもご紹介します。

1 紅茶の道具たち

紅茶を飲むための道具がヨーロッパの陶磁器を大きく発展させていきました。
優雅なお茶の時間のための魅力的な小道具たちを紹介します。

（写真上）道具が一式揃えば豪華なお茶の時間を楽しめる。（写真左下）チベットの代表的な飲み物であるバター茶の保温用ポット。（写真右下）バター茶を保温するために用いられたコンロ。

ヨーロッパでは17世紀から飲まれてきた紅茶ですから、それをいれるための道具や器具も、長い間使われてきていて、しだいに使いやすい形や機能を備え、その多くが伝統的な形として、今に残っています。基本的なティーポットやティーカップ、スプーンなどがそうですが、それでも、保温するためのカップとソーサーの間のフット（スカート）という空間がなくなってきたり、カップの容積と、ソーサーの容積が昔は同じだったものが、今は平たくなったというような変化はし続けています。その一方で、一時は便利がられながら使われなくなっていった器具も少なくありません。今や骨董としての価値しかなくなったものもあります。

コーヒーには、電動式のエスプレッソの機械がありますが、紅茶は湯沸かしが

（写真上）優雅なティータイムを演出してくれる魅力的な道具たち。（写真左下）店内にさまざまな茶器や道具を飾っている紅茶店もある。（写真右下）ウエッジウッドのアンティークなティーセット。

電化して進化したもの、茶こしや保温カバーが発達して便利になったもの程度しかないようです。

　茶道具として、最も使われている材質は、陶磁器でしょう。17世紀にオランダを通じてイギリスに入ってきた紅茶と一緒に、当初は中国製の茶器を使用していましたが、やがてそれを模倣した無《む》釉《ゆう》の赤い陶器が作られ、18世紀に入ると鉛釉や、塩釉を用いた新しい陶器が開発されていったようです。

　18世紀後半にはジョージ3世のお妃が愛した茶器を「クイーンズウエア」と呼んだ記録があり、それはウエッジウッドが考案した新しい陶器で滑らかなクリーム色をしていたといいます。マイセンでヨーロッパ最初の磁器製造が成功すると、イギリスでも磁器製造が行われるようになります。また、19世紀にかけて、ボーン・チャイナが出現しました。これは陶土に牛の骨灰を混ぜ、高温で焼成する「骨灰磁器」です。白い肌の磁器に紅茶をいれると、色が引き立ち、おいしそうに映ったようです。

Tea Pot

紅茶が眠りから覚め、大きく花開く大切な揺りかごです

おいしい紅茶をいれるには、まずよいティーポットを使うことが大切です。紅茶は高温でいれることが何よりなので茶葉を十分に開かせて、香りや味を引き出すためにコーヒーよりも厳密に100℃に近い温度が必要です。金属製、耐熱ガラス製のポットもありますが、保温性から見ても陶磁器が最適なようです。陶磁器のポットを使い始める時は、濃いめの紅茶をいれて内部に張り、2〜3日そのまま置いて内部に風味を浸み込ませてから使用するとよいともいわれます。

耐熱ガラス製は中が見えるうえ、分量を量る目盛もついていて便利ですが、お客用には優雅さにやや欠けるでしょう。

色や形もさまざまなティーポット。コーヒーよりもどこか優雅な気分に浸れる。

ヨーロッパでは18世紀初頭にドイツのマイセンで磁器作りに成功した後、イギリスなどの国々で、西洋の暮らしに合わせた茶器が生産された。

ティーポット

ティーポットは中国の急須から発展し、だんだんと形を変えていったといわれています。ちなみに18世紀のイギリスでは、銀製のポットをホットチョコレートを飲むために使っていたようです。

一般的に、ティーポットの形は丸みがあり、大きめのものであると、内部で茶葉がよく開き、紅茶ならではのジャンピング（上下への対流運動）が起こりやすいので理想的です。ただし、茶葉によってはジャンピングの起こりにくい種類もあります。ポットのふたは、空気穴が空いているかストッパーがついているかなどを確認しましょう。注ぎ口は液だれしない形のものを選びたいものです。

茶器の中心となる道具であるティーポットは、時代やメーカーによって特長が異なる。

陶磁器製の場合、内部まで釉薬《ゆうやく》で覆われていないと茶渋がつきやすくなるので注意しましょう。ティーポットの大きさの目安は、700㎖用が2人分で、1000～1200㎖が3人分の基準です。サイズはメーカーによってさまざまです。

サモワール（湯沸かし器）を象った、ロシアらしいデザインのティーポット。

紅茶は香りが大切。日本茶や中国茶などと兼用せず、紅茶用ポットを決めておくとよい。

Column

ティーポットを選ぶ際のポイント

全体の形としては、お湯を注いだ時に茶葉がポットの中で十分広がることができる丸くシンプルな形が理想的です。いろいろなサイズがありますが、大きめと小さめのものがあると安心です。

保温性がよい材質のもの、陶磁器製、銀製、耐熱ガラス製、ホーロー製などが適しています。急須でも代用できますが、鉄分により紅茶の色が黒くなってしまうため、鉄製のものは向きません。

また、見ための美しさだけではなく、例えば容量や茶葉の種類に合わせて使い分けてみるのもよいでしょう。

ふたにストッパーがついて安定感があるかどうか。
取っ手がもちやすく、もった時に重さのバランスがよいか。
最後の１滴まできれいに注げて、注ぎ口の湯切れがよいか。

Tea Cup & Saucer

紅茶には紅茶のために発達したカップ＆ソーサーがあります

ティーカップ＆ソーサー

陶磁器製のティーカップとソーサーは、セットで揃えると美しい。

物語の中に紅茶が登場する文学というとマルセル・プルーストの『失われた時を求めて』などがあります。紅茶を飲む時ティーカップの中にプチマドレーヌを浸けて味わい、1杯の紅茶から子供時代に過ごした叔母の家や、それがあった町を回想し、幸福感を味わったという5ページにもわたる名場面です。小説の背景はベルエポック時代の上流階級の男という紅茶らしい背景です。

カップの材質も陶磁器やガラスや金属などありますが、紅茶は高温でいれるものですからティーカップとソーサーのセットは陶磁器製がふさわしいでしょう。

正式なカップの形には高温でいれるものならではの工夫が見られます。ソーサーの上に置いた時、カップの底に密閉した空間を作るためのフットまたはスカートと呼ぶ空間があります。コーヒーカップに比べ、口が広がっていて大きく、浅めに作られているのは、飲む時に冷ましやすく、香りも立ちやすく、水《すい》色《しょく》を見やすくする配慮なのです。

ヨーロッパに初めて紅茶が伝わった17世紀頃、輸入したオランダ人たちは、カップにいれた熱い紅茶を、わざわざソーサーに移してから、ピチャピチャ音を立てながら飲んだようです。長崎出島に商館をもったオランダが経由して運んで来たので、茶の湯の作法からそんな振る舞いをしたという説もあります。一時期、ソーサーもカップ分の紅茶がまるまる1杯入るほどの容積がありましたが、今は平たい形が多くあります。いれたお茶が冷めないように、ふたのついたカップもあります。

他にも、ロシアではサモワールでいれてから移し入れる「スタカン」という金属の取っ手つきのガラス器なども、ティーカップの一種といえましょう。

現在では、平たい形のソーサーが一般的である。

カップの外側は絢爛豪華に装飾されていても、内部が白ければ水色も楽しめる。

アルコールランプや電気でお湯を沸かすロシアのサモワール。

Column

ティーカップの移り変わり

お茶が伝わった17世紀初期〜中頃のカップは、中国のもので、小ぶりで取っ手のないものでした。誕生の経緯ははっきりしませんが、熱いカップをもつことが難しかったためにソーサーがついたようです。初期のソーサーは、紅茶が注げるほど深く、そこに紅茶を移してすすりながら飲むのが正しい作法とされていたようです。そして17世紀末にはカップに取っ手がつき、現在に近い形になっていったといわれています。取っ手がついた理由としては、紅茶をいれる時に高温の湯を使うためという説が有力とされています。

初期のティーカップはティーボールと呼ばれ、日本の湯呑み茶碗に似ている。ソーサーも、料理の取り皿のように深い。

⇩

カップはひと回り大きくなり、またソーサーは平たい形に変化していった。

Mug

マグカップ

ふたつきのマグカップは、ティーバッグをいれる時に蒸らしたり、引き上げたティーバッグ置きとしても利用できる。

中身の見える透明のカップは、ハーブティーなど色鮮やかな水色《すいしょく》を楽しむのに適している。耐熱ガラスか確認しておきたい。

ふた、茶こしが1つになったオールインワンのマグカップなら、リーフティーもいれられる。

たっぷり入り、保温性もあり使い勝手のいいマグカップ

マグカップは、朝用のコーヒーカップとしてよく使われていますが、紅茶のカップとしても底が深く大きいので、たくさん入るうえ保温性にも優れています。デザインも大きさも自由自在で、ふたつきのものや、魔法瓶のように真空の層で覆われているもの（サーモマグカップ）もあって、熱い紅茶も長持ちして便利です。

マグカップという名は和製英語で、「マグ」の中に円形状のカップという意味があるため、欧米では、一般的に「マグ」と呼ばれています。

陶器、磁器、ガラス、ステンレス、ホーロー、木製もあり、はじめはホットミルクやコーヒーを飲むものでした。近年はスープやビールを飲むものとしても使われる万能カップとして人気があります。

オフィスでの利用など、携帯用にもさまざまなデザインが開発されています。

ティースプーンで紅茶をかき回した時の豊かな香り

熱い紅茶が入ったカップにティースプーンを入れてかき回すと、よい香りが漂い幸せな気分になるものです。17世紀には、スプーンを使い紅茶やコーヒーに砂糖を入れて飲むようになりました。紅茶用、コーヒー用のスプーンの区分は18世紀までについたようですが、正確に決まったサイズはありません。砂糖を量ったり紅茶をかき回したりしますが、料理のレシピで、ティースプーン何杯と単位にしている場合もあります。英語圏の国では、国で規定している場合もありますが実際は2.5～6㎖と幅があるようです。手もちのティースプーンが何㎖入るか、きちんと計算し、いつも同じスプーンを使えば、濃さのバラつきを防げます。

　また、カップの中でスプーンを回し撹拌する時、太陽の巡りと同様の時計回りが普通ですが、左回りにすると不幸を招くという迷信もあるそうです。

キャディスプーンは、18世紀後半に、茶葉をすくうための道具として開発されたといわれている。

コーヒースプーンと違い、茶葉を量るためにも使用する。大きい茶葉は大山1杯およそ3g、細かい茶葉は中山1杯で2.5～3gを目安とする。

ティースプーンより、ひと回り小さいコーヒースプーン。カップを撹拌する際、コーヒーカップの方が小さい場合が多いからといわれている。

それをかぶせるだけで紅茶がおいしくなる気がする魔法の覆いのよう

Tea cosy ティーコジー

ティーコジーを使えば、20 ～ 30 分間は熱々のまま紅茶を楽しめる。

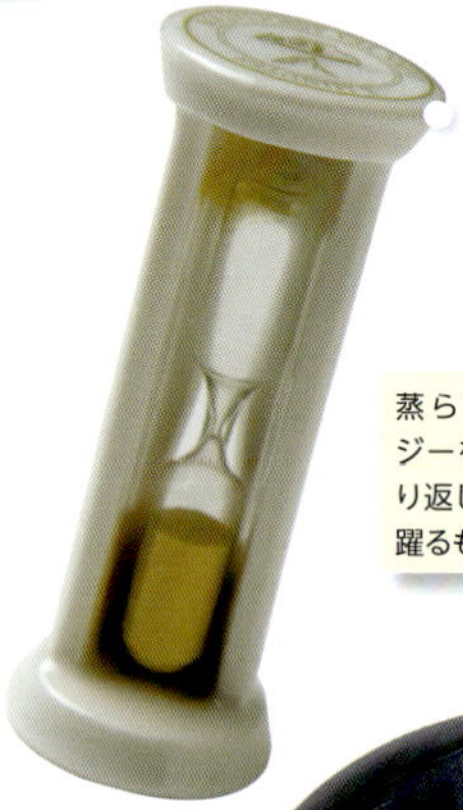

蒸らす時にティーコジーをかぶせ、ひっくり返した砂時計には心躍るものがある。

テーブルに紅茶のセットが整えられてティーポットはキルト状のペイズリー柄のカバーで覆われている…。大切な紅茶をおいしくなるように抱いて保温している母親を思わせる光景に心躍るものがあります。そのような紅茶のポットを覆うカバーはティーコジーといわれ、起源ははっきりしませんが19世紀後半から使われ出したようです。

ティーバッグをポットでいれる場合は、抽出時間を過ぎたらティーバッグを取り出し、コジーをかぶせればお茶の濃さを変えずしばらく保存しておけます。茶葉（リーフ）でいれる場合、別のポットに移し替え、そのポットにコジーをかぶせます。

ティータイムを楽しむインテリアとしておしゃれで楽しめる小物ですから、有効に使いたいものです。

ティーコジーに加えてマットも使用することで、保温力がグッと上がる。

ストレーナーを使って ポットからカップに紅茶を注ぐ特別な日

日本茶には「茶柱が立つ」という言葉があり、縁起がいいなどと喜んだりするものです。これは湯呑の中で茶葉の芯や茎の部分が、くいのように立って見える場合にいうものですが、茶葉を完全にこしていれる紅茶には茶殻が入ることはまずありません。

ティーポットからカップに紅茶を注ぐ時、茶殻が入らないようにするため使うのが茶こし(ティーストレーナー)です。

日本茶の急須には注ぎ口にセットされていることも多いのですが、紅茶のポットはないものが多いです。

茶こしの網目部分は、網目の穴が重なるように密度の高いものを使いたいものです。

茶こしに茶葉を入れ、その上からお湯を注ぐ人がいますが、お湯が葉を通過するだけでは紅茶の成分が十分抽出されませんので、おいしい紅茶は入りません。

ストレーナーの中に茶葉を詰め込み、直接そのままカップで抽出することもできるタイプ。

カップの茶葉はお湯をたっぷり含んで膨らんで出てくるため、容量の大きな茶こしだと安心。

茶こしの形はさまざまで、台がついて網目部分が回転するもの、ティーバッグ式などがある。

ティーストレーナー（茶こし器）

Tea Strainer

紅茶とお菓子の組み合わせ

Combination of tea and sweets

ちょっとバランスや組み合わせを考えて紅茶を選んでみるだけで、自分だけのティータイムをもっと楽しく満喫できる。スコーンやクッキーなどの焼き菓子と紅茶の相性は抜群。

互いの味を邪魔することなく引き立たせて、口の中で調和した際に独特のおいしさを引き出せているか…紅茶とお菓子の組み合わせは意外と奥が深いのです。自分なりに試してみて、納得するベストの組み合わせを見つけていきましょう。

さまざまなお菓子たち

スコーンにクッキー、マカロンにタルトやフルーツパイ…。ティータイムを色鮮やかに演出してくれるお菓子たちは、紅茶と合わせて相性よくいただきたいものです。紅茶と食べ物はとても相性がよく、例えば、焼菓子は紅茶にとてもよく合います。スコーンやビスケットはもちろん、タルトやパウンドケーキも最適です。焼きたてのスコーンにジャムやクロテッドクリームを添えて、お客様に熱々のままお出しすれば、とても喜ばれることでしょう。

素材に合わせて紅茶を選ぶ

お菓子にさまざまな種類があるように、紅茶にもさまざまな味や香りがあり、個性豊かな紅茶に何を合わせるのかは、意外と難しいものです。なぜなら、ひと口にケーキといっても、使用しているクリームは生クリームなのかカスタードクリームなのか、果物を使っているかなど、どのような素材を使っているかはそれぞれ違ってきます。紅茶との組み合わせ方によって、引き出せるおいしさも変化していくのです。

紅茶の特長的成分であるタンニンには、食べ物に含まれている脂肪分や油成分を分解させる効果があります。食後に紅茶を飲むと口内がすっきりするのはこのためです。バターをたっぷり使ったケーキなど、油分の多いお菓子には、適度な渋みをもった紅茶がぴったり。口の中をさっぱりとさせてくれて、状態を一度リセットしてくれます。

アッサムをはじめとしたミルクティーに向く紅茶は、脂肪分や油成分が牛乳の成分とマッチしてさっぱりと食べるのに向いています。反対に、あっさりとして脂肪分も少なめのティーフードであれば、控えめな渋みのニルギリやキャンディが紅茶の香りも立ち、おすすめです。

また、紅茶は洋菓子だけでなく和菓子との相性もよいものです。紅茶は、和菓子の自然な甘さを邪魔することもなく、さらに緑茶よりもさっぱりとした口当たりで意外とマッチするのです。

他にも、アップルティーに同じフレーバーのアップルパイを合わせたり、リンゴと相性抜群のシナモンを使ってアクセントにしてみたりと、メニューに合わせてチョイスしてみても楽しいでしょう。

紅茶とお菓子の魅力をより引き出しつつ、いろいろな組み合わせでティータイムを楽しんでみましょう。

2 世界のティータイム

お茶の楽しみ方が違えば飲み方もさまざま。水質や歴史によって工夫された、その国ならではのおいしい飲み方があります。

イギリス

United Kingdom of Great Britain and Northern Ireland

紅茶ぬきの生活は考えられない

「万一紅茶が飲めない事態にでも立ち至れば、我々は行動力や思考力はおろか、生きる気力すら無くしかねない。」とイギリスの作家アントニー・グリンがいっているように、紅茶なしには日常生活が送れないほど切っても切れない関係にあるのがイギリス人です。今でこそ簡略化が進んだものの、一日に何回もの紅茶を飲む伝統的習慣は色濃く残り、紅茶文化が国民生活にもたらす影響ははかり知れません。

17世紀にオランダを通じてイギリスに入ってきた紅茶も、コーヒーが男性向き、社交向きの飲み物とされ、一時、清教徒革命で禁じられたのに対し、紅茶は女性向き、家庭向きの飲み物として上流階級に好まれ、ティーパーティーの普及などと共に広がっていきました。

19世紀、ヴィクトリア時代にはアフタヌーンティーなどの独自の習慣が確立し、紅茶文化はイギリス人の生活習慣として定着し、毎日の生活が紅茶なしには考えられないほどになったのです。

社交のための紅茶文化を「ヴィクトリアンティー」といいますが、第1に正しく紅茶をいれる、第2に優雅にセッティングする、第3に豪華に大量の食べ物を用意する、の3ヵ条が基本とされます。

いかにおいしく紅茶をいれるか？ はイギリスのどの家庭でも、どの店でも最大の関心事で、「ミルクを先に入れるか、紅茶を先に入れるか」は120年もの長い間論争になっていました。２００３年になって王立科学協会が歴史ある論争に終止符を打つ「ミルクが先」という結論に達しま

コベントガーデンで見かけたミニサイズの観賞用ティーセット。

したが、後からミルクを入れた方が、味の調整がしやすいという説もあり、最終的には個人の好みということになりそうです。

今でも残る紅茶飲用の習慣

イギリスでは今でも随所にその習慣は残っているものの、生活が多様化し、スピードアップし、紅茶もティーバッグがリーフティーをしのぐほどに伸び、清涼飲料を飲む人口も増え続けています。

今でも残る紅茶飲用の習慣としては以下のものがあります。

●**ブレックファーストティー**　新鮮な果物に卵料理、ハム、ベーコンなどの伝統的な朝食に、たっぷりのミルクティーを何杯も飲みます。

●**イレブンジズ**　仕事などがひと段落した午前11時に飲む気分転換を目的としたお茶。以前会社などには時間になるとお茶入れをするティーレディも存在していました。

●**アフタヌーンティー**　午後4時頃に、ケーキ、スコーン、サンドイッチなどの軽食と共に、お茶と会話を楽しみます。近代化するにつれ遅くなってゆく夕食時間の間に、空腹を満たすのが目的で広まり、主婦が主催するお茶会として楽しまれ社会全体に広がりました。

●**ハイ・ティー**　アフタヌーンよりも遅い時間に、夕食の趣の強いものです。肉類も摂ることからミートティーとも呼ばれます。本来、スコットランドの農村地帯や工業地帯での習慣とされています。

●**アフターディナーティー**　客を招いたディナーや夕食の後、部屋を変えてくつろぐ紅茶の時間。アルコールが加わることも多いようです。

●**その他**　朝、ベッドで味わうアーリーティー、午後のひと時、簡単な菓子で味わうミッディティーブレイクなども加わる場合があり、これらを組み合わせて4～5回以上飲む人も少なくありません。

ホテルのティールームでは本格的なアフタヌーンティーが楽しめる。

フランス

France

サロン・ド・テでの喫茶時間

パリの街を歩けば、いたるところにカフェがあり、フランス人の生活に欠かせない存在ということは誰にでも実感できるでしょう。ここではおもにコーヒーが飲まれ、軽食もあります。

17世紀にオランダ人がもたらした紅茶は、フランス医学会の「身体に良くない」論争などでフランスには普及せずに、コーヒーを楽しむカフェ文化が発達しました。

紅茶は、女性を中心とした「サロン・ド・テ」で飲まれ、絵画などが飾られた静かな環境で、フランスならではの、甘い菓子をつまみながら優雅にお茶を楽しむ上品なサロンの雰囲気で普及していきました。最近の傾向として茶葉を売る店としての「メゾン・ド・テ」も目立ち、中国茶やさまざまな菓子を売る店も増えています。

フランス人たちには、独自に乾燥した茶葉に、果物や香辛料で味をつけたフレーバードティー（着香茶）が好まれます。これは茶葉に香料を吹きつけたものと、花や果実、香辛料を混ぜ込んだものの2種類あり、最近の嗜好の多様化に応える商品として人気を呼んでいます。

アップルティーなどが好評で高級食品店の製品などが世界各地で売られています。

サロン・ド・テは優雅なマダムたちの華やいだ雰囲気が漂う。

オランダ

Netherlands

オランダ式喫茶法は茶道の影響

およそ紅茶とは関係なさそうな国オランダが、17世紀に紅茶をヨーロッパにもたらした最初の国でした。長崎の平戸に商館を構えていたオランダ商人が日本と中国からのお茶をもち帰ったといわれます。しかも、ただの飲み物としてではなく、文化として扱われていて、ポットを使うとか、カップから受皿に移して、すするなどの喫茶法にも表れていたようです。

水が悪かったオランダではサフラン水でお茶をいれたり、お茶をカップからソーサーに移してから音を立てて飲んだりなど独特の喫茶文化もありました。その後、国力の衰退にともなって、中国貿易の中心をイギリスに奪われたこともあり、紅茶が普及することはありませんでした。

ポルトガルと共にいち早く紅茶の取引を開始したが、今はあまり飲まれていない。

ロシア

Russian Federation

サモワールで沸かす紅茶

ロシアと周辺の国ではサモワールといった独特の湯沸かし器が普及し、これで紅茶をいれます。

酷寒のロシアでは暖房器も兼ねた用具です。胴部の中央に炭などの固形燃料を入れて湯を沸かす器具で、上部にティーポットがついています。陶磁器から、金属など素材もさまざまで、寒くて厳しい冬を乗り切るのに欠かせない器具でしたが、今では電熱式に変わりました。

下部の蛇口から「スタカン」と呼ぶ取手つきのグラスに紅茶を受けて、それにジャムやはちみつ、ウォッカなどを添えて飲みます。朝から晩までサモワールの湯を煮たたせ、いつでもお茶を飲めるようにしておくのが、主婦の務めだったようです。

ロシアのサモワール型のティーポットがお国柄をしのばせる。

アメリカ合衆国

United States of America

紅茶が契機となった独立戦争

アメリカ独立戦争の契機となったボストン茶会事件や、アイスティーの創造、実用的なティーバッグの発明など、アメリカ合衆国が現代の紅茶文化にもたらした影響は意外と大きいのです。

イギリスの植民地だったアメリカのボストンで、重税に苦しんでいた植民地の住民たちがネイティブアメリカンの変装をして、茶税を免除されていた東インド会社の船を襲い、茶箱をすべて海に投げ捨てるという事件を起こしました。1773年冬の出来事で、このボストン茶会事件がアメリカ独立戦争の契機となったのです。

紅茶とアメリカの関わりはティーパーティーやティークリッパーなど意外と深い。

また、1904年にセントルイスで万国博が開かれた時、紅茶の試飲宣伝をしていたインド館で、猛暑でだれも飲まなかった紅茶にイギリス人が大量の氷を入れて提供したのが大好評となり、アメリカ人の好むアイスティーとして発展したとされます。20世紀初頭には、ニューヨークの茶商が絹の袋に見本を詰めて送ったのが実用的なティーバッグのきっかけだったといわれ、アメリカ人の嗜好に合ったティーバッグの紅茶製品はリーフティーと変わらない香味でした。紅茶を楽しめるかを課題に、その後、ガーゼやろ紙など、さまざまな素材や形状のティーバッグが工夫されています。

また、レモンの薄切りを浮かべて楽しむレモンティーも、アメリカで人気の高い飲み方です。

インド

India

独特の「チャイ」とカースト制度

イギリス植民地としての歴史が長いインドは、日本の9倍という広大な国土に10億を超える住民が住み、紅茶の生産量は世界でも指折りの実績を誇ります。ダージリン、ニルギリ、アッサムなどの有名な紅茶の産地も、数多く知られます。

チャイをいれる少女。
© meg and rahul

1日に何杯も紅茶を楽しむイギリス式の習慣も一部の階級に浸透しています。しかし住民たちの日常のお茶は細かい茶葉を煮出して砂糖と牛乳にスパイスを加えた「チャイ」が圧倒的です。

町のいたる所に飲む店があり、甘いチャイは酷暑の風土では身体を癒す何よりの飲物です。

店ではクリと呼ぶ素焼きカップにチャイを入れて売り、飲み終わって地面に捨てて割ると砕け、やがて土にかえり、その土からまたクリが作られます。

一度入れると水分を吸って使えなくなるクリですが、それを作る人を含めてカースト制度が息づくインドならではの紅茶習慣で、全国的に広がっています。

現在では、素焼きのクリばかりではなく、ガラスやプラスチックの容器も多くなっています。

スリランカ

Democratic Socialist Republic of Sri Lanka

セイロン茶の本場の茶習慣

スリランカはかつてはセイロンと呼ばれていたため、お茶は今でもセイロン茶と呼ばれ、世界の生産量の10％を占めます。

セイロン茶は香り・味・水色《すいしょく》のバランスがよく、ブレンド茶としてはもとより、単一生産地銘柄で使われることも多いのです。日本ではさまざまな飲み方をしますが、現地ではキリティーと呼ぶ甘い粉ミルクティーが普及しています。

これはインド同様に、細かい茶葉を使いますが大きな違いは牛乳ではなく粉ミルクを使うことです。生の牛乳が入手しづらい事情によるもので、高級になると缶入りのコンデンスミルクを使います。

紅茶をいれる時は砂糖と粉ミルクを入れた2つのカップに茶を注ぎ、それを交互に繰り返すことにより、空気も混入され、甘くてまろやかな飲み心地のキリティーに仕上げます。

暑い国ですが飲み物を冷やして飲む習慣はなく、アイスティーもないようです。

スリランカはインドと並び紅茶の名産地。
歴史的にも果たした役割は大きい。

トルコ

Republic of Turkey

独特の茶器チャイダンルック

この国ではトルコ〜ヒーも有名ですが、紅茶も人気が高くトルコチャイと呼ばれる紅茶を一日に何杯も飲んでいます。ミルクは入れず、ウサギの目の色が最高という美しい赤色の紅茶に砂糖を入れて飲んでいます。

特長的なのは2段重ねのポットで「チャイダンルック」と呼ばれる抽出器具を使うことで、ステンレス製が一般的です。この器具の下のポットに水を入れて沸かし、上のポットに少量の水と茶葉を入れて、そのまま火にかけ沸かします。

上の器で蒸らした茶葉に下のポットの湯を入れて15分程蒸らします。上の器の濃い紅茶をグラスに半分程入れ、下の器の湯でそのつど、濃さを調節します。今では水を入れたまま、一日に何回も使える電気製品もあります。

紅茶はティーカップではなく「チャイバルダック」という真ん中がくびれた小さな容器に注ぎます。この器はガラス製、陶器製といろいろあります。この器で、熱くて甘い紅茶を何回も飲むようです。

紅茶の歴史も古く、シルクロードを往来する商人によって伝えられたといわれます。現在は、町にチャイハネという喫茶店もあり、出前のチャイもあるようです。

小さなテーブルとカラフルなクッションが並ぶ、トルコのカフェ。

モロッコ

Kingdom of Morocco

カスバに漂うミントの香り

有名な旧市街のカスバを歩けば、街角からミントの香りが漂ってきます。夏は50℃にもなる気温のモロッコではミントティーが欠かせない存在です。グラスにたくさん詰めた生のミントの葉にお茶を注いで作ります。

モロッコ人は一日に何杯もこれを飲みますが、酷暑の気候の中で、ミントティーは体温を下げ、消化を助ける有効成分を抽出させる作用があるため、モロッコ人にとって不可欠の飲物として全国に広まりました。

19世紀半ばに、モロッコの港にイギリス東インド会社の船が足止めされ、積荷の茶を港に下ろし、ここに駐在するイギリス人に茶をいれたことから広まって、やがてミントを入れて飲むお茶が好まれるようになったようです。ミントティーは、町のカフェで紅茶感覚で簡単に飲まれていますが、これを入れる茶葉は、中国産の緑茶が一般的です。

モロッコのミントティーは高いところから湯を注ぎ入れる。こうすることで香りが立つ。

中国

People's Republic of China

世界中のお茶のふるさと

広大な国土に13億を超える人口世界一の国で、世界中に広がるお茶の発祥の地、いわばお茶のふるさとです。17世紀にヨーロッパへ初めて輸出して以来19世紀末までは茶の市場を独占していました。

中国には1000種類を超える茶種があるといわれ、中国茶は製造方法の違いから生じる、カップの水色《すいしょく》の特長をもって六大分類されています。全体の7〜8割を占める緑茶をはじめ、白茶、黄茶、青茶、紅茶、黒茶の6つに分けられます。

中国産紅茶として有名なものは祁門（キームン）紅茶で、エキゾチックな風味をストレートで味わいます。また正山小種（ラプサンスーチョン）は松柏で燻煙《くんえん》するのでスモーキーな香りで知られます。

茶の故郷だけあり、飲み方や種類が地方によって異なる独特の文化がある。

お茶の飲み方もさまざまで、茶器も多彩です。中国の人は各地に点在する茶館を活用します。唐代から主な市にあって旅行く人が喉の渇きを癒すためお金を払って飲んだのが原型といわれます。時代を経るにつれ茶館は農村部にも広がり歌を歌う娯楽の場になったり、菓子を提供する場になったり、庶民の憩いの場として繁栄しました。

中国のお茶は日本をはじめヨーロッパ各地に伝わり、その国に独自の文化を根づかせました。

日本の茶道とは異なりますが、20世紀には香りを聞く「聞香《モンコウ》杯」が開発されて茶芸が盛んになりました。地方に住む少数民族は、涼拌茶《りょうばんちゃ》、竹筒茶《ちくとうちゃ》など独自のお茶を楽しんでいます。

Tea Break

優雅にふるまう紅茶のマナー

Manner of Tea

ロンドンのケンジントンパレスにある温室は1704年にアン女王が作らせたもので、この温室の中でアフタヌーンティーのおもてなしが行われ、今もお茶とお菓子が楽しめる。

多くの人々が、長い間の習慣を優雅に守ってきたティータイムは、もてなしの心が伝わるようなサーブに終始したいものです。招く側は、お客様にくつろいでもらうように気遣い、招かれる側も、会話がはずむように心がけましょう。

紅茶でもてなしを受ける側

イギリスの上流階級の貴婦人たちに愛されて広がった紅茶文化ですが、何よりも、香りが味以上に大切にされるのが紅茶でもあります。紅茶を飲む席に臨む女性は、周りの人が匂いに気づくような、強い香りの香水や化粧品をつけて行くのは厳禁と心得ましょう。男性も汗や体臭に注意します。

ティーカップに砂糖を入れる時、固形の砂糖をポトリと落とすと紅茶が飛び散ることがあるのでスプーンにのせて入れるようにしたいものです。スプーンでかき回す時は音を立てぬように注意し、あとは静かに受け皿（ソーサー）に置くようにします。カップの向こう側に置けば飲む邪魔になりません。

立席で紅茶を飲む時はソーサーごと手にもってカップだけ口につけるようにします。お代わりをすすめられたら遠慮なく受けて問題ないでしょう。

お菓子やサンドイッチもそれぞれ、積極的に味わいましょう。紅茶にパンやビスケットを浸して食べる風習もありますが、それは個人的なティータイムに限るべきで人前では避けるようにしたいものです。ティーパーティーでは会話が、何よりも大切と心得ましょう。

紅茶でもてなす側

紅茶は、イギリス人に貴ばれた「ビクトリアンティー」の考え方を基本にしてティータイムに臨みたいものです。すなわち、正しい方法で紅茶をいれること、器やテーブルセッティングはなるべく優雅にすること、お菓子など食べ物は豪華に、多めを心がけて用意すること、の3点です。

ティーカップを卓上にセットしたら、紅茶はポットにいれて作り、お客様の前でカップに注ぐようにしましょう。ティーバッグの場合もポットを使う方が優雅です。紅茶のお代わりや、お菓子の取り分けも用意したいものです。

ポットは専用のものを用意し、茶葉が中で広がるような丸い形で、保温性の高いものがよいでしょう。ポットの上から、すっぽりかぶせる形のティーコジーは、20～30分は保温効果があります。デザイン、材質もいろいろあるので、ティータイムを演出する小道具として有効です。

お菓子と、紅茶の組み合わせ方としては、香味の強い紅茶には、バターや糖分の強いお菓子を合わせ、さっぱりと軽めの紅茶には、やさしい風味や香りのお菓子を合わせてみるとよいでしょう。逆に酸味のあるお菓子にはスッキリとしたお茶、甘みや、油の強いお菓子には、渋みがあるお茶が合うでしょう。何回かためしてみて自分なりの組み合わせを生み出すのも、紅茶の楽しみのひとつです。

3 四季のアレンジティー

季節によって、気分によって、いつもの紅茶をちょっとアレンジしてみてはいかが。

バランスを意識して楽しくアレンジ

いつもの紅茶に飽きてきたら、アレンジティーを試してみましょう。アレンジティーはバランスが大切ですから、妥協せずに紅茶の風味を損なわないような、よい素材を選んでみましょう。

例えばフルーツは、レモンティーやオレンジを浮かべたシャリマティーなどが、紅茶ととても相性がよく、組み合わせると甘酸っぱく爽やかな香りを堪能できます。季節のフルーツをたっぷり使って、香り豊かなアレンジティーを作ってみるのはいかがでしょうか。また、はちみつを加えてみるだけでも、個性的な香りが楽しめます。クセのないアカシアのはちみつは鉄分が含まれず、紅茶水色《すいしょく》を損なうこともなく味と香りのアクセントづけにはぴったりです。

また、使用するグラスにもこだわると、見た目にもおいしいアレンジティーが作れて、ティータイムをいっそう演出してくれます。例えば、紅茶とジュースなどを美しくセパレートさせるためには、細長いタイプのグラスがよいでしょう。ジュースやフルーツと合わせたものは、大きめのグラスでたっぷりと贅沢に作ってみましょう。グラスの形により容量が変わってきますので、レシピの分量は目安として調整していってください。

アイスティーのバリエーションは
グラス選びも大切なポイント。

アルコール

ラム酒やウイスキー、ブランデー、リキュールなどのアルコール類もまた、紅茶との相性がぴったりです。例えば、ミルクティーにはラム酒やブランデーなどが合うでしょう。パイナップルやブルーベリーなどの果実を浸け込んだリキュールも種類豊富でおすすめです。

紅茶の風味を損なわず、味や香りを引き立たせられるよう、好みの分量を調整してみましょう。

ブランデーやリキュールの他、日本酒や焼酎も意外と合う。

ジャム・シロップ

季節により手に入りにくいフルーツでも、ジャムやコンポートを使えば1年中フルーツのアレンジティーが楽しめます。フルーツフレーバーのシロップも売られていますので、セパレートティーを作るのにも活用できそうです。

はちみつ

味と香りに特長があるはちみつは、紅茶の甘みづけにもうってつけです。紅茶によく合うといわれているのは、みかんやオレンジといった柑橘系の花の蜜で、爽やかな香りと甘みがあります。ただし鉄分の含まれているものは、紅茶水色に影響を与えるので注意が必要です。

ジュース

最もお手軽なのは、ジュース類との組み合わせでしょう。トロピカルフルーツジュースなら南国風、炭酸飲料なら爽やかな飲み口のアレンジに早変わり。夏場はアイスティーとの相性も抜群です。

フルーツ

フルーツの香りを生かすためには、渋みが少ない茶葉を選ぶのがポイントです。フルーツに多く含まれている果糖は冷やすと甘みが強くなり、フレーバー効果もあるのでアイスティーにも向いています。リンゴやバナナなどは加熱することにより免疫力アップや腸内環境改善の働きが強まるため、焼きリンゴや焼きバナナのホットティーもおすすめです。

完熟のものを使うことで、よりいっそう香りが引き立つ。

『春』のアレンジティー

寒い冬から少しずつ日差しに暖かみを感じはじめ、ウキウキする気分になってきたら、大好きな紅茶で素敵なアレンジティーを作ってみましょう。

テ・葛《くず》ユウー

いつもの紅茶が熱々の葛スイーツに変身です。あずきや葛などの和素材との融合で、季節の風物詩を。

[材料（1杯分）]

本葛	10g
水	20mℓ
砂糖	10g
紅茶	150mℓ
大納言	少々
干菓子	少々

癒しのラベンダー・アールグレイ・ミルクティー

リラックス効果のあるラベンダーの風味とミルク、はちみつでほっこり温かな気持ちに。

[材料（1杯分）]

アールグレイ茶葉	5g
ラベンダー	ひとつまみ
水またはお湯	80mℓ
牛乳	80mℓ
はちみつ	適量
ホイップクリーム	適量

イチゴ風味ホイップ・ミルクティー

イチゴの甘酸っぱい香りに春の気配を感じながら生クリームと一緒にどうぞ。

[材料（2杯分）]

茶葉（アッサム）	6g
熱湯	150mℓ
牛乳	25mℓ
生クリーム	10mℓ
グラニュー糖	4g
イチゴのスライス	適量

[作り方]

①水溶き葛を作る。本葛を水でよく溶いておく。
②紅茶をポットでいれ、手鍋にいれてこし砂糖を混ぜる。
③手鍋を火にかけ、強火で①を加えながら木べらで混ぜながら炊く。焦げないように手鍋を動かして火の調節をする。
④全体にとろみが出て透明になったら火を止める。
⑤カップの底に大納言を入れ、紅茶葛を注ぎ椿の干菓子を飾る。

[作り方]

①手鍋にお湯を入れ茶葉とラベンダーを入れて火にかけ、沸騰したら火からおろし、ふたをして2～3分程蒸らす。
②①に牛乳を加え時々かき混ぜながら沸騰直前で火を止める。
③茶こしを使ってポットに移し、はちみつを加える。
④カップに注ぎホイップクリームをのせる。

[作り方]

①ポットに茶葉を入れ、熱湯で3分蒸らす。
②茶こしを使って、グラニュー糖が入った別のポットに①を移す。
③牛乳と生クリームを一緒にホイップする。
④ティーカップに2分の1の量の②を注ぎ、その上に2分の1の量の③を静かに注ぐ。
⑤イチゴのスライスを浮かべる。

協力：日本紅茶協会

『夏』のアレンジティー

暑い夏には爽やかなハーブやフルーツなどを加えたアレンジティーを手軽に楽しんでみましょう。
冷房で冷えた体にはホットティーもよいでしょう。

Nippon《にっぽん》 Cha Cha《ちゃちゃ》 茶《ちゃ》 ～天地人《てんちじん》～

緑と太陽をイメージした
3層の色鮮やかなアレンジティー。
炭酸水とミントで爽やかさもプラス。

[材料(大きめのグラス1杯分)]

ティーバッグ	2個
熱湯	100mℓ
スティックシュガー	1本(6g)
クランベリージュース	60mℓ
ガムシロップ	1/2～1個
(使用するジュースの加糖の度合いにより調整)	
炭酸水(無糖)	100mℓ
氷	適量
スペアミント	適宜
ラズベリー	適宜

葛湯《くずゆ》がフルーツティー？

自分の好みのフルーツを加えて
上品な葛湯紅茶に。
飲む時はよくかき混ぜます。

[材料(1杯分)]

ティーバッグ	2個
葛粉	10g
水	150mℓ
砂糖	45g
好みのフルーツ	適量
熱湯	適量
ミントの葉	適宜

ふるふるジュレのティーパンチ

紅茶のおいしさや魅力を、
たっぷりフルーツと一緒に
気軽に楽しんで。

[材料(2杯分)]※写真は6人分

茶葉(アールグレイ)	5g
熱湯	360mℓ
粉ゼラチン(ふやかす必要のないもの)	5g
グラニュー糖	20g
好みのフルーツ	適量
炭酸水(無糖)	適量

[作り方]

①温めたポットに熱湯とティーバッグを入れ、ふたをして2分蒸らす。
②①のティーバッグを取り出し、グラニュー糖を加えて甘みをつける。
③ガムシロップを加えたクランベリージュースをグラスに注ぐ。
④氷を8分目まで入れて、②を注ぐ。
⑤最後に炭酸水を加え、スペアミントとラズベリーを飾る。

[作り方]

①フルーツを1㎝角に切る。砂糖15gを振りかけ、全体を軽く混ぜたら5分程置いておく。
②葛湯を作る。葛粉、水、砂糖30gを鍋に入れてダマがなくなるよう混ぜてから中火にかける。
③とろみがついたら火を止め、粗熱が取れたら、フルーツを加えて和える。
④温めたカップに熱湯を注ぎ、カップの脇からティーバッグを静かに入れる。ソーサーなどでふたをしてティーバッグの表示どおりに蒸らす。
⑤③のフルーツ入り葛湯を好みの量だけ紅茶の中に加える。
⑥ミントの葉を飾る。

[作り方]

①温めたポットに茶葉を入れ、熱湯を注ぎ約2分半蒸らす。
②軽く混ぜ、茶こしでこして、グラニュー糖を加える。
③粉ゼラチンを振り入れ、よく混ぜて溶かす。
④粗熱がとれたら、適当な大きさの容器に入れ、ふたをして冷蔵庫で冷やし固める。
⑤食べる少し前に冷蔵庫から出し、大きめの器に、カットしたフルーツと共に盛りつける。
⑥食べる直前に炭酸水を加える。

『秋』のアレンジティー

ダメージを受けた肌を内面からもいたわりたい季節。美肌やメンタルに効果的な甘いホットティーでほっこりティータイムを。

秋の美肌ティー

豆乳やゴマなど肌にやさしい成分を含んだ材料を使ったアレンジティーで秋のお肌のケアも兼ねて。

[材料(2杯分)]

茶葉(ケニア)	6g
豆乳	300㎖
きな粉	ティースプーン2杯
白ゴマ	ティースプーン2杯
牛乳(スチームドミルク用)	100㎖
黒糖	適量

シャングリラティー

疲労回復やリラックス作用があるレモンとライムで華やかな秋のティーパーティーを。

[材料(2杯分)]

レモン	1/2個
ライム	1/2個
はちみつ	適量
茶葉(ニルギリ)	6g
熱湯	150㎖
甘めのマーマレード	ティースプーン2杯
氷	適量

ホットティースムージー

栄養価も高いこのメニューは、アレンジするだけでレパートリーも増え、おしゃれなデザートに変身。

[材料(2杯分)]

牛乳	200㎖
砂糖	大さじ2
小麦粉	大さじ1
茶葉	大さじ2
熱湯	100㎖
卵黄	1個分
牛乳(泡立て用)	適量
シナモンパウダー	適量
シナモンスティック	2本

[作り方]

①温めたカップに白ゴマをティースプーン1杯すくって入れておく。

②沸騰直前の豆乳に茶葉ときな粉を入れて3分蒸らして、カップに2分の1を注ぐ。

③お好みでスチームドミルク2分の1を加えて。黒糖を入れるとまろやかさが加わる。

※豆乳に茶葉を入れる前に別容器に茶葉をひたひたの湯で湿らせておくと茶葉が開きやすくなります。

[作り方]

①レモンとライムを輪切りにし、はちみつ漬けにしてひと晩置く。

②温めたポットに茶葉を入れて熱湯を注ぎ2分蒸らす。

③グラスにマーマレード、砕いた氷を入れておく。

④③に①のはちみつ漬けにしたレモンとライムを加え、氷の上からホットティーを注ぐ。

[作り方]

①茶葉に熱湯を注ぎふたをして蒸らす。

②鍋に牛乳・砂糖・小麦粉を入れ、混ぜながら中火にかける。

③①をこしながら加える。

④③にとろみがついたら、火を止め、卵黄を加えて手早く混ぜる。

⑤カップに2分の1を注ぎ、泡立てた牛乳を浮かべ、シナモンパウダーをふる。お好みでシナモンスティックを入れて香りづけするのもよい。

『冬』のアレンジティー

**クリスマスにぴったりのイチゴ紅茶、にごり酒・リキュールを使ったちょっぴり大人のホットティー…
身体の芯から温まりましょう。**

白き雪のミルクティー 〜塩麹《しおこうじ》仕立て〜

今はやりの塩麹を使ったアレンジティー。
麹に日本酒のにごり酒が
和のハーモニーを奏でる。

[材料(1杯分)]

茶葉(アッサムなどミルクティー用)	ティースプーン山盛り1杯
水と牛乳	各80mℓ
塩麹	ティースプーン1杯
雪っ子(甘口にごり酒)	ティースプーン1杯
グラニュー糖	ティースプーン1杯

ふわふわイチゴ紅茶

マシュマロとイチゴの相性に
紅茶がそっと寄り添います。
華やかで温まるアレンジです。

[材料(1杯分)]

ティーバッグ	1個
イチゴ(大きめのもの)	1個
スティックシュガー	1本(3g)
マシュマロ	適量
熱湯	150mℓ

キーモンライチミルクティー

蘭の花のような香りのするキーモン紅茶
に、爽やかなライチリキュールや
シロップを使ったミルクティー。

[材料(3杯分)]

板ゼラチン	3枚
砂糖	12g
牛乳	180mℓ
氷水	適宜
ライチリキュール	キャップ3杯
生クリーム	200mℓ
ライチシロップ	30mℓ
キーモン紅茶茶葉	スプーン山盛り3杯
熱湯	250mℓ
クコの実	適宜

[作り方]

①分量の水と牛乳を火にかけ、沸騰直前に茶葉を加えて火を止め、ふたをして3〜4分蒸らす。茶葉は、あらかじめ別皿で少量の熱湯に浸しておくとよい。

②軽くひとかきし、茶こしを使ってティーカップに注ぐ。

③塩麹、にごり酒、グラニュー糖を加える。

[作り方]

①イチゴ1個を5mm角に切り、スティックシュガー1本をまぶし、1分ほど置いた後オーブントースターで2〜3分焼く。

②紅茶をいれる。温めたカップにティーバッグ、熱湯を注ぎ、ふたをして1〜2分蒸らす。

③紅茶にマシュマロ、焼いたイチゴをのせる。

※よく混ぜて飲んでください。

[作り方]

①牛乳ゼリーを作る。ふやかしておいた板ゼラチンと砂糖を温めた牛乳に入れて溶かす。

②氷水にあて粗熱がとれたらライチリキュールをキャップ2杯入れ冷蔵庫で冷やし固める。

③生クリームを泡立てる。生クリームにライチリキュールキャップ1杯とライチシロップを加え泡立てる。

④キーモン紅茶を作る。茶葉をスプーン山盛り3杯で熱湯を注ぎ、濃いめのホットティーを作る。

⑤1杯のティーカップに対して牛乳ゼリーを3分の1ほど入れ、そこに④を3分の1注ぐ。上に泡立てた生クリームを浮かべ、クコの実をのせる。

11月1日は紅茶の日

November 1 is a day of tea.

日本紅茶協会が制定

11月1日は紅茶の日だということをご存知でしょうか。1782年頃、ロシアに漂着した伊勢の国の船頭、大黒屋光太夫が帰国を願い、1791年、女帝エカテリーナ2世に拝謁しました。そして茶会に招かれ、日本人として初めて西洋式紅茶を飲んだといわれていることから、日本紅茶協会が制定しました。紅茶の日は、一日紅茶に浸ってみるのはいかがでしょう。

一日の始まりは、忙しい朝だからこそ、おいしい紅茶で心も身体も目覚めさせたいものです。少し濃いめにいれたミルクティーを飲んで、気持ちよくスタートしましょう。

午前中は、仕事の合間にティーブレイクを加えてみるのはいかがでしょう。お気に入りのマグカップを用意して、ティーバッグを使えば、手早くティータイムを楽しめます。

ランチにも紅茶を添えてみましょう。アールグレイでいれたアイスティーはパスタとも相性抜群です。後味さっぱりなので、午後からの仕事にもひと区切りです。

休日であれば、午後の時間にアフタヌーンティーパーティーを開くのもよいでしょう。夕食後にはニルギリにリキュールを加えて少し大人のティータイムでくつろいでみたりと、ぜひ紅茶三昧の一日を過ごしてみてください。

第5章

世界の紅茶 ブランドカタログ

世界中にはさまざまな紅茶がありますが、
厳選した7ヵ国33ブランドの代表商品はもちろん、
各ブランドの歴史や特長にも迫ります。

ENGLAND

TWININGS
トワイニング

英国紅茶発展の歴史に寄り添う老舗中の老舗

（購入先）全国有名百貨店、全国有名スーパー他／通販可
（問合せ）片岡物産(株)

歴史

イギリス紅茶ブランドの代表・トワイニングは、1706年に誕生したイギリスで最も古い紅茶商です。ヴィクトリア女王に献上したのをきっかけに、エリザベス女王などから王室御用達の栄誉を賜り、同時に紅茶の品質にも磨きがかかりました。約300年の間、開業当時と同じ場所で直系の子孫によって引き継がれ、今も新しいブレンド作りに挑戦しています。

特長

完璧な紅茶を作るため、約5年間のトレーニングを積んだブレンダーたちによって世界中の何千もの茶畑から良質の茶葉を入手。入念なテイスティングで、質や風味、味わいや色をチェックし、最終試飲で鑑定員が満足して初めて出荷される状態になります。また、独自のハーブとフルーツをブレンドしている数少ないブランドなので他にないレシピで紅茶が楽しめるのも魅力です。

ストランド通りで創業300年経った現在も営業。

Brand Collection

クオリティ アール グレイ

ベルガモットの爽やかな香りと紅茶のおだやかな味わいがひとつになったトワイニングを代表する人気ブレンドです。

原産地 中国
飲み方 ストレートティー、ミルクティー他

クオリティ レディ グレイ

アール グレイをベースにオレンジとレモンの果皮、矢車菊の花を加えた華やかな香りと上品な味わいが特長のオリジナルブレンドです。

原産地 中国
飲み方 ストレートティー、アイスティー

クオリティ ビンテージ ダージリン

インド、ダージリン地方の高地で育まれる特別な紅茶。収穫時期にこだわり手摘みされた茶葉で、芳醇な香りと上品な渋みが特長です。

原産地 インド
飲み方 ストレートティー

クオリティ アイリッシュ ブレックファスト

紅茶消費量の多いアイルランドで広く親しまれている紅茶。濃厚でコクのある味わいは、ミルクとの相性が抜群です。

原産地 インド、ケニア他
飲み方 ミルクティー

ENGLAND

TEA PALACE
ティーパレス

世界中の高級茶葉を提供
紫色のニューフェイス

（購入先）全国有名百貨店、全国有名スーパー他／通販可
（問合せ）株式会社センチュリートレーディングカンパニー

歴史

英国ロンドンのコヴェントガーデンにある紅茶専門店です。2005年にタラ・キャルクラフト氏が設立して以来、世界中の紅茶愛飲家やセレブ、ジャーナリストたちを惹きつけてきました。世界中の高級な茶葉、シングルエステート（単一茶園紅茶）から、ハウスティー、ハーブ・インフュージョン、フルーツ・インフュージョン、ティー・トニックまで幅広く販売しています。

特長

ティーパレスでは、「本物の紅茶」を再発見するという使命に専心し、世界中の紅茶愛飲家たちと最高級の紅茶やインフュージョンに対する情熱の共有を目的としています。農園指定の「ブラックティー」や、インドの古来健康美容である「アーユルヴェーダ」の考えに従って作られた「ティートニック」など5つのカテゴリーでオリジナリティー溢れるブレンドが味わえます。

Brand Collection

ファイネスト ダージリン

最上級のホールリーフで、2番摘みのダージリン。ヒマラヤで栽培される、香りのよさとソフトな味わいが特長です。

原産地 インド
飲み方 ストレートティー

パレス ブレックファースト

コクがあり、香り高いアッサムと、セイロンのシングルティーをブレンド。朝の目覚めの1杯にとてもふさわしい紅茶です。

原産地 インド、スリランカ
飲み方 アイスティー、ミルクティー

オーガニック レモン&ジンジャー

アーユルヴェーダのコンセプトに基づき、しょうがの根やレモンバームなどをブレンドした代謝を高めるハーブティーです。

原産地 スペイン、インド他
飲み方 ストレートティー

オリジナリティー溢れる高級茶葉が揃う。

テーマカラーの紫がシックなコヴェントガーデン本店。

Brand Collection

ENGLAND

LIPTON

リプトン

日本に初めて紅茶をもたらした
紅茶の代名詞的ブランド

（購入先）全国有名百貨店、全国有名スーパーなど
（問合せ）リプトン・ティーアンドインフュージョン・ジャパン

歴史

スコットランドのグラスゴーで食料品店を経営していたトーマス・リプトン氏が、1889年に紅茶を販売したのがはじまりです。翌年には世界一おいしい紅茶を求めてセイロンに進出し、茶園経営に乗り出します。1906年に初めて日本に輸入された外国製のブランド紅茶で、現在では約150ヵ国以上の国で親しまれています。

特長

ティーバッグが誕生した1961年。翌年には現在のイエローラベルの原型となるティーバッグが発売され、その後ティーバッグでも茶葉が「ジャンピング」できるよう考え出された「ピラミッド型ティーバッグ」が2002年に発売。ティーバッグをより立体的にすることで茶葉が動く広い空間ができ、紅茶の成分の抽出力がアップ。紅茶本来の香りや味わいをより一層引き出せます。

ケニアのケリチョ茶園。

イエローラベルティーバッグ

紅茶本来のおいしい香りや味わいが楽しめる、抽出力の高いピラミッド型ティーバッグを採用。すっきり爽やかな味わいです。

原産地 ケニア、スリランカ他
等　級 F
飲み方 ストレートティー、ミルクティー

アップルティーバッグ

果汁入りアップルフレーバーのジューシーな香りが際立つ、すっきり爽やかな味わいです。ピラミッド型ティーバッグを採用。

原産地 ケニア、インドネシア
等　級 F
飲み方 ストレートティー

ピーチティーバッグ

果汁入りピーチフレーバーのほんのり甘い香りと、フルーティーな味わいです。ピラミッド型ティーバッグを採用。

原産地 ケニア、インドネシア
等　級 F
飲み方 ストレートティー

エクストラクオリティセイロン(青缶)

セイロンハイグロウンティーの代表格「ヌワラエリア」がベースのピュアセイロンティー。香りの高さが自慢の一品です。

原産地 スリランカ
等　級 BOP
飲み方 ストレートティー、ミルクティー、レモンティー

Brand Collection

アールグレイ缶

オレンジの花から抽出したエッセンスオイルとベルガモットオイルをブレンドした魅惑的な紅茶です。

原産地 スリランカ、インド
等 級 OP
飲み方 ストレートティー、ミルクティー

ダージリン缶

マスカットを原料とした白ワイン独特の風味があり、マイルドな渋みの爽やかな香りの紅茶です。

原産地 インド
等 級 OP
飲み方 ストレートティー、ミルクティー

アッサム缶

淡い色で新鮮な新芽を使い、モルトフレーバーの味覚と力強さが特長。スモーキーな香りの紅茶です。

原産地 インド
等 級 OP
飲み方 ミルクティー

ロイヤルブレックファースト缶

300年にわたり英国民の愛する最高級のブレンド。日本の軟水でいれても渋みがほどよい紅茶です。

原産地 インド、スリランカ
等 級 OP、BOP
飲み方 ミルクティー

ENGLAND

The East India Company

東インド会社

紅茶元年ともいうべき
伝統的な由緒正しきブランド

（購入先）明治屋ストアー各店
（問合せ）株式会社インターデック

歴史

イギリスの女王エリザベス1世の勅命により1600年に設立、英国に初めて紅茶をもたらした会社です。この他ロシアに陶器、日本に羊毛をもたらし、その規模と経済力は当時世界を席巻しました。ダージリンの起源もこの会社からのものです。1876年に解散しましたが、1978年に当時の紋章やトレードマークを引き継ぎ、現在の東インド会社を発足しました。

特長

なんといっても17世紀に飲まれていた当時の伝統的なブレンドの紅茶を再現しているところに特長があります。東洋のエキゾチックなものを西洋に、という当時の理念を生かし、スリランカ、インド、中国など世界各国から最高品質の茶葉を提供。高級感溢れる商品のパッケージデザインも、歴史にちなんだクラシカルなものでギフトとしても最適です。

ロンドン市内にある東インド会社直営小売店の風景。

ENGLAND

Harrods

ハロッズ

名百貨店の高級紅茶は
伝統的な英国ブランド

歴史

1849年に紅茶商人のチャールズ・ヘンリー・ハロッド氏がロンドンに開いた小さな食料品店が発祥です。その後、息子のチャールズ・ディグビー氏らによって店は拡大し続け、ロンドン・ナイツブリッジにそびえる巨大な百貨店に発展を遂げました。商品点数の豊富さと品質のよさから、現在も世界中でその名を知られています。

特長

ハロッズのティーバイヤーは一般的なオークションによる市場取り引きではなく、年に1回収穫期に必ず現地を訪れ、できをその場で確認し買いつけをしています。ハロッズ専用区画をもつ茶園があるのも特別なことです。広大な茶園の中で一番よい場所をハロッズのために使っているのです。また、紅茶の味に影響を及ぼす摘採（葉を摘む）もハロッズチームによって行われています。

ハロッズの名物ライトアップ。

Brand Collection

ブレンドNo.14

ダージリン、アッサム、セイロンなどの茶葉をブレンドしたベストセラー。「魔法のようにおいしい」といわれています。

原産地 インド、スリランカ、ケニア
飲み方 ミルクティー、ストレートティー

ジョージアンブレンドNo.18

アッサム、ダージリン、セイロンのブレンド。コクがありつつ後味はさっぱりした紅茶です。

原産地 インド、スリランカ
飲み方 ミルクティー、ストレートティー

セイロンNo.16

適度な渋みとコクのあるハロッズ・セイロンブレンドです。

原産地 スリランカ
飲み方 ミルクティー、ストレートティー

アールグレイNo.42

中国紅茶のスモーキーな香りとベルガモットオイルの香りが絶妙なバランス。爽やかな味わいが楽しめます。

原産地 中国
飲み方 ストレートティー、アイスティー

ENGLAND

PG Tips

ピージーティップス

イギリスで広く愛される ナンバーワン紅茶ブランド

(購入先) 全国有名食料品店
(問合せ) (有)ボーアンドボン

歴史・特長

イギリスの複合企業であるユニリーバ社の主要商品のひとつがピージーティップスです。この紅茶が市場に売り出されてから80余年、同じ品質と味を保っていることは、まさにブレンド芸術といえます。もとはブルックボンド社の商品でしたが1968年にユニリーバ社(2023年現在、エカテラ社へと分社化)がブルックボンド社を合併してからも、その技術と知識を受け継ぎ、ピージーティップスの生産を続けて今日に到っています。

Brand Collection

PG Tips

英国人気ナンバーワンの紅茶。ピラミッド型のティーバッグを初めて売り出したブランドとしても有名。ミルクティーにも最適です。

原産地 イギリス
飲み方 ストレートティー、ミルクティー

ENGLAND

MELROSE'S TEA

メルローズ

天才ティーテイスターを迎え 世界を魅了し続ける

(購入先) 全国有名百貨店
(問合せ) キャピタル(株)

歴史・特長

1812年、アンドリュー・メルローズ氏が弱冠22歳でイギリスのエディンバラに紅茶専門店をオープンしたのがはじまりです。34年、紅茶の輸入自由化開始と同時にティークリッパーと呼ばれる快速艇をチャーターして中国から新鮮な茶葉を輸入。19世紀半ばには紅茶のエキスパートティーブレンダーとして評判のジョン・マクミラン氏が携わり、味と香りは一気に向上しました。

Brand Collection

クイーンズダージリン

高級なブレンド技術によって生まれたメルローズの代表作。クオリティーの高いダージリンを使用しています。

原産地 インド
等級 OP
飲み方 ストレートティー、ミルクティー

アッサム

世界最大の紅茶の産地・アッサムで採れた濃い赤褐色の水色《すいしょく》と香りが特長のまろやかでコクのある紅茶です。

原産地 インド
等級 OP
飲み方 ストレートティー、ミルクティー

ENGLAND

CLIPPER

クリッパー

有機栽培による
質の高い茶葉の紅茶を提供

（購入先）全国有名百貨店、スーパーなど
（問合せ）鈴商

歴史

創始者であり紅茶鑑定士でもあるマイケル・ブレーメ氏のブレンドに関する知識をもとにした、最高級品質の紅茶と珈琲の専門企業。2011年度にはオーガニック フード アワードやグレイト テイスト アワードなど数々の賞を受賞している他、イギリスの代表的なオーガニック認証機関で最も基準が厳しい、ソイルアソシエーションの認定も受けるなど、確かな品質を誇っています。

特長

おもにインド、スリランカやアフリカの最高の茶園で作られた、その多くがオーガニックでフェアトレードのおいしい紅茶のブレンドに特化しています。品質と味を第一に考えるクリッパーは、世界の一流レストラン、五つ星ホテルや航空会社のファーストクラスなどの限られた場所にも選ばれています。かわいいパッケージはギフトにも最適です。

標高1,800m以上のヒマラヤの傾斜地の極めて特別な茶園。

Brand Collection

アールグレイ

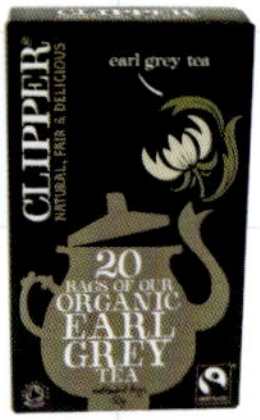

インド南部の高山にある茶園で育てられたオーガニック茶葉を使用。ベルガモットで香りづけされた最上のアールグレイです。

原産地 インド、スリランカ
飲み方 ミルクティー、ストレートティー、アイスティー

アッサムブレンド カフェインレス

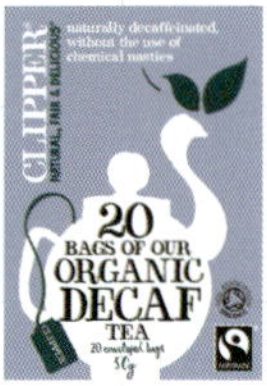

豊かな香りと明るくフレッシュな色をもつオーガニック アッサム。天然の二酸化炭素と水だけでカフェインを除去しています。

原産地 インド
飲み方 ミルクティー、ストレートティー、アイスティー

フェアトレード紅茶 ダージリン

丸みを帯びたマスカット風味、明るい金色、ずば抜けた香りで知られる世界トップクラスの紅茶です。

原産地 インド
飲み方 ミルクティー、ストレートティー

インディアンチャイ

伝統的なレシピで有機スパイスを有機紅茶に配合。豊かでスパイシーな風味、明るい色、滑らかで特別な芳香が特長です。

原産地 イギリス
飲み方 ミルクティー

ENGLAND

Ridgways

リッジウェイ

安定価格に成功した
王室御用達のブランド

（購入先）有名百貨店など
（問合せ）H&I

歴史

1836年創設されたイギリスの老舗ブランド。イギリスに紅茶が伝わった1650年代は紅茶価格が高く、品質も安定しませんでした。創業者のトーマス・リッジウェイ氏は「公正な価格で最高の品質を」と早くから紅茶のブレンドに挑戦した人物で脚光を浴びました。数々のブレンドを発表し、1886年にはヴィクトリア女王によって英国王室御用達の名誉を与えられました。

特長

ダージリンやアッサム、アールグレイなど全7種ありますが、中でもHMB（ハー・マジェスティ・ブレンド）と名づけられた女王陛下のブレンドは、発表当時から変わらずロングセラーになっています。

どの商品も、気品あふれる香りとコクがあります。

創業当時のリッジウェイ。

Brand Collection

H.M.B

アッサム、セイロン、ダージリンをブレンドした気品あふれるコクと香りは、女王陛下のために完成させた最高傑作のブレンドです。

原産地　インド、スリランカ
等　級　GBOP
飲み方　ストレートティー、ミルクティー

ダージリン

紅茶のシャンパンともいわれ、特有のマスカットに似た芳醇な香味と明るい水《すい》色《しょく》（茶液の色）が特長です。

原産地　インド
等　級　TGFOP
飲み方　ストレートティー、ミルクティー

アールグレイ

ベルガモット（柑橘系オイル）を加えたエキゾチックな紅茶で、香り立つアイスティーとして人気です。

原産地　中国、インド他
等　級　GBOP
飲み方　アイスティー

S.B.J for Milk Tea

味覚に優れた日本人の嗜好に合わせて特に調整したミルクティー専用のブレンドで、力強い渋みとコクが特長です。

原産地　スリランカ、インド他
等　級　BOP（CTC）
飲み方　ミルクティー

ENGLAND

Williamson Tea

ウィリアムソンティー

広大な自社農園を所有する
イギリス屈指のブランド

（購入先）通信販売
（問合せ）（有）バーリントン

歴史

1869年にリチャード・M・Bマゴー氏とジェームス・H・ウィリアムソン氏の共同会社として設立した、世界有数の紅茶専門メーカーです。インド、ケニアなどに茶園をもち、栽培からパック、販売まで一貫して行っている珍しい会社です。現在はウィリアムソンティー社として140年以上の歴史により培われた確かな技術が生み出す高品質の紅茶が楽しめます。

特長

ケニアのChangoi、Kapchorua、Kaimosi、Tinderetなどの茶葉の栽培に最適な気候を有した標高1800m以上の高地に広大な自社茶園を保有しています。茶葉の栽培から製造、販売までを一貫して手掛けています。

右向きの象がシンボルのロゴマーク。

Brand Collection

トラディショナルアフタヌーンティーバッグ

ケニアの自社農園で生産した茶葉（1芯2葉）を使用した、いつでも楽しめる味わい豊かなブレンドです。

原産地 ケニア
飲み方 ストレートティー、ミルクティー

ダッチズグレイティーバッグ

カイモシの自社農園で生育され選び抜かれた茶葉を使用し、ベルガモットの風味を豊かに生かしたエレガントなブレンドです。

原産地 ケニア
飲み方 アイスティー、ストレートティー

ファインダージリンフラッシュ

マスカテルフレーバーが豊かなダージリン独特の味わいを最高のバランスで創造した一品です。

原産地 インド
飲み方 ストレートティー

ファインインペリアルアールグレイ

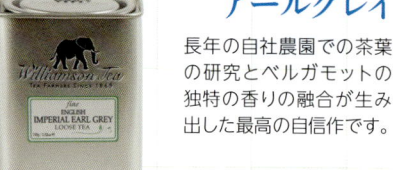

長年の自社農園での茶葉の研究とベルガモットの独特の香りの融合が生み出した最高の自信作です。

原産地 ケニア
等　級 OP
飲み方 ストレートティー、アイスティー

Brand Collection

ファインダージリン

ジュンパナ茶園の茶葉だけを使用した贅沢なダージリン。新鮮な果実のような爽やかな香りと、優しい渋みが特長です。

原産地 インド
等 級 FTGFOP1
飲み方 アイスティー、ミルクティー

ピュアダージリン

ゴールデンチップを含んだベノア定番の紅茶で芳醇なマスカットを思わせるフルーティーな香りがあります。

原産地 インド
等 級 FTFOP
飲み方 ストレートティー

ダージリン アールグレイ

ダージリンをベースに柑橘系のフルーティーなベルガモットオイルで爽やかな香りをつけた紅茶。ベノアの人気商品です。

原産地 インド
飲み方 ストレートティー

アッサム

水色《すいしょく》はとても濃厚な朱色で、豊潤なフレーバーと甘み、そしてコクが特長。ミルクティー向きのしっかりとした味わいです。

原産地 インド
等 級 TGFOPブレンド
飲み方 ミルクティー

ENGLAND

Benoist
ベノア

英国王室御用達の伝統と格式を日本に受け継いだブランド

（購入先） 全国有名百貨店など
（問合せ） 株式会社ベノア（株式会社紀鳳産業）

歴史

19世紀中頃、フランスからイギリスに渡ったシェフ、ムッシュ・ベノア氏はピカデリーに高級食料品の会社を立ち上げました。1958年にはエリザベス2世から英国王室御用達の栄誉を受け、その後もエリザベス皇后、1985年にはチャールズ皇太子からも栄誉を受けるなど、数ある英国王室御用達商の中で3つの紋章を受けた歴史をもち、今もなお伝統と技術を維持しています。

特長

伝説のシェフ「ムッシュ・ベノア」が定めた厳しい規格と伝統の精神を日本で引継ぎ、「高品質でおいしいもの」を提供。インド、スリランカなどから香り豊かな茶葉を厳選し、直輸入しています。伝統の技を生かして職人により丹念に手作りされたスコーンやケーキなど気品に満ちた本格的アフタヌーンティー文化を楽しめます。

創業当時のベノア。

ENGLAND

Partridges

パートリッジ

選りすぐりの高級食材を
集めた王室御用達の食料品店

歴史

1972年設立のロンドン中心部に数店舗を構える高級食料品店です。1994年に王室御用達を授かって以降、現在に至るまで英国王室のオーダーを受け続けています。パートリッジのオーナー、ジョンシェパード氏は08年にロイヤルワラント協会会長も務めました。現在はロンドンのチェルシー地区に本店を置き、高いレベルの品揃えとサービスを提供する食料品店として厚い信頼を得ています。

特長

「現代に伝統的な価値を」をスローガンに、スローンスクエアやケンジントンにあるお店では、パートリッジオリジナルの食料品・菓子類・紅茶をはじめとして、最高級の英国食品や全世界からの食品を取り揃えています。中でもパートリッジの紅茶は芳醇な香りと重厚感のある甘みとコクが特長です。

スローンスクエアにある本店。

Brand Collection

ミスターシェパードブレンドティーバッグ

オーナーのシェパード氏がこだわった紅茶。ケニアの茶園から選び抜かれた茶葉で作られ、コクと深みがあります。

原産地 ケニア
飲み方 ストレートティー、ミルクティー

チェルシーフラワーティーバッグ

紅茶葉にマンゴーとアップルの香り、マリーゴールドを加えたフルーティーなフレーバーティーです。

原産地 中国
飲み方 ストレートティー

アールグレイ

洗練されたベルガモットの自然な香りと高品質の茶葉の絶妙なハーモニーが楽しめます。

原産地 中国、スリランカ
等　級 OP
飲み方 ストレートティー、アイスティー

イングリッシュブレックファスト

ケニアの茶葉をベースに絶妙なバランスのとれた味を生み出しています。目覚めの1杯に適した茶葉です。

原産地 ケニア、インド
等　級 OP、BOP
飲み方 ストレートティー、ミルクティー

Brand Collection

ENGLAND

TAYLORS of HARROGATE
テイラーズ オブ ハロゲイト

水質に合わせた
卓越したブレンド技術

（購入先） TRC JAPAN、ザ・リッツカールトン大阪他
（問合せ） 株式会社TRC JAPAN

歴史

1886年、チャールズ・テイラー氏により英国ヨークシャー州・ハロゲイト市の地に設立。ヴィクトリア時代の創立以来、世界の一流ホテルで愛飲されている英国王室御用達の紅茶です。ブレンドの技術は一流で、世界各地から集めた茶葉を絶妙にブレンドし、ヨークシャーティーに代表される高品質の紅茶を作り上げました。

特長

茶葉と水質の相性にこだわり、地域ごとの水の特性に合わせて同一商品を複数製造するなどの姿勢を貫いています。テイラーズのブレンダーたちは、毎日400～800種程度の茶をテイスティングし、特定のブレンドに適した茶を買いつけ、味、濃さ、色のバランスを取りながら、ブレンドを行っています。

また、ティールーム「ベティーズ」では本場の味が楽しめます。

英国のティールーム「ベティーズ」本店。

ヨークシャーゴールド

厳選された20種類以上の茶葉をブレンドした重厚感溢れる味。英国紅茶協会から何度も表彰されたテイラーズを代表する紅茶です。

原産地 インド、ケニア他
等　級 Loose Leaf
飲み方 ストレートティー、ミルクティー、アイスティー

アールグレイ

天然のベルガモットオイルで香りづけをし、爽やかで上品に仕上げました。ケーキやビスケットとの相性も抜群です。

原産地 中国、フランス
等　級 Loose Leaf
飲み方 ストレートティー、アイスティー

アフタヌーンダージリン

ヒマラヤ山脈の丘陵地帯で摘まれたセカンドフラッシュをブレンド。マスカテルフレーバーも香る、独特の渋みを抑えたまろやかな味です。

原産地 インド
等　級 F
飲み方 ストレートティー

ティールームブレンド

エリザベス女王も絶賛するヨークシャーのベティーズ・ティールームのために作られたオリジナルティーです。

原産地 インド、ケニア他
等　級 Loose Leaf
飲み方 ストレートティー、ミルクティー

FRANCE

FAUCHON

フォション

豊富なフレーバードティーが魅力
美食の発信ブランド

（購入先）高島屋各店、東急百貨店、全国のスーパー
（問合せ）エスビー食品

歴史

1886年、オーギュスト・フォション氏がフランスのマドレーヌ広場に小さな食料品店をオープン。創業当時から創造性と時代の最先端をめざす、コンテンポラリーな独創性に優れ、世界中から厳選した旬の素材を最高の技術で加工・生産という姿勢を貫いてきました。

特長

1886年の創業時より、この店でしか手に入らない高級食材を販売すること、品揃えに力を注ぐことにこだわりました。以来、「おいしいものなら手に入らないものはない」と評判に。常に優秀なティーブレンダーの厳しいチェックのもとで作り続けてきた紅茶の数々。厳選した茶園は、作柄が悪ければその年の生産を見送ったり、容赦なく茶園を変更します。

フォションのパリ本店。

Brand Collection

アップルティー

フォションが初めて手がけたフレーバードティー。上質でコクのあるセイロンに甘酸っぱいリンゴの香りをプラスしました。

原産地 スリランカ
等　級 F
飲み方 ストレートティー

ディンブラ

フランスでは優雅な午後のお茶として親しまれている、バラの香りに似た上品で優しい雰囲気をもった高級茶です。

原産地 スリランカ
等　級 BOPF
飲み方 ストレートティー、アイスティー、ミルクティー

アールグレイ

ベルガモットの香りが特長の伝統的な紅茶。どのようないれ方でも香りが損なわれることはありません。

原産地 中国
等　級 FOP
飲み方 ストレートティー、アイスティー、ミルクティー

ダージリン

徹底した品質管理のもと、ひとつひとつ丹精を込めて作られたこだわりのダージリンです。

原産地 インド
等　級 FOP
飲み方 ストレートティー

FRANCE

MARIAGE FRÈRES

マリアージュ フレール

厳選されたお茶を取り揃えた
フランス紅茶の老舗

（購入先）マリアージュ フレール全国各店、通信販売
（問合せ）マリアージュ フレール銀座本店

歴史

17世紀にルイ王朝の使節の一員として東洋におもむき、フランス最初のお茶の貿易会社としてフランス交易の途を拓いたマリアージュ家の子孫、アンリとエドゥアール兄弟が1854年に専門店を創設しました。

特長

世界各国の豊富な銘柄を揃え、茶葉の量り売りを行っています。高品質のダージリンやビルマ、タイなどの珍しい茶を含めて世界約35ヵ国から取り寄せた茶葉の種類はフレーバードティーを含め約500種以上にものぼります。お茶は魂の飲み物と位置づけ、現在ではフランス流紅茶芸術として、洗練された茶器やお茶を使った料理も提供しています。

お茶を使った食事やデザートを楽しめる銀座本店のサロン ド テ。

Brand Collection

エリタージュ グルマン コレクション マカロン(紅茶)

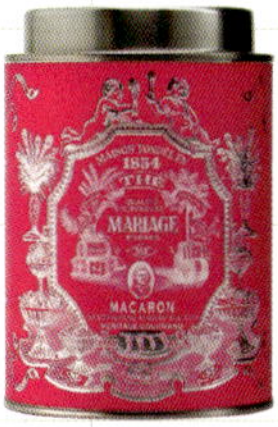

紅茶や緑茶、ルイボスティーにフランス伝統菓子の甘く華やかなフレーバーを施した、新たなコレクションです。

飲み方 ストレートティー、アイスティー他

アールグレイ フレンチ ブルー

優雅で洗練されたビロードのようなこの紅茶は、たぐい稀で繊細なベルガモットの香りと矢車菊のやわらかい花の香りがします。

原産地 中国
飲み方 ストレートティー、アイスティー他

マルコ ポーロ

傑作とも呼ばれるこの銘柄は、エキゾチックなフルーツと花の香りが印象的なフレーバードティーです。

原産地 中国
飲み方 ストレートティー、アイスティー

フルーツ ティー オペラ

フルーツそのものをドライにしてフレーバリングティーとしたニューコンセプトのフルーツ ティー。気品ある赤いフルーツの香りが豊かに広がる銘柄です。

飲み方 ストレートティー、アイスティー他

ダージリン

フローラルな香りと熟した果物の香りの中に、わずかにスパイシーな苦みがあり、マスカットワインを思わせます。

原産地 インド
等　級 FOP
飲み方 ストレートティー

エディアールブレンド

ベルガモット、レモン、スウィートオレンジのエッセンシャルオイルで香りづけした、爽やかな香りの紅茶です。

原産地 中国
等　級 OP
飲み方 ストレートティー

ブレックファースト

セイロン、アッサム、ダージリンのブレンド。強くスパイシーな味わいを保ちつつ、苦みが出ないよう配合されています。

原産地 インド、スリランカ
等　級 OP
飲み方 アイスティー、ミルクティー

アフタヌーン

細かくロールさせたセイロンティーを使用。香りが豊かで朝食にはもちろん、1日中楽しめるやや軽めの味わいです。

原産地 スリランカ
等　級 OP
飲み方 ストレートティー、アイスティー

FRANCE

HEDIARD
エディアール

名ブレンダーが生み出す
卓越した高品質な紅茶

（購入先）全国有名百貨店など
（問合せ）株式会社センチュリートレーディング

歴史

1854年、フェルディナン・エディアール氏が当時パリで最もにぎやかなマドレーヌ広場に店を構えたのがはじまりです。紅茶やスパイス、エキゾチックなフルーツなどを揃え、味に厳しいパリの人々から「私のお店」と親しまれてきました。今ではフランスの芸術品を広める目的で設立された「コルベール委員会」に唯一の食料品店として選ばれています。

特長

エディアール氏は創設当初から常に専門知識を探求してきました。ブレンダーたちは茶園、産地、収穫の状態によって茶葉をブレンドし、花やフルーツ、あるいは天然香料を加えます。卓越したノウハウを駆使することにより、それぞれのブレンドの持ち味と調和の取れた性質が出るのです。茶葉がもつ多様性と、さまざまなニュアンスの違いを把握することが大切です。

マドレーヌ広場にあるパリ本店。

Brand Collection

ブルーオブロンドン

良質の雲南紅茶に極上のベルガモットの香りのアールグレイ。濃厚な味わいと雲南紅茶特有の滋味のある紅茶です。

原産地 中国
飲み方 ストレートティー

ビッグベン

雲南紅茶の柔らかさとアッサム紅茶の力強さが調和したブレンド。まろやかな舌触りながらコクのある風味です。

原産地 インド、中国
等　級 G.F.O.P.
飲み方 ストレートティー

マーガレッツホープ

ダージリンの名園マーガレッツホープのセカンドフラッシュ。香り高く、フルーティー、豊潤な風味の紅茶です。

原産地 インド
等　級 F.T.G.F.O.P.
飲み方 ストレートティー

モンターニュ ブルー

茶葉に加えられた矢車菊の青い花びらが美しく、ストロベリー、ハニー、ラベンダーのほのかに甘い香りの紅茶です。

原産地 中国
飲み方 ストレートティー、ミルクティー

FRANCE

Le Palais des Thés

ル・パレデテ

紅茶の専門家が作り上げた
紅茶好きのためのブランド

（購入先）ル・パレデテ（秋葉原店）
（問合せ）ル・パレデテ

歴史

多くの芸術家たちが集う街、パリ左岸のモンパルナス。1987年、50人のお茶の専門家や愛好家が、自らが求める質の高いお茶を入手するため、また世界のお茶の文化をより深く識るためにお店をオープンしたのが、ル・パレデテのはじまりです。以来お茶好きの専門店としてパリをはじめブラッセルやオスロ、ニューヨークにも店舗があります。

特長

季節ごとに世界各地の茶の産地に出かけてはテイスティングを行い、選りすぐりのお茶を約170種類販売しています。ダージリンなどスタンダードな茶葉の他にも、花や果実の香りを加えるフレーバードティーのラインナップも充実。緑茶と紅茶のミックスなど斬新なブレンドも行っており、紅茶の戦力になりつつあります。

茶器や雑貨も豊富に揃うパリの本店。

JAPAN

Nittoh Black Tea
日東紅茶

日本人の好みを知り尽くした日本人のための紅茶

（購入先）スーパー、コンビニエンスストア他
（問合せ）三井農林株式会社 お客様相談室

歴史

1927年「三井紅茶」の名で、日本初の国産ブランド紅茶を発売。30年に商標を「日東紅茶」と改称、38年には日比谷に庭園式ティーハウスを開店し、日本人に紅茶を飲む習慣を伝え紅茶業界をリードしてきました。1982年には紅茶として初めて、世界的な食品コンクールであるモンドセレクションで金賞を受賞しています。

特長

茶葉は指定茶園から買いつけ。毎週ティーテイスターたちがスリランカやインドなど世界各地の茶園から届く1000点ものサンプル茶葉の中から厳選したものを使用しています。日本の水や気候風土、日本人の味覚に合うように丁寧にブレンドした日本人のための紅茶です。お馴染みの「日東紅茶」ブランドを中心に販売しています。

世界初の金賞を受賞したフレバリーティー（当時のパッケージ）。

Brand Collection

デイリークラブ

香り高いスリランカのハイグロウンとコクのあるインドのアッサムを生かした絶妙なブレンドティーバッグです。

原産地 スリランカ、インド他
等 級 BOPF、CTC
飲み方 ミルクティー

こく味のある紅茶

アッサムとセイロンの茶葉をブレンド。コクのある豊かな味わいとふくよかな甘い香りの紅茶です。

原産地 インド、スリランカ
等 級 BOP
飲み方 ストレートティー、ミルクティー

アールグレイ紅茶

伝統的なフレーバードティー、アールグレイ。クリアテイストの茶葉に柑橘類ベルガモットの香りを丁寧に重ねた、すっきりした紅茶です。

原産地 スリランカ、インド他
等 級 BOP
飲み方 ストレートティー、アイスティー

しょうが紅茶

しょうがの辛みと紅茶のコクが調和した自然なおいしさ。国産しょうがと香り高い紅茶だけをシンプルに仕上げたティーバッグです。

原産地 スリランカ、インド
等 級 BOPF、CTC
飲み方 アイスティー

Brand Collection

ミックス ベリー ティー

セイロンティーに3種類のベリーの香りをプラス。甘酸っぱい香りが爽やかな紅茶です。

原産地 スリランカ
等 級 BOP
飲み方 ストレートティー、ミルクティー

クオリティ ウバ

キリッと引き締まった渋みとスッキリとしたコク、ウバフレーバーと呼ばれる刺激的な香りがあります。

原産地 スリランカ
等 級 BOP
飲み方 ストレートティー

アールグレイI

スモーキーな香りの祁門《キームン》紅茶に爽やかなベルガモットの香りをプラス。深みのある、落ち着いた味わいです。

原産地 中国
等 級 OP
飲み方 ストレートティー、アイスティー

イングリッシュ ブレックファスト

イギリスで朝食時によく飲まれるブレンドティー。ミルクを加えると焼きたてのトーストのような香りです。

原産地 インド、中国
等 級 OP
飲み方 ストレートティー、ミルクティー

JAPAN

ITOEN TEA GARDEN

伊藤園ティーガーデン

世界中から集めた
約130種のお茶

（購入先） そごう横浜店、松屋銀座店他
（問合せ） 株式会社伊藤園 お客様相談室

歴史

お茶の伊藤園が、日本茶、中国茶、紅茶など世界中から集めた約130種類の茶葉を、それぞれのもつ「渋み」「味わい」「香り」「うまみ」といった特長別に分類して紹介するワールドティーショップを、2001年にオープンしました。

特長

約130種類の茶葉を味や香りなどの特長別に細かく分類しているので、茶葉に詳しくない人でも好みの味や香りを伝えると、リクエストに合った種類を紹介してくれます。10g単位から量り売りしてくれるので、さまざまな茶葉にチャレンジできるのも魅力です。

自分の好みに合った紅茶でティーブレイクを。

JAPAN

LUPICIA
ルピシア

年間400種類以上のお茶が揃う
「世界のお茶専門店」

（購入先） ルピシア各店
（問合せ） 株式会社ルピシア

歴史

紅茶専門店「レピシエ＝ティエ」と東洋のお茶専門店「緑碧茶園」が2005年9月に統合し、世界のお茶専門店「ルピシア」として誕生しました。紅茶、緑茶、烏龍茶などの世界中のお茶をはじめ、烏龍茶に桃の風味を加えたものなど先入観にとらわれない先進的なお茶が揃うブランドです。毎年、世界中から買いつけた旬のお茶をいち早くお届けしています。

特長

各産地やシーズンごとの旬のお茶はもちろん、オリジナルのブレンドティーやフレーバードティーなど、年間およそ400種類以上のお茶を販売しています。ルピシアではお茶の世界を水色《すいしょく》から「紅（あか）」「緑（みどり）」、そしてルイボスやマテなどの健康茶「ウェルネス」の3つのジャンルに分類して紹介しています。季節ごとの限定フレーバードティーなども揃っています。

ルピシアのシンボルキャラクター「らくだと王子」。

アフタヌーンティー

アッサムの強いコクが、ダージリンをブレンドすることで軽やかに変身。味がしっかりしているので、ミルクティーにも向いています。

飲み方 ストレートティー、ミルクティー

ベルエポック

上品でどこか懐かしい味わいの紅茶です。名前は「美しい時代」の意味で、第一次世界大戦前の、ヨーロッパが平和で芸術が花開いた時代を指します。

飲み方 ストレートティー、ミルクティー、レモンティー

サクランボ

みずみずしい日本のさくらんぼの甘酸っぱい香りにピンクペッパーとローズマリーのトッピングで果実をイメージしました。

飲み方 ストレートティー、アイスティー

ロゼロワイヤル

華やかなスパークリングワインの香りに重なるイチゴの甘い香りが、爽やかで上品な味わいの紅茶と見事にとけ合います。

飲み方 ストレートティー、アイスティー

JAPAN

Kobe Tea
神戸紅茶

日本一の紅茶消費量の街で
誕生した老舗ブランド

（購入先）百貨店、スーパー他
（問合せ）神戸紅茶株式会社

歴史

古くから世界に開けた港として外国との交流が盛んであった神戸は、紅茶消費量日本一の街です。神戸紅茶株式会社は1961年、国内で初めてドイツ製のティーバッグ自動包装機「コンスタンタマシン」を導入したことをきっかけに、国内有数規模の本格的な紅茶製造会社として、最高レベルの技術と品質を確立し、日本の紅茶市場をリードしてきた老舗のブランドです。

特長

経験豊富な紅茶鑑定士が、世界中の産地で最も高品質な生葉が採れるクオリティーシーズンに摘まれた膨大な量の旬の茶葉のサンプルから、1日に何百杯ものテイスティングを行い、厳しい審査をクリアした高品質な茶葉だけを厳選して買いつけし、日本の水に合わせたブレンドをしています。こだわりぬいた高品質のブレンド紅茶を提供し、多くの紅茶ファンを魅了しています。

アッサム茶摘みの風景。

Brand Collection

ロイヤルブレンド

ダージリン紅茶を主体にケニア紅茶、アッサム紅茶を甘く気品高い香りに仕上げたブレンド。ミルクを加えても楽しめます。

原産地 インド、ケニア
等 級 TGOF
飲み方 ストレートティー、ミルクティー

No.18イングリッシュブレックファスト

強い味わいのアッサム紅茶とフレッシュな香りのケニア紅茶を英国風ミルクティー用にブレンドした紅茶です。

原産地 インド、ケニア
等 級 BOP(CTC)
飲み方 ミルクティー

アールグレイ

柑橘系のベルガモットの香りが爽やかな紅茶。ストレートティー、アイスティー向きのブレンドです。

原産地 中国、スリランカ、インド
等 級 TBF
飲み方 ストレートティー、アイスティー

No.36スイートアフタヌーン

華やかな香り立ちと飲みやすさを極めたストレートティー用ブレンド。アイスティーでも楽しめます。

原産地 スリランカ
等 級 BOP
飲み方 ストレートティー、アイスティー

JAPAN

JAPAN BLACK TEA

日本紅茶 レストランブレンド

創業モットー「品質本位」を
今なおお受け継ぐ

（購入先） 食品スーパー、小売店など
（問合せ） 株式会社エム・シー・フーズ

歴史

日本紅茶は国産紅茶の輸出を目的に、1917年静岡で誕生しました。その後国産紅茶(ヒノマルセイロン紅茶)の国内販売を手がけ、1960年代に英国最大手のブルックボンド紅茶と業務提携し国内製造販売を行いました。2000年、世界的な紅茶会社再編により、紅茶製品の製造、販売を終了しましたが、2012年、紅茶製品の製造販売を再開しました。

特長

紅茶製品の品質を一定に保つには、長年の経験を積んだ、ティーテイスターの舌に委ねられます。世界の各産地から集められた紅茶の中から、その芸術的な感性により製品化します。このレストランブレンドは1980~1990年にかけて、日本で最も多く飲まれていた製品をモデルとしたもので、テイスターが当時の香味を復活させたものです。

Brand Collection

ダージリン

豊かでフルーティーな香り、オレンジの水色《すいしょく》、キリッとしまった味わいが特長。ダージリン紅茶のスタンダード品です。

原産地 インド
等　級 OP
飲み方 ストレートティー

セイロン

爽やかな渋みと豊かな香味、カップに広がる美しい真紅色が特長。セイロン紅茶のスタンダード品です。

原産地 スリランカ
等　級 BOP
飲み方 ストレートティー、ミルクティー

アールグレイ

大きいタイプの茶葉に、柑橘果実「ベルガモット」の香りを加えたものです。爽やかな香りと、穏やかな渋みが特長です。

原産地 中国、スリランカ他
等　級 OP
飲み方 ストレートティー

世界の紅茶マップ。

日本人の口に合ったバランスの取れた紅茶。

JAPAN

EIKOKUYA

えいこく屋

高品質の紅茶や季節のフレーバードティーが楽しめる

（購入先）えいこく屋他
（問合せ）有限会社えいこく屋

歴史

紅茶とインド料理の専門店として名古屋の覚王山で1979年に創業。紅茶の他にもハーブやスパイスなどを販売しています。

取り扱う商品のラインナップも充実しており、他では手に入らない紅茶も多数取り揃えています。

特長

毎年オーナーが自ら現地に赴き、品質を確認してから仕入れるという徹底した姿勢。そして茶葉が採れる時期に合わせて中国、スリランカ、インド、ヨーロッパ、ケニアなどから直輸入で買いつけた紅茶およそ230種以上を、厳選して販売しています。フランスのプロヴァンスから取り寄せたハーブやスパイスも販売。季節ごとのフレーバードティーも紅茶好きには楽しみのひとつです。

愛知県の覚王山にある紅茶店本店。

Brand Collection

アールグレイクラシック

伝統のある人気紅茶。ベルガモットの爽やかな香りとエキゾチックな甘い味わいが魅惑的でどんな飲み方にも合います。

原産地 オランダ
等　級 OP
飲み方 ストレートティー、ミルクティー、アイスティー

ロータス

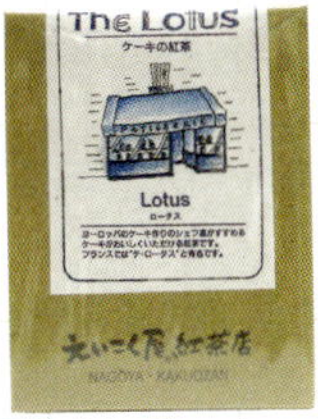

フランスで「デ・ロータス」と呼ばれる蓮の花の香りの紅茶。ヨーロッパのケーキ職人がおすすめする、ケーキがおいしくいただける紅茶です。

原産地 オランダ
等　級 FOP
飲み方 ストレートティー、アイスティー

セイロン・ティープラッカー

イギリス統治時代から、スリランカを代表するブレンドティー。この伝統ある紅茶は、現在もスリランカ政府ティーボードで販売しています。

原産地 スリランカ
等　級 BOP
飲み方 ミルクティー

チャイ

力強いコクのある甘みの強いチャイ。ミルクで煮出してまろやかな香りを堪能しましょう。

原産地 インド
等　級 CTC
飲み方 ミルクティー

ガールズティー

創業以来人気No.1の、女の子のお茶会をイメージしたイチゴフレーバーです。セイロン茶にストロベリーリーフやマリーゴールドなどをブレンドしました。

原産地 スリランカ
等　級 OP
飲み方 ストレートティー、アイスティー

ブリティッシュモーニング

創業25周年を機にブレンドをリニューアル。ダージリンの香ばしさにアッサムのコク、整え役のキャンディ。飽きのこないバランスのよいブレンドです。

原産地 インド、スリランカ
等　級 OP
飲み方 ストレートティー、ミルクティー

ミルクキャラメルティー

甘くほっとするような香りとアッサムのコクがベストマッチ。砂糖なしでも十分に楽しめる、ミルクティー向きの紅茶です。

原産地 インド
等　級 CTC
飲み方 ミルクティー

アールグレイクラシック

定番人気フレーバーのアールグレイ。ベースにセイロン・ディンブラの名茶園「マッタケレ」の茶葉を使用しています。シングルエステートならではの新鮮さを堪能できます。

原産地 スリランカ
等　級 BOP
飲み方 ストレートティー、アイスティー

JAPAN

Karel Čapek

カレルチャペック紅茶店

「かわいい」が詰まった
こだわりの紅茶店

（購入先）カレルチャペック紅茶店他
（問合せ）有限会社カレルチャペック

歴史

ティーブレンダー、絵本作家、イラストレーターであり、また紅茶やイギリス菓子に関する著書も多い山田詩子氏が、「おいしい紅茶を楽しく」をテーマに1987年にオープンした紅茶専門店。東京・吉祥寺に本店を置き、東京、名古屋、大阪で7店舗を展開。店名は、「ダーシェンカ」「長い長いお医者さんの話」「園芸家12ヵ月」の著者で多彩な活動をした、チェコの作家の名前に由来しています。

特長

紅茶やハーブのブレンドは山田詩子氏のオリジナルです。クオリティーシーズンの茶葉も山田氏自ら試飲をし、茶園を選定。さまざまなティータイムの形に対応できるよう、リーフティーからポット用ティーバッグ、プレゼントにも最適な個包装のティーバッグなどを展開。そのパッケージのかわいさと紅茶のクオリティーで特に女性に支持されています。オリジナルの紅茶道具も人気。

紅茶はもちろんハーブティーやグッズなどが揃う吉祥寺店。

JAPAN

SELECTEA
セレクティー

独自の品質保存法で
世界中の質のよい紅茶を提供

(購入先) 通信販売
(問合せ) 株式会社セレクティー

歴史

インドやスリランカで100年以上もの伝統を誇る老舗茶商と協同吟味した茶葉や、世界最大のオークション会場があるケニア・モンバサ市の紅茶専門会社との連携によって得られる東アフリカ、中央アフリカ諸国からの紅茶など、世界各国から原料茶葉を輸入しています。

好みの味をセレクトできるブランドです。

特長

セレクティーでは真空包装や窒素ガス充填、冷凍や低温倉庫など、従来紅茶には使われていなかった保存方法を駆使して茶葉の劣化を防ぎ、何年経っても新鮮なままで届けることが可能という、紅茶業界でも新しい考え方で紅茶を扱っています。定番から、ビンテージ級の珍しい紅茶、オリジナルのフレーバードティーなど200種類以上もの豊富な品揃えの中から選べるのが魅力です。

フレーバードティーはすべてセレクティーのオリジナル配合。

Brand Collection

ルワンダ紅茶

希少なオーソドックス製法のアフリカ産紅茶。渋みは強め、少し苦みがありますが、花のような華やかな風味も感じられるすっきりと爽やかな紅茶です。

原産地 ルワンダ
等　級 OP
飲み方 ストレートティー、ミルクティー、アイスティー

アフリカ ユニティー

ケニアとマラウィ、それぞれフェアトレード認証の複数茶園の紅茶を選んでブレンド。適度な渋みもあり、すっきりとした飲み口です。

原産地 ケニア、マラウイ
等　級 BP1
飲み方 ストレートティー、ミルクティー、アイスティー

サバラガムワ

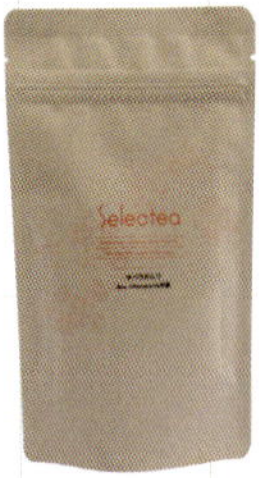

低地栽培のルフナから分離独立された新しい産地。すき通った水色《すいしょく》はフレッシュな紅茶の証。スリランカの大地の香りともいえる、キャラメルを連想させる特長のある芳香です。

原産地 スリランカ
等　級 BOP
飲み方 ミルクティー、チャイ

アールグレイ クラシック

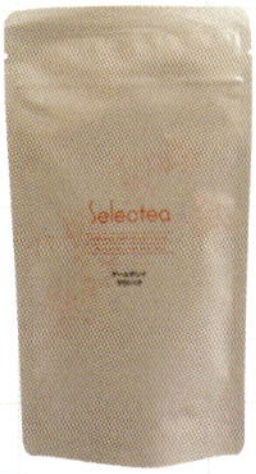

ベースのキームン紅茶には品位の高い「キームン特撰紅茶」を使用。天然ベルガモットの爽やかな香りと深く心地よい味わいです。

原産地 中国
等　級 FOP
飲み方 ストレートティー、ミルクティー、アイスティー

INDIA

Mayoor Tea

マユールティー

ティーテイスターたちが厳選した
紅茶の本場インド

(購入先) ティーハウスマユール本店、川崎店、五反田店
(問合せ) 株式会社マユールジャパン

歴史・特長

1985年、ビカッシュ・バニック氏が出身国インドの国鳥・孔雀(ヒンドゥー語でマユール)をブランド名にし創業しました。ハーブやスパイスなども取り扱っており、カフェやレストラン、紅茶専門店などのオリジナル商品や紅茶メニューの開発も手がけています。

Brand Collection

スウィートメロン

インドのニルギリ紅茶をベースに、ドライメロンやハーブをブレンドした、甘くてジューシーなメロンの香りの紅茶です。

原産地 インド、タイ、エジプト
等 級 FOP
飲み方 ストレートティー、ミルクティー

しょうが紅茶(三角ティーバッグ)

インドのニルギリ紅茶にしょうがをたっぷりとブレンド。さらに免疫力を高めるといわれている数種類のハーブもプラスしました。

原産地 インド、中国、エジプト、タイ、アルバニア
等 級 FOP
飲み方 ストレートティー

INDIA

Premier's Tea

プリミアスティー

The Passion of purityの理念のもと
「心を満たす1杯」を世界へ

(購入先) 株式会社プリミアスティージャパン
(問合せ) 株式会社プリミアスティージャパン

歴史・特長

インド人ビジネスマンのハシモク・A・シャー氏が「世界最大の紅茶生産国インドから、紅茶の本当のおいしさを伝えたい」と、1988年に設立したブランドです。インド国内自社工場はISO2002やIFSという食品の国際規格をインド国内紅茶メーカーで初めて取得しました。おいしさと共に安全・安心を追求した商品を世界30ヵ国以上に届けています。

Brand Collection

オリジナルキャディーアッサム

アッサム茶葉100%ブレンドのリーフティー。はちみつやアーモンドを思わせる、深く、甘みのある香りと味わいが特長です。

原産地 インド
等 級 TGFOP1
飲み方 ストレートティー、ミルクティー

コンチネンタルセレクション(アルミティーバッグ)マンゴー

短時間で抽出可能な本格ブレンド。風味を守り、鮮度の高いまま味わえるよう、アルミパックで丁寧に個包装しています。

原産地 インド
等 級 BF
飲み方 ストレートティー、アイスティー

SRI LANKA

Dilmah
ディルマ

紅茶大国スリランカから届く
高鮮度の上質紅茶

（購入先）ワルツ株式会社
（問合せ）ワルツ株式会社

歴史・特長

1988年にセイロンで誕生した、産地初のインターナショナル紅茶ブランド。上質なセイロン産茶葉のみを、ブレンドせず、茶摘みから2週間以内に現地で製品化。産地直送だから生まれる、クセのない、澄んだ味わいを世界中の紅茶好きに評価され、誕生からわずか四半世紀の若いブランドながら、現在90ヵ国以上に流通し、各地の高級ホテルやエアラインにも採用されています。

Brand Collection

ガーデン フレッシュティー

セイロン高地産の茶葉を、茶摘みから2週間以内に現地で製品化。毎日飲んでも飽きのこない味わいです。

原産地 スリランカ
飲み方 ストレートティー、ミルクティー、アイスティー

アールグレイ

コクのある深い味わいのセイロン紅茶を、爽やかな柑橘系果実ベルガモットの香りが引き立てます。

原産地 スリランカ
飲み方 ストレートティー、ミルクティー

SRI LANKA

MlesnA
ムレスナ

クオリティの高い
自然のフレーバードティー

（購入先）ムレスナ直営店
（問合せ）U.C.Tコーポレーション

歴史・特長

ムレスナは世界57ヵ国に年間20万t以上という輸出量を誇る、紅茶大国スリランカの中でも屈指のリーフメーカーです。ムレスナのフレーバードティーは、良質な茶葉に、スイスの有名香料メーカーの天然由来の香味料を浸透させ、自然の香り・うまみを楽しむことができる、クオリティーの高い紅茶です。スリランカから直輸入し、水出しもできる新鮮な茶葉を使用しています。

Brand Collection

白桃 アールグレイ

ホワイトピーチにベルガモットをうまくブレンドし、爽やかに仕上げました。香り高い白桃アールグレイはノンシュガーでもおいしいです。

原産地 スリランカ
等　級 FBOP
飲み方 ストレートティー

キャラメル クリームティー

ムレスナティーハウスでロングヒットを続けているフレーバーのひとつです。

原産地 スリランカ
等　級 FBOP
飲み方 ミルクティー

GERMANY

Dallmayr
ダルマイヤー

ドイツの老舗ブランドが世界に誇る紅茶

（購入先） 株式会社AMADEUS
（問合せ） 株式会社AMADEUS

歴史・特長

1700年創業のドイツ屈指の高級デリカテッセン。バイエルン王室御用達となり世界中から選りすぐりの食材が集められ、ヨーロッパの美食の殿堂となりました。紅茶部門では100年以上の歴史をもち、有名茶園とのコネクションから厳選された茶葉を選別し、ティーエキスパートがブレンド。ルースティー、ティーバッグフルーツティーや上質なハーブティーも人気の逸品です。

Brand Collection

No.16ダージリン

厳選された茶園の貴重な茶葉のみを使用。高貴で爽やかな味わいが人気の定番商品です。

原産地 インド
等　級 SFTGFOP1
飲み方 ストレートティー

No.13イーストフリージアン

クオリティーシーズンに摘まれたコクが凝縮されたアッサムブレンド。オーソドックス製法で丁寧に仕上げた逸品です。

原産地 インド
飲み方 ストレートティー、ミルクティー

※日本でもワンランク上のラインナップを2013年7月から発売予定

GERMANY

Ronnefeldt
ロンネフェルト

特別な思いで手にするとっておきのドイツ紅茶

（購入先） 株式会社ロンネフェルトティーブティック
（問合せ） 株式会社ロンネフェルトティーブティック

歴史・特長

1823年にヨハン・トビアス・ロンネフェルト氏によって創立された歴史あるドイツの紅茶メーカーで、「最高品質の茶葉を高級ホテルやレストランへ届ける」というポリシーのもと、フランクフルトではじめられました。優れた品質と、時間と手間を十分にかけた製法で独自のブランドを創り出し、ドイツ国内の5つ星ホテルはもちろん、世界で唯一の7つ星ホテルでも使用されています。

Brand Collection

リーフカップ クラシックダージリン

ロンネフェルトの特許商品ティーバッグ。フルリーフのダージリンセカンドフラッシュで、爽やかな渋みと繊細な香りです。

原産地 インド
等　級 FTGFOP
飲み方 ストレートティー、ミルクティー

アイリッシュモルト

アッサムにアイリッシュウイスキーのアロマとカカオをブレンドのロイヤルミルクティー専用。ロンネフェルトの一番人気商品です。

原産地 インド
等　級 OP
飲み方 ストレートティー、ミルクティー

Brand Collection

アールグレイ

ニューヨークのティータイムを思い出させる香り高い優雅な味わい。ベルガモットオイルで直接紅茶に香りづけしています。

原産地 インド、スリランカ他
等 級 BOP
飲み方 ストレートティー、ミルクティー

ダージリン

インド政府認証茶葉を昔ながらのオーソドックス製法で仕上げています。ダージリンのマスカットフレーバーと明るい水色《すいしょく》が特長です。

原産地 インド
等 級 BOP
飲み方 ストレートティー

USA

R.C.BIGELOW

アール シー ビゲロ

アメリカで最も愛されている
品質の高いブランド紅茶

歴史・特長

1950年代のアメリカで、ルース・C・ビゲロ氏によって誕生した紅茶ブランド。アメリカの紅茶品質がよくないことを嘆いた彼女は、何度でも愛飲してもらえるブランドを作ろうと、オレンジとスパイスと紅茶をブレンドしたオリジナルフレーバードティー「コンスタント・コメント」を販売。これが爆発的ヒットとなりニューヨークで最も愛される紅茶ブランドとして成長しました。

Brand Collection

ヘーゼルナッツトラッフル

茶葉にチョコレートと香ばしいヘーゼルナッツを合わせ芳醇な風味に。茶葉はインフューザー用に特別カットしました。

原産地 スリランカ
等 級 OP
飲み方 ストレートティー、ミルクティー他

アールグレイ

天然ベルガモットとアッサム茶葉で、伝統的な風味を忠実に再現。茶葉はインフューザー用に特別カットしました。

原産地 インド
等 級 TGFBOPとBOPミックス
飲み方 ストレートティー、ミルクティー、レモンティー

USA

Tea forté

ティーフォルテ

至福のもてなしを提供する
「紅茶の美術品」

(購入先) 株式会社オリジナルスタイル
(問合せ) 株式会社オリジナルスタイル

歴史・特長

ニューヨーク近代美術館(MoMA)出身のデザイナー、ピーター・ヒューイット氏が2003年に創設したイノベーティヴブランドです。これまでの伝統的な紅茶の近代化を実現。目に美しくシルクのような手触りのインフューザー(茶こし)は、お湯に入れても型崩れせず、通水性に優れた特別設計です。高級食材の格づけでは世界的権威のソフィ金賞を2度受賞しました。

紅茶の年表

760年頃

唐時代、陸羽《りくう》鴻漸《こうぜん》『茶経』

陸羽鴻漸が茶に関する最初の著作『茶経』を著します。当時は茶葉を粉々にして固め、乾燥させた「餅茶《へいちゃ》」を焼いて削り出していましたが、『茶経』には「餅茶を挽いて粉末を煮出すとおいしい」と書いてあります。❶

1211年

栄西禅師『喫茶《きっさ》養生《ようじょう》記《き》』

1600年

イギリス東インド会社（EIC）設立

1602年

オランダ連合東インド会社（VOC）設立

1610年

オランダが中国茶、日本茶輸入

オランダ連合東インド会社が、長崎の平戸から日本の緑茶（嬉野などの釜炒り茶）を送りました。澳門《マカオ》からは中国茶も積み、船団はアフリカの喜望峰を回って母国に着きました。オランダは1606年にも中国茶を輸入しましたが、日本茶の紹介はこの時が初めてです。❷

1618年

イギリス30年戦争（〜1648年）

❶

陸羽は湖北省の出身とされ、当時の茶産地として中国南方をあげている。

❷

中国から茶を運ぶため、オランダの東インド会社の船が停泊している様子を描いた1655年頃のもの。

1620年

メイフラワー号アメリカ到着

信仰の自由を求めた清教徒が、イギリスから新天地アメリカに渡りました。この時の船メイフラワー号は、その後のヨーロッパによるアメリカ植民地化のシンボルになりました。

1640年頃

オランダで喫茶流行

1641年

ピューリタン革命(〜1649年)

1661年

ポルトガル、ブラガンザ家のキャサリン、イギリス王家へ

イギリス最初の〝ティー・ドリンキング・クイーン〟がポルトガルからイギリス王チャールズⅡ世に嫁ぎます。新王妃は中国風に飾りつけた部屋で、貴族たちに砂糖入りの茶をふるまい、茶はファッショナブルな「貴婦人にふさわしい飲み物」として広まっていきました。❸

1679年

EIC、初の「ティー・オークション」

イギリス東インド会社がロンドンで初めて開いた「ティー・オークション」(茶の競売)でかけられたのは、わずか3樽の中国のボヘア茶(ボヒーとも呼ぶ)でした。中国では粗悪な茶として扱われていましたが、イギリスではこれを珍重。現在の紅茶につながっていったといわれています。❹

❹ 1808年の、東インド会社のティーオークション。茶の競売に熱中して立ち上がる人も。

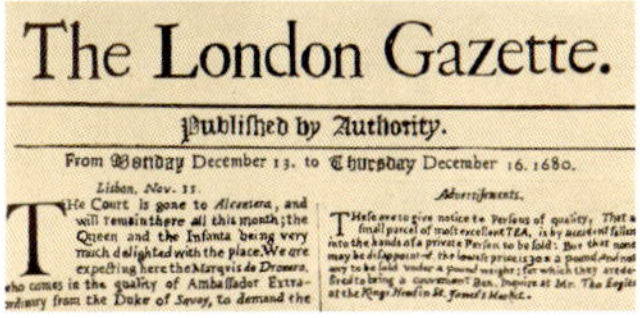

The London Gazette.

Published by Authority.

From Monday December 13. to Thursday December 16. 1680.

Lisbon, Nov. 11.

THe Court is gone to Alcantara, and will remain there all this month; the Queen and the Infanta being very much delighted with the place. We are expecting here the Marquis de Dronero, who comes in the quality of Ambassador Extraordinary from the Duke of Savoy, to demand the

Advertisements.

THese are to give notice to Persons of quality, That a small parcel of most excellent TEA, is by accident fallen into the hands of a private Person to be sold: But that none may be disappointed, the lowest price is 30 s. a pound, and not any to be sold under a pound weight; for which they are desired to bring a convenient Box. Inquire at Mr. Tho. Eagles at the Kings Head in St. James's Market.

1680年の新聞広告には紅茶1ポンドが30シリングと記されている。

❸ キャサリン・オブ・ブラガンザ(1638-1705年)は、婚姻の持参金の一部として当時貴重だった茶をポルトガルからもってきた。

1688年 **イギリス、名誉革命**

1712年頃 **EIC、中国茶の輸入独占**

1717年 **T・トワイニング「ゴールデン・ライオン」開店**

1765年 **「砂糖革命」で中産階級勃興**

1773年 **ボストン茶会事件**

フランスとの戦争の戦費を、イギリスが、植民地アメリカに負担させるために次々と重税を課したことに、アメリカ住民の不満が爆発。茶箱を積んでボストンに入港したイギリス船を襲撃し、茶の陸揚げを阻止するために茶箱をすべて海に投げ落としました。❺

1775年 **アメリカ独立戦争始まる（〜1783年）**

1785年 **イギリスの「工夫茶（コングー）」輸入量増加**

1823年 **R・ブルース、インドで茶発見**

イギリス東インド会社の軍隊は、インド北部アッサム地方を支配していたビルマ（現・ミャンマー）を制圧するために出動。これに従軍したロバート・ブルース少佐が後にアッサム種と呼ばれるようになる茶の木を発見。

❺

1773年12月16日、ボストンで反植民地軍の狼煙があがった。

❻

ロンドンのリーデンホール・ストリートにあった、1826年頃のイギリス東インド会社の建物。

中国から3人の茶師を招いて茶の栽培と製茶に挑みます。⑥

1837年 ヴィクトリア女王即位（～1901年）

1838年 アッサム茶、ロンドンで上場

1840年 「アヘン戦争」

イギリスでは紅茶の消費量増加に伴い、これまで中国からの茶の輸入の支払いに使用していた銀の代わりとして、植民地インドで栽培されたアヘンを清にもち込み、貿易の不均衡を補おうとしました。中国国内でアヘンが蔓延すると、中国はアヘン密輸を厳しく取り締まり、押収したアヘン1400tを破棄。これが戦争の引き金となりました。⑦⑧

1850年 イギリス、航海条例撤廃／アメリカで「オリエンタル号」進水⑨

1866年 J・テイラー、セイロンで大規模茶園・製茶開始⑩

1866年頃 ティークリッパーレース最盛期

中国(清)のいくつかの港で自由に貿易ができるようになると、多くのヨーロッパ船が中国貿易に参入してきました。すでにイギリスの国民的な飲み物となっていた紅茶を、どれだけ早く届けるかということに高い関心が集まりました。中国から最初に届けられた一番茶（4月に摘んだ新茶）

⑦ 中国からヨーロッパへ輸出される茶。19世紀の絵画で、取り引きを交わす西洋人と中国人の姿が見える。

⑧ 中国の茶貿易を支配した「広東ファクトリー」には13の特権商人が属し、貿易を独占していた。

⑨ アメリカ船「オリエンタル号」は紅茶を運ぶための最初の快速帆船で、1850年に進水した。

⑩ 1841年、セイロン(現スリランカ)の(ウダ) プッセラワに最初の茶園が造られた。

は高値で取り引きされ、これを運んだ船主や船長は莫大な利益と名誉を得ることができました。⑪

1874年　日本政府、製茶係設置

1875年　「大英帝国紅茶」時代始まる／「祁門《キームン》紅茶」生産開始

1877年　多田元吉、高知県で紅茶試作

1879年　インドネシアで茶園開拓

1890年　T・リプトン、セイロンの高地茶園買収

1904年　アメリカで「セントルイス万博」開催

ルイジアナ買収100周年を記念したセントルイス万博。イギリスの紅茶商人リチャード・プレチンデンが、夏の暑い会場でいれたての紅茶に氷を入れた「Iced Tea」誕生のきっかけとなったとされています。⑫

1905年　明治屋「リプトン・ナンバーワン」（黄缶）直輸入・発売

1914年　第一次世界大戦（～1918年）

1917年　ロシア革命

ティーレース史上の名勝負、「テーピン号」（左）対「アリエル号」（右）は1866年に行われ、アリエル号が勝利した。

セントルイス万博で偶然飲まれたアイスティー。

1925年 ケニアで大規模茶園造成

東アフリカのケニアにブルックボンド社とJ・フィンレイ社が大規模な茶園を造成。ケニアのティー・プランテーションが発達する基盤が築かれました。⑬

1927年 国産「三井紅茶」発売

1939年 「日本紅茶協会」設立

1941年 アルゼンチンで茶樹栽培開始

1945年 第二次世界大戦終結
アメリカで紅茶のティーバッグ普及
イギリス旧植民地独立相次ぐ

1971年 「外国産紅茶輸入の自由化」

1972年 セイロン、スリランカ共和国となり、茶園を国有化

1990年 スリランカ、茶園民営化

1998年 ロンドン、ティー・オークション閉鎖

標高1,000フィートのネイタル（Natal）・パイオニアティーガーデンは1877年にはじまり、1903年には最盛期を迎えた。

紅茶用語事典

【あ行】

アーリーモーニングティー

ベッドティーともいわれる、朝、起き抜けに飲む紅茶。イギリスではかつて召使いにいれさせていたが、近代は夫が妻のためにいれることは最高の愛情表現とされる。朝食替わりにパンなどと一緒に準備する人もいる。

アールグレイ

中国紅茶などをベースにしたブレンドにベルガモットの香りをつけた代表的なフレーバードティー。

アールティーディー(RTD)

お茶の抽出液をペットボトルや飲料缶に入れて殺菌・加工し、そのまま飲めるような状態にした紅茶飲料のこと。

アッサム(アソム)

インドの北東部にある州で、ブラーマプートラ河流域の大平原に多数の茶園がある。世界最大規模の紅茶の産地。

アフタヌーンティー

19世紀半ばのイギリスで確立された社交のための「午後のお茶会」。会話を重視し、軽食と紅茶をゆったり楽しむスタイル。

ウバ(ウヴァ)

スリランカ中央山脈の東側高地で栽培される、ハイグロウンティー(高地産茶)で、世界三大銘茶のひとつ。

エフ・ビー・オー・ピー(FBOP)

フラワリー・ブロークン・オレンジ・ペコーの略。FOPを細かくしたもの。BOPよりやや大きな芯芽を含んだ茶葉を指す場合もある。

オーガニックティー

有機栽培で生産される紅茶のこと。正味3年以上にわたり、化学肥料や農薬を使わずに栽培され、国際的な認定基準を満たしている紅茶。

オーソドックス製法

伝統的な紅茶の製法で、CTC機などを使わないリーフタイプや、ブロークンタイプの紅茶がこの方法で作られる。

オータムナル

秋に摘まれる茶葉のことでインドのダージリンが有名。ミルクティーにすると美しいクリームブラウンになる。

オリジンティー

一地域で生産(製茶・加工)された紅茶の

みで製品化され、地域名の名前をつけた製品名。

オレンジ・ペコー(OP)

製茶の仕分け過程で揃えられた細長く大きい茶葉のこと。もとは、うぶ毛のついた新芽を指す。言葉と色のイメージから連想された名称で、オレンジの風味はない。

【か行】

カテキン類(ポリフェノール)

タンニンの一種で、茶葉特有の成分のこと。茶葉の酸化酵素の働きにより、紅茶の香りや色を作り出す。

カフェイン

お茶やコーヒーに含まれるアルカロイドという物質のことで、覚醒効果や利尿作用がある。カップ1杯の抽出量はコーヒーの半分以下。

キームン(キーマン、キーモン)

中国の安徽《あんき》省祁門《きーむん》市で生産される茶葉で、ランの花に似た香りは「紅茶のブルゴーニュ酒」としてヨーロッパで人気が高い。世界三大銘茶のひとつ。

キャディースプーン

茶葉の分量を量る計量スプーンのことで、揃えたいティーアクセサリーのひとつ。

キャディーボックス

紅茶を保存・保管するための容器のこと。「ティーキャディー」「ティーキャニスター」とも呼ばれる。

キャンディ

スリランカの古都、キャンディ地方で生産される茶葉のこと。スリランカで初めて紅茶が作られた地域でもある。

クオリティーシーズン

農産物の旬のように、紅茶の香りや色、味が最も充実する時期のこと。

クリーマー

紅茶用のミルクを入れるピッチャーやジャグのことで、陶器やガラス、金属製のものなどがある。

クリームダウン

氷などで紅茶を冷やすと白く濁ること。カテキン類とカフェインが結合して結晶になって起こる現象。

クリームティー

イギリスの(ティールームや一般的な家庭の)ティータイムメニューのことで、ミルクティーとスコーンにクロテッドクリーム、ジャムが添えられたセット。

グレード(等級)

生産された茶葉の大きさや形状を区分けした呼称。品質の優劣ではない。

クロテッドクリーム

搾乳を弱火で煮詰め、上部に浮き上がり固まった脂肪分から作られる濃厚な生クリームのこと。イギリスのティータイムの代表的な焼き菓子、スコーンに塗って食べる。

ケーキスタンド

ケーキをはじめ、サンドイッチ、スコーンなどを盛りつけたお皿を2段あるいは3段で飾ることができるスタンド。

硬水

カルシウム、マグネシウムなどのミネラルを多く含む硬度の高い水のこと。紅茶を硬水でいれると味がぼやけたり、水色が変わる。

コジー(コゼ)

保温のためにティーポットにかぶせるカバーのことで、紅茶をいれる時にも使える。

ゴールデンチップ

芯芽の外側についている白いうぶ毛が発酵した紅茶液に染まって金色に光った状態をいい、それだけを集めた紅茶をゴールデンチップという。

ゴールデンドロップ

紅茶の抽出液をこす場合の、うまさの凝縮した最後の一滴のことをいう。

ゴールデンリング

紅茶をティーカップに注いだ時にカップの内側の縁に見える金色の輪のこと。

ゴールデンルール

茶葉本来の香りや風味を引き出し、紅茶をおいしくいれるためのルールで、英国式の伝統的ないれ方。

【さ行】

サモワール

ロシアの伝統的な湯沸かし器。

CTC

茶葉を、専用の機械についたローラーでCRUSH(砕く)、TEAR(引き裂く)、CURL(丸める)して作る紅茶のことで、頭文字をとってCTC製法という。

ジャンピング

ティーポットにお湯を注いだ時に、熱湯の対流などによってポット内の茶葉が上下に動くことをいう。茶葉がよく開き、おいしい紅茶が抽出される時によく見られる現象のひとつ。

シルバーチップ

茶葉の先端にあるまだ葉の開いていない黒っぽく灰色がかった芯芽。これだけで作られた紅茶を指す場合もある。生産量も少ないため珍重されている。

水色(すいしょく)

抽出した紅茶液の色。

スーチョン(S)

スーチョン(小種)は小葉種、または貴重なという意味。茶葉グレードのひとつ。古くは茶樹の先端から5番目の葉を指した。

ストレーナー
カップに紅茶を注ぐ時に茶殻が入らないように使う「茶こし」のこと。

世界三大銘茶
世界的に香りのよいことで有名な紅茶。インドのダージリン、中国のキームン、スリランカのウバのことをいう。

セカンドフラッシュ
その年で2回目に芽伸びする茶葉のことをいい、インドのダージリン、アッサムのものが有名。

【た行】

ダージリン
インド北東部のダージリン地方で生産される茶葉の総称。ファーストフラッシュ、セカンドフラッシュ、オータムナルなど収穫時期による名称がある。

ダスト(D)
細かい粉のようなグレード。ティーバッグなどに使う。

タンニン
お茶に含まれる成分のひとつでコクや渋みのもとになる。

チャイ(マサラチャイ)
一般にインド式のミルクティーのことで、鍋に水とミルク、茶葉、スパイスなどを入れて煮出したもの。チャイとは、お茶を指す。

中硬水
一般に軟水(硬度100未満)と硬水(硬度300以上)の間。硬度は国ごとに算定法と区別が違うので注意。WHOでは中程度の軟水(硬度60〜120)という区分をしている。

ティーオークション
定期的に開催される、茶葉の取り引きを行うための競売会。生産者を代表して売り手となる業者をティーブローカー、貿易商社やブレンダーなどの代理として買い手となる業者をティーバイヤーという。バイヤーは事前に受け取った茶葉見本に基づいてテイスティングし、買い手に送り、買い手の意向に沿って競り落とす。

ティー・ジー・エフ・オー・ピー(TGFOP)
ティッピー・ゴールデン・フラワリー・オレンジ・ペコーの略。ティッピーは、「芯芽の先端でよじれて、きれいに尖った」ゴールデンは「金色のうぶ毛のついた」という意味。

ティーテイスター
原料茶の品質を評価する紅茶鑑定士のこと。

ティーブレンダー
いろいろな産地の原料茶を混ぜ合わせて、商品化する専門家。年ごとに変化する茶葉をブレンドによって一定の品質と価格を保つ、重要な役割をもつ。

ティーボウル
日本の茶碗と同じようにハンドル（取っ手）がない茶器のこと。17〜18世紀のヨーロッパで使われていた。

等級区分
発酵、乾燥を済ませた茶葉を大きさや形状で分ける規準のこと。グレードと呼ばれるが品質を表すものではない。

【な行】

軟水
カルシウムやマグネシウムの含有量が少ない水のことで、紅茶の風味や色も損ねることなく、おいしく抽出できる。

【は行】

ハーブティー
古くから親しまれてきた植物の茶や茎、花、根などを加工し、薬草茶として利用してきたもの。厳密にいえばお茶もハーブの一種。

ハイグロウンティー
スリランカの標高1200m以上の高地で生産される紅茶のこと。

ハイティー
スコットランドやイングランドの農工業地帯の伝統的な習慣で、午後6時頃にとる夕食のこと。現在はお酒や軽食のある夕方のティーパーティーを指すこともある。

発酵茶
製造方法によるお茶の分類のひとつ。紅茶のように茶葉の酸化酵素を高めて製造されたものをいう。

半発酵茶※
お茶の製造過程で、発酵途中で加熱処理して酸化酵素の働きを止めたもの。烏龍茶がこれにあたる。

ファーストフラッシュ
春の一番摘み茶のことで、芯芽を多く含み新鮮で爽やかな風味がある。フラッシュとは芽吹きの意。

ファニングス（F）
茶葉のグレードのひとつで、BOPFよりもさらに細かい。おもにティーバッグの原料に使われる。

不発酵茶
お茶の製造過程で茶葉を摘んだ後すぐに加熱処理して酸化酵素の働きを止めたもの。緑茶がこれにあたる。

ブラックティー
緑茶などと区別するために、紅茶のことをいう。砂糖やミルクを加えないストレートティーを指す場合もある。

※茶の発酵とは、葉に含まれる酸化酵素の働きのことをいう。一般的な微生物発酵とは異なる。

フラワリー・オレンジ・ペコー(FOP)

茶葉のグレードのひとつ。または芯芽を指す語。

フレーバードティー

ベルガモットの香りをつけたアールグレイのように、果実や花の香りをつけた紅茶のこと。

ブレンド

異なる原料を「配合」し、常に品質と価格を保ち、消費者の好みに合う紅茶を製品化するために行う。家庭で「混合」するのはミックスと呼ぶ。

ブロークン・オレンジ・ペコー(BOP)

茶葉のグレードのひとつで、OPより細かく砕かれた茶葉。製品の代表的な大きさ。

ブロークン・オレンジ・ペコー・ファニングス(BOPF)

BOPをさらにふるい分けした茶葉のこと。

ベルガモット

柑橘系の果実。アールグレイの香料。

ホットウォータージャグ

濃い紅茶を薄めるために使うお湯差しのこと。日本では馴染みがないが英国スタイルティーでは重要な小道具。

ボディ

紅茶の味わいやコクのこと。しっかりしたボディを感じられる紅茶などと表現する。

【ま行】

ミディアムグロウンティー

スリランカの標高600〜１２００ｍの中地産茶のこと。

モンスーン

雨をもたらし、茶葉の生育に大切な役割をもつ季節風。熱帯モンスーン地域は、ティーベルトと重なっている。夏期は南西風、冬期は北東風。

【ら行】

リーフティー

ティーバッグに対し、散茶のこと。英語では(Loose Tea)という。

ロイヤルミルクティー

ミルクをたっぷり入れた紅茶のことで、日本だけで通用する呼び名。

ローグロウンティー

スリランカの標高600ｍ以下で生産される低地産茶のこと。

【協力店 店舗information】

enherb
アトレ恵比寿店

　ハーブティー以外にも、アロマやコスメ、ハーブ食品などを取り扱う。恵比寿駅に直結した駅ビルの中という便利な場所にあり、OLだけでなく男性客も多く来店している。

(TEL)
03-5475-8444
(住所)
東京都渋谷区恵比寿南1-5-5　アトレ恵比寿店5階
(URL)
https://www.enherb.jp/

店のスタッフによるカウンセリングで好みのハーブティーを見つけられる。

全国の直営店の他オンラインショップでも販売している。

LUPICIA
自由が丘本店

　世界各国の産地から厳選した紅茶や緑茶、烏龍茶をはじめ、オリジナルのブレンドティーやフレーバードティーなど、常時200種類のお茶を取り揃えている。本店限定のお茶やお菓子、茶器なども充実。

(TEL)
03-5731-7370(ショップ)
(住所)
東京都目黒区自由が丘1-26-7-1F
(URL)
https://www.lupicia.com/

上質な桐箱に詰め合わされた自由が丘本店限定のティーバッグセット。

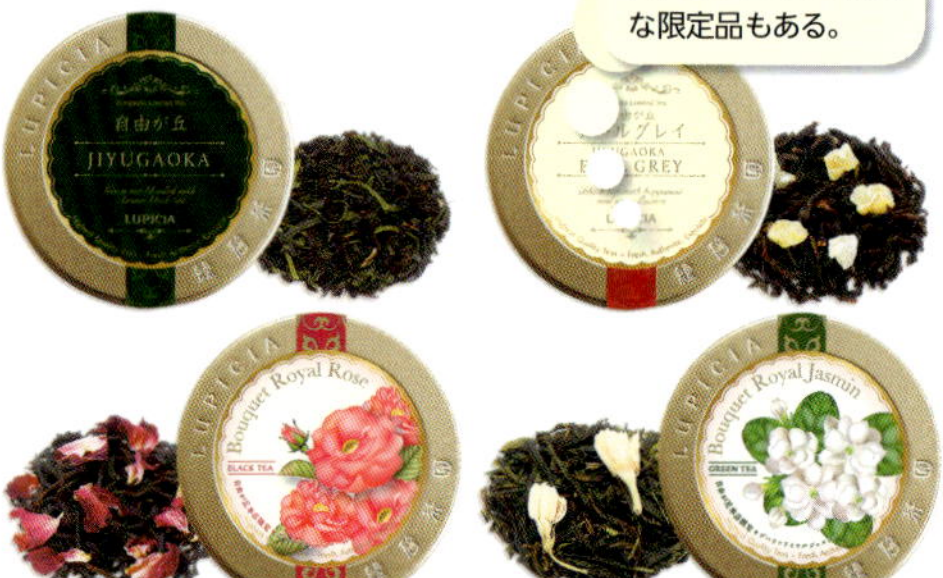

日本緑茶と紅茶の上品なブレンド「自由が丘」などギフトに最適な限定品もある。

【協力店、協力会社リスト】

※データは2023年7月現在のものです。住所や電話番号、URLなど変更になる場合があります。
※並びは五十音順

伊藤園ティーガーデン
株式会社伊藤園
0800-100-1100
東京都渋谷区本町3-47-10

ウイリアムソンティー
有限会社バーリントン
06-6843-1431
大阪府豊中市清風荘2-5-18-203

えいこく屋
有限会社えいこく屋
052-763-8477
愛知県名古屋市千種区山門町2-58

エディアール
株式会社センチュリートレーディング カンパニー
03-3208-5881　050-3152-2001
東京都新宿区新宿3-17-17 新宿三丁目共同ビル2F

カレルチャペック紅茶店
株式会社カレルチャペック
0120-29-1993
東京都渋谷区千駄ヶ谷5-32-6グリーンスクエア新宿7F

クリッパー
CHOOSE
03-5465-2121
東京都渋谷区松濤1-3-8

神戸紅茶
神戸紅茶株式会社
078-822-1001
兵庫県神戸市東灘区住吉浜町16-2

セレクティー
株式会社セレクティー
054-273-2250
静岡県静岡市葵区葵町49
www.selectea.co.jp/

ダルマイヤー
株式会社AMADEUS
078-858-7145
兵庫県神戸市東灘区向洋町中6丁目9神戸ファッションマート10F
https://www.dallmayr-jp.com

ティーフォルテ
株式会社オリジナルスタイル
03-6452-4884
東京都目黒区碑文谷5-7-2-402

テイラーズ オブ ハロゲイト
株式会社TRC JAPAN
0800-800-5266
東京都新宿区市谷八幡町13番地東京洋服会館4F

ディルマ
ワルツ株式会社
0532-33-3510
愛知県豊橋市神野新田町ニノ割1

トワイニング
片岡物産株式会社
0120-941440(お客様相談室)
東京都港区新橋6-21-6

日東紅茶
三井農林株式会社
0120-314731(お客様相談室)
東京都港区西新橋1-2-9

日本紅茶 レストランブランド
株式会社エム・シー・フーズ
0120-341410(お客様相談室)
東京都文京区小石川1-1-1

東インド会社
株式会社インターデック
03-5408-5151
東京都港区東新橋2-18-3-902

フォション
エスビー食品株式会社
03-3668-0551
東京都中央区八丁堀1-3-2

PG Tips
有限会社ボーアンドボン
03-3778-6799
東京都大田区北馬込1-27-14-105

プリミアスティー
株式会社プリミアスティージャパン
03-5952-6257
東京都豊島区南池袋2-32-6

ベノア
株式会社ベノア(株式会社紀鳳産業)
03-6895-2616
東京都港区虎ノ門3-6-2 第二秋山ビル

マユールティー
株式会社マユールジャパン
03-5447-2466
東京都品川区東五反田2-20-8-201

マリアージュ フレール
マリアージュフレール　銀座本店
03-3572-1854
東京都中央区銀座5-6-6

ムレスナ
株式会社U.C.T.corporation
077-532-2065
滋賀県野洲市市三宅2341-1

メルローズ
キャピタル株式会社
03-3944-1511
東京都文京区本駒込6-1-9

リッジウェイ
(株)H&I
03-3541-2641
東京都中央区銀座3-10-19

リプトン
リプトンPR事務局(ブルーカレント・ジャパン株式会社内)
03-6204-4143
東京都中央区晴海1-8-10晴海トリトンスクエアX 38F

ル・パレデテ
ル・パレデテ
03-5809-3377
東京都台東区浅草橋5-5-7 秋葉原イーストビル2F

ロンネフェルト
株式会社ロンネフェルトティーブティック
0120-788-381
東京都渋谷区恵比寿4-20-3恵比寿ガーデンプレイスタワー18階

●日本紅茶協会／東京都港区東新橋2-8-5東京茶業会館6階 TEL03-3431-6509

紅茶を愛する方々へ

日本における紅茶の輸入量は、２０１１年に１９８０２ｔと、我が国が輸入しはじめてから、最大の輸入量を記録しました。これは今から30年前の約2倍の輸入量となっています。

日本では、ほとんどの人が、「茶」といえば緑茶を想像するように、茶道をきわめた千利休の作法が今も伝えられるなど、緑茶文化が根強く、また、長く続いてきました。

一方で、紅茶は１９６０年代に入り、簡便性を追求したティーバッグが発売され、インスタント食品の流行と相まって、急速に需要が拡大しはじめました。その後、食生活の欧米化も進み、英国式の紅茶文化や、産地別の紅茶の特長、おいしいいれ方など、紅茶に関する情報、知識に対するニーズが急速に高まっていきました。

前身が１９３９年にスタートした日本紅茶協会は、紅茶の普及を進

めるために1991年に、ティーインストラクターの養成研修を開始、紅茶の専門知識や、文化、おいしいいれ方などを身に着けたインストラクターによる普及活動を開始しました。

これは、日本紅茶協会の故山田明専務理事、紅茶研究の第一人者である荒木安正先生、故下河邉章先生など、当時、紅茶メーカーにおられた方々のご尽力によるものでありました。

今回、この書の第2章の執筆に当たりました野中嘉人氏は、その先輩の意思を継ぎ、より新しい情報を取り入れ、これから紅茶に興味を抱く方に対して、よりやさしく紅茶知識に触れていただくことをメインに表現しました。

1杯の紅茶がもたらす心の安らぎ、素敵なコミュニケーション、さらには、健康…。

今の時代に欠かすことのできない「紅茶」に乾杯！

日本紅茶協会　専務理事　稲田信一

【制作協力】
日本紅茶協会(フレーバードティー及びハーブティーを除く)
野中嘉人
日本ティーインストラクター会
株式会社ルピシア(P162-175)
エンハーブ(株式会社コネクト)(P180-191)

【資料提供】
シニアティーインストラクター 木谷修
トルコ共和国大使館
入間市博物館ALIT
リプトン・ブルックボンドハウス
株式会社伊那貿易商会
株式会社ティージュ
他関係各社

【制作スタッフ】
特別協力／日本紅茶協会(稲田信一、浅井裕子)
野中嘉人(日本紅茶協会教育事業講師)
編集制作／四谷工房(石丸泰規、春日未央、香西ゆか里)
取材・執筆／白石宏一、瀬川潔、鈴木奈保子、斉藤縁
デザイン・図版／師田吉郎
装丁／スーパーシステム
撮影／加藤義明、稲田良平
イラスト／有限会社熊アート(恒松尚次)
編集協力／べるもんど(徳田伸介・長谷川清一・若林彩子)
企画・編集／成美堂出版編集部(駒見宗唯直)

【参考文献一覧】
「ALL ABOUT TEA」(William H　Ukers著　THE TEA&COFFEE TRADE JOURNAL COMPANY 1935)
「紅茶の世界」(荒木安正著　柴田書店)
「茶の世界史ー緑茶の文化と紅茶の社会」(角山栄著　中央公論新社)
「紅茶と水の物語」(野中嘉人著　文芸社)
「実用紅茶健康法」(大森正司著　三心堂出版社)
「ダージリンティ」(Da r jeeling Planters Association)
「新茶業全書」(社団法人　静岡茶業会議所)
「紅茶をもっと楽しむ12ヵ月」(日本紅茶協会監修　日本ティーインストラクター会編著　講談社)
「紅茶の教科書」(磯淵猛著　新星出版)
「紅茶のすべてがわかる事典」(Cha Tea紅茶教室監修　ナツメ社)
「知識ゼロからの紅茶入門」(日本茶葉研究会編著　幻冬舎)
「ダージリン茶園ハンドブック」(ハリシュ C. ムキア著　丸善出版)
「ボタニカルズ式 ハーブティー Perfect Book」(ボタニカルズ監修　河出書房新社)
International Tea Committee及び各生産国Tea Board

紅茶の大事典

編　者　日《に》本《ほん》紅《こう》茶《ちゃ》協《きょう》会《かい》
発行者　深見公子
発行所　成美堂出版
〒162-8445　東京都新宿区新小川町1-7
電話(03)5206-8151　FAX(03)5206-8159
印　刷　大日本印刷株式会社

©SEIBIDO SHUPPAN 2013　PRINTED IN JAPAN
ISBN978-4-415-31373-3
落丁・乱丁などの不良本はお取り替えします
定価はカバーに表示してあります
